UNE QUESTION D'ATTITUDE

Dans la serie Isabel Dalhousie

Le Club des philosophes amateurs
Éditions du Masque, 2018

Amis, amants, chocolat
Éditions du Masque, 2018

Le Bon Usage des compliments
Les Deux Terres, 2008

La Douce Tranquillité des samedis
Les Deux Terres, 2009

L'Importance d'être reconnaissant
Les Deux Terres, 2010

Les Charmants Travers de nos semblables
Les Deux Terres, 2011

Les Lointains Tourments de la jeunesse
Les Deux Terres, 2012

L'Air d'été est rempli de promesses
Les Deux Terres, 2013

Les voies du bonheur sont imprévisibles
Les Deux Terres, 2015

Un peu de recul, Isabel !
Éditions Jean-Claude Lattès, 2018

Du danger de se mêler des affaires des autres
Éditions Jean-Claude Lattès, 2019

www.lemasque.com

UNE QUESTION D'ATTITUDE

Alexander McCall Smith

Traduit de l'anglais (Écosse) par Martine Skopan

Éditions du Masque
17, rue Jacob 75006 Paris

Titre original
The Right Attitude to Rain
publié par Little, Brown, Londres

Couverture : © Raphaëlle Faguer

ISBN : 978-2-7024-4924-0

ALEXANDER McCALL SMITH est internationalement connu pour avoir créé le personnage de la première femme détective du Botswana, Mma Precious Ramotswe. Ressortissant britannique né au Zimbabwe, il a été professeur de droit appliqué à la médecine et membre du Comité international de bioéthique à l'Unesco avant de se consacrer à la littérature. Alexander McCall Smith s'est vu décerner de nombreux prix littéraires et, en 2007, il a reçu le titre de commandeur de l'Empire britannique (CBE) pour services rendus à la littérature. Ses romans sont traduits dans quarante-quatre langues. Il vit aujourd'hui à Édimbourg, en Écosse.

Pour Judith McClure et Roger Collins

1

Quoi de plus naturel que de s'intéresser aux affaires des autres ? Le chat qui somnole, perché en haut d'un mur, n'en observe pas moins du coin de l'œil les gens qui passent. Entre ce penchant légitime et une curiosité indiscrète, il y a toutefois une ligne jaune que certains franchissent sans s'en apercevoir, en dépit des signaux d'alarme.

Isabel tourna légèrement sa chaise. Elle était installée à la fenêtre du café Glass et Thompson, en haut de Dundas Street, là où celle-ci plonge vers Canonmills. De sa place, elle voyait au loin les collines de Fife aux tons changeants, vert foncé ce jour-là, à d'autres heures d'un bleu passé, comme délavé par la mer. Isabel aimait cet ancien magasin, dont les vitrines accueillaient désormais tables et chaises. Le climat d'Édimbourg est en général trop frais pour prendre le café en terrasse, à l'exception des courtes semaines de plein été où le trottoir est investi, timidement, par crainte des représailles des éléments. Le compromis, c'était de s'installer à l'abri derrière la vitre avec l'illusion de se trouver à l'extérieur.

Elle avança légèrement sa chaise pour avoir une meilleure perspective sur l'autre côté de la rue. Dundas Street était bordée de galeries d'art, certaines établies de longue date, comme la Scottish Gallery et Open Eye, mais d'autres avaient bien du mal à survivre en proposant les œuvres de jeunes artistes qui croyaient encore à un avenir radieux. La plupart allaient au-devant de déceptions : ils s'apercevraient tôt ou tard que le monde ne partageait pas leur vision. Néanmoins, ils persistaient. Une des petites galeries avait organisé un vernissage et la foule se pressait à l'intérieur. Un groupe de fumeurs, que leur exclusion rapprochait, s'était agglutiné dehors. Elle fit un effort pour distinguer les traits de l'homme de grande taille en veston bleu qui discutait avec animation avec sa voisine, en gesticulant pour souligner un point du discours. Il lui semblait le reconnaître, mais c'était difficile d'être sûre à cette distance et sous cet angle. Soudain l'homme arrêta de gesticuler, se pencha en avant et posa la main sur l'épaule de la femme. Elle fit un mouvement de côté comme pour l'esquiver, mais il ne lâcha pas prise. Elle leva la main, comme si elle cherchait à desserrer son emprise. Isabel remarqua qu'elle gardait le sourire. Cette manière de se disputer la laissa perplexe.

Plus étrange encore, une voiture de luxe, un de ces véhicules discrets, de marque non identifiable, mais qui ne passent pas inaperçus, venait de se garer juste devant l'endroit où elle était installée. Un homme et une femme en étaient sortis. Le conducteur actionna le verrouillage automatique des portes. Il était interdit de stationner tout le long de la rue, ne l'avait-il pas remarqué ? On avait simplement le droit de déposer des passagers. Les propriétaires de ce type d'engins se considéraient sans doute au-dessus des règlements s'appliquant aux véhicules plus banals de conducteurs moins riches. Qu'importaient les contraventions ! Ils pouvaient payer. Elle commençait à ressentir une certaine irritation, qui se mua bien vite en une réelle animosité. Elle détestait l'arrogance de ces deux-là avec leur voiture de luxe.

Elle releva la tête en se grondant intérieurement. On ne doit pas détester des gens que l'on ne connaît pas. Après tout, que savait-elle d'eux, sinon que leurs moyens semblaient leur permettre d'enfreindre les lois gouvernant le commun des mortels ? Ils étaient peut-être étrangers, et n'avaient pas remarqué la double ligne jaune indiquant l'interdiction de stationner. Ou bien encore ils venaient d'un pays où une double ligne jaune signifiait exactement le contraire. Ces gens n'étaient manifestement pas natifs d'Édimbourg : leur mise, leur teint même les trahissaient. On voyait à leur hâle qu'ils avaient passé du temps au soleil. Leur tenue semblait sortir du pressing, ce qui est rare en Écosse, où l'on préfère les vêtements informes et froissés, c'est-à-dire confortables, à l'image de la nation elle-même. Elle tendit le cou pour mieux voir le couple qui s'éloignait de la voiture et remontait la rue. L'homme était beaucoup plus vieux que la femme. Ils s'arrêtèrent devant une porte qu'il lui montra d'un geste ; la femme lui dit quelques mots, ajusta son foulard de soie imprimée autour de son cou et jeta un coup d'œil à sa montre, un petit cercle d'or qui brillait au soleil quand elle bougeait le bras. Lui hocha la tête et ils gravirent les marches menant à la Scottish Gallery. Isabel se renfonça dans son siège. Il n'y avait rien d'inhabituel dans le comportement de ces deux étrangers aisés qui venaient d'arriver en ville et garaient leur voiture n'importe où, plus par ignorance que par arrogance, pour visiter une galerie de peinture. Rien d'intéressant donc, à une exception près. Isabel avait eu le temps de remarquer que l'homme avait le visage déformé par une paralysie faciale où elle reconnaissait le rictus caractéristique de la maladie de Bell. La femme, en revanche, avait le type de beauté des madones de la Renaissance : des traits réguliers, une expression douce, réservée, très féminine.

Elle n'avait vraiment aucune raison de s'intéresser à eux. Mais il n'était que dix heures et demie et elle n'avait rien à faire jusqu'à midi. De toute façon, elle avait déjà vaguement l'intention d'aller faire un tour à la Scottish Gallery. Elle connaissait les responsables, qui lui indiquaient souvent telle ou telle œuvre intéressante des artistes qu'elle aimait, un dessin de Peploe, un nu de Philipson, ou encore, si elle avait de la chance, un William Crosbie. En s'y rendant maintenant, elle aurait l'occasion de voir ce couple de plus près et d'affiner son analyse. Elle avait eu tort de les juger mal de prime abord, elle leur devait bien d'en apprendre davantage sur eux pour leur rendre justice. En dépit des apparences, il ne s'agissait donc pas de curiosité pure, mais bien de rectifier une erreur de jugement.

On entrait à la Scottish Gallery par une porte en verre, et quelques marches conduisaient à la galerie supérieure. Un escalier plus conséquent permettait de rejoindre au niveau inférieur le labyrinthe des salles d'exposition. Un éclairage stratégiquement placé rendait le sous-sol très clair, effet encore accentué par les taches de couleur des tableaux. Isabel gravit les quelques marches, laissant à sa droite le bureau jonché de catalogues et de listes de prix de son ami Robin

McClure. Ce qu'elle admirait chez lui, c'était sa politesse sans faille avec tous les visiteurs, même ceux dont il avait vu au premier coup d'œil qu'ils n'étaient pas acheteurs. Les passants qui entraient dans la galerie pour échapper à la pluie et ceux qui avaient envie de regarder des œuvres d'art recevaient un accueil aussi courtois que les amateurs décidés à acheter, ou les visiteurs plus velléitaires mais prêts à se laisser tenter. Pour Isabel, ce trait distinguait les galeries de Dundas Street de leurs homologues plus cotées de Londres ou Paris, où il fallait sonner avant d'être admis. On était d'ailleurs accueilli plutôt à contrecœur, sinon avec une certaine méfiance.

Robin n'était pas à son bureau. Elle jeta un regard circulaire sur la salle. L'exposition regroupait un mélange d'œuvres disparates, dont l'aspect était plaisant à l'œil. Un grand tableau qui occupait un des murs attira immédiatement l'attention d'Isabel. Un couple devant une fenêtre, l'homme contemplant un paysage champêtre, la femme tournant vers l'intérieur de la pièce un visage calme, empreint d'une tristesse nostalgique. Elle aurait voulu être ailleurs, comme beaucoup de gens. Combien d'humains sont-ils heureux d'être là où ils sont à un moment donné? Un mot d'Auden lui revint à l'esprit. Dans le poème sur les montagnes, celui-ci évoque l'enfant qui, malheureux en deçà des Alpes, irait volontiers voir au-delà. On a raison de dire que seuls les gens complètement heureux se trouvent bien là où ils sont.

À nouveau, elle regarda autour d'elle. Il y avait quelques visiteurs au niveau supérieur : un homme en pardessus bleu, une écharpe autour du cou, scrutant un petit tableau près de la fenêtre ; deux femmes d'âge mûr arborant ces vestes vertes matelassées qui révélaient immédiatement qu'elles habitaient à la campagne ou en avaient du moins le désir. Observant leurs fronts proéminents, Isabel en déduisit qu'il s'agissait de deux sœurs qui vivaient ensemble, complètement habituées l'une à l'autre, partageant le même comportement et, qui sait, les mêmes pensées. Il n'y avait pas trace du couple. Mais elle avança dans la salle et l'aperçut, dans une petite galerie intérieure qui donnait sur le niveau principal. Planté devant un tableau, lui consultait un catalogue ; elle regardait par la fenêtre. L'une tournée vers l'extérieur, l'autre vers l'intérieur – en somme l'image inversée de la grande toile qu'elle avait remarquée en entrant. Isabel eut à cet instant l'intuition qu'une autre similitude existait et que cette femme aussi aurait voulu être ailleurs.

— Isabel ?

Elle se retourna vivement. Robin McClure la regardait avec curiosité. Il tendit la main pour effleurer son bras en guise de salutation.

— Laissez-moi deviner, dit-il. Vous êtes transportée d'admiration devant notre exposition, en extase devant toutes ces beautés.

— Je suis sous le charme, répondit Isabel en riant.

Robin laissa sa main sur son bras pour la guider vers une petite toile à l'autre bout de la pièce. Isabel tourna la tête vers la salle où se trouvait le couple. Il était toujours là. L'homme avait rejoint la femme devant la fenêtre et ils semblaient plongés dans une grande conversation.

— Voilà quelque chose qui devrait vous plaire, dit Robin. Regardez-moi ça.

Isabel n'eut pas de peine à reconnaître l'artiste.

— Alberto Morrocco ? demanda-t-elle.

— Vous reconnaissez l'influence, non ? répondit Robin en hochant la tête.

Ce n'était pas pour Isabel immédiatement visible. Elle se pencha afin de voir la toile de plus près : une jeune fille assise dans un fauteuil, un livre à la main, le bras sur une table, dont le regard semblait traverser le spectateur et viser un point situé bien au-delà. Elle était vêtue du sarrau gris aux plis épais que portaient les écolières d'autrefois. Derrière elle, une fenêtre ouverte, un rideau soulevé par le vent.

— Vous vous souvenez de *Feuilles mortes*, le tableau de James Cowie ? glissa Robin.

Isabel considéra la toile à nouveau et se rendit à l'évidence. Effectivement. Des écolières, Cowie en avait représenté à l'envi, certes en toute innocence, mais sans jamais omettre cette vague angoisse que génère le passage à l'adolescence.

— Morrocco a passé quelque temps à Aberdeen, dans l'atelier de Cowie, expliqua Robin. C'est plus tard qu'il a trouvé sa propre palette, les couleurs vives, la passion. Mais de temps en temps il se souvient des leçons du maître.

— C'était un ami de votre père, je crois ?

En Écosse, il y a toujours des liens, des connexions multiples, tout un réseau de connaissances que l'on n'oublie jamais. Isabel possédait une toile de David McClure, le père de Robin, et c'était d'ailleurs l'une de ses préférées.

— Oui, répondit Robin, ils étaient très liés. Je connais Morrocco depuis toujours.

Isabel avança la main comme pour toucher la surface du tableau.

— Quel affreux tissu ! lança-t-elle. Et dire qu'on obligeait les écolières à porter ça !

— J'imagine que ça ne devait pas être très confortable. Isabel indiqua un petit tableau qui se trouvait tout à côté, une nature morte représentant un pichet de Glasgow en faïence blanc et bleu. Il y avait dans le style quelque chose de familier qu'elle n'arrivait pas à reconnaître. Peut-être était-ce le pichet lui-même, si souvent représenté en peinture, comme s'il s'agissait d'un rite de passage pour tout artiste qui se respecte, au même titre qu'un voyage à Paris. Les artistes sont des imitateurs enthousiastes, se dit-elle. Non, décidément, je suis bien injuste, car nous sommes tous, sans exception, des imitateurs invétérés.

— Ah oui, dit Robin. Eh bien, voyez-vous…

Sans achever sa phrase, il tourna la tête. L'homme qu'Isabel avait suivi était sorti de la galerie intérieure et se trouvait juste derrière Robin, semblant ne pas vouloir interrompre la conversation.

— Monsieur ?…, commença Robin avant de s'arrêter net. L'espace d'un instant il eut l'air interdit, avant de se reprendre très vite. Voilà donc une scène qui devait se renouveler jour après jour, dès que cet homme entrait en contact avec d'autres : le choc produit par son visage difforme, et l'effort de cacher cette réaction instinctive. Elle se rappelait un déjeuner avec le neveu d'une amie, un jeune homme qui souhaitait avoir son avis avant d'entamer des études de philosophie. Ils avaient fait connaissance dans un restaurant. Au premier abord, il semblait séduisant et très sûr de lui. C'est en se dirigeant vers leur table qu'elle avait vu la cicatrice qui courait tout le long d'une joue. Devinant sa pensée, il avait immédiatement expliqué qu'il avait été mordu par un chien à l'âge de treize ans. Il avait pris l'habitude de devancer ainsi les questions, pour s'en débarrasser plus vite.

L'homme tripota sa cravate d'un geste nerveux.

— Je ne voulais pas vous interrompre. Pardonnez-moi de vous interrompre, répéta-t-il en se tournant vers Isabel.

— Nous ne faisions que bavarder, répondit celle-ci.

— OK.

C'est un Américain, se dit-elle, du Sud des États-Unis. Pourtant, à cette époque où l'on bouge beaucoup, l'accent d'origine a tendance à s'altérer et il devient difficile de se prononcer. Soudain, sans motif, elle repensa à sa mère disparue, sa sainte femme de mère, comme elle disait, qui avait gardé son accent du Sud dont l'écho, bien que très affaibli, résonnait encore dans sa mémoire.

Elle jeta à l'homme un bref coup d'œil avant de détourner le regard. Même s'il excitait sa curiosité, elle ne voulait pas avoir l'air de le dévisager. Elle s'écarta légèrement pour indiquer qu'il était libre de parler à Robin.

— Isabel, voulez-vous m'excuser ? demanda Robin.

— Mais je vous en prie, répondit-elle.

En se dirigeant vers d'autres tableaux pour les laisser discuter tranquillement, elle remarqua que la femme aussi était sortie de la petite galerie et contemplait une huile d'Elizabeth Blackadder représentant la Dogana de Venise.

— Elizabeth Blackadder est très populaire, du moins ici, en Europe, dit Isabel sur un ton faussement dégagé. Je ne sais pas si on la connaît beaucoup de l'autre côté de l'Atlantique.

La femme se tourna vers Isabel, surprise.

— Vraiment ? Comment dites-vous ? Black ?...

— Blackadder. Elle vit ici, à Édimbourg.

— J'aime bien, dit la femme, qui s'était replongée dans sa contemplation. Avec un tableau comme ça, on sait où on est.

— Ici, en fait, on se trouve à Venise.

La femme s'était penchée vers le tableau pour l'examiner de près. Elle resta un moment silencieuse, puis se redressa.

— Comment savez-vous que je suis américaine? demanda-t-elle d'un ton égal, où Isabel crut pourtant déceler un peu de nervosité.

— J'ai entendu parler votre mari, répondit-elle rapidement. C'était une déduction.

— Tout à fait juste, répliqua la femme avec froideur.

— Vous comprenez, je suis à moitié américaine moi-même, et à moitié écossaise. Mais je n'ai jamais vraiment passé beaucoup de temps aux États-Unis. Ma mère était originaire de...

— Voulez-vous m'excuser? coupa l'autre brusquement. Mon ami demande des renseignements sur un tableau et je voudrais écouter la réponse.

Isabel la regarda traverser la galerie. Ils ne sont pas mariés, se dit-elle. Le mot « ami » avait été prononcé d'un ton assez sec, mais avec le sourire. Isabel s'était fait rabrouer. Après tout, on n'est pas obligé de faire la conversation aux étrangers. Il faut simplement répondre à une remarque anodine avec un minimum de politesse, inutile d'aller plus loin. Ce couple l'intéressait, elle était curieuse de savoir qui ils étaient et ce qu'ils faisaient à Édimbourg; il n'en restait pas moins qu'elle ne représentait naturellement rien pour eux.

Elle se dirigea vers un autre tableau : trois garçons dans un bateau, sur un loch, absorbés par la délicate manœuvre des rames. Le plus jeune, la tête en l'air, scrutait le ciel. L'artiste avait parfaitement rendu l'expression d'émerveillement qui se lisait sur son visage, et l'air concentré de ses compagnons. Les artistes réagissent ainsi au monde, qu'ils contemplent et recréent ensuite sur la toile. Eux seuls ont le droit de fouiller du regard l'être humain pour essayer d'en percer les sentiments. Ceux qui ne sont pas artistes n'ont pas ce droit. Observer les gens avec trop d'insistance, c'est du voyeurisme. Elle-même avait été plus d'une fois accusée de voyeurisme par sa nièce Cat, et aussi, avec plus de tact, par l'ex de celle-ci, Jamie, qui était resté l'ami d'Isabel. Il lui avait conseillé de diviser le monde en deux parties, le sien et celui des autres. Elle s'occuperait uniquement de ses propres affaires, les autres des leurs. Pour traverser cette frontière imaginaire, il faudrait qu'elle y soit invitée.

— Ce n'est pas une bonne idée, avait-elle répondu. Et si les autres ont besoin d'aide ?

— Dans ce cas, c'est différent, tu peux les aider.

— En tendant la main au-dessus de cette frontière dont tu parles ?

— Bien sûr. Aider les autres, ce n'est pas pareil.

— Mais il faut bien d'abord savoir ce dont ils ont besoin, non ? Être conscient des autres, c'est un devoir. Si on ne se préoccupe que de son petit monde à soi, comment peut-on découvrir les problèmes des autres ?

Jamie avait haussé les épaules. Il venait juste d'improviser ce concept de frontière et savait qu'il n'était pas de taille à se défendre contre Isabel quand elle empruntait la méthode socratique. Il avait donc changé de sujet.

— Et qu'est-ce que tu penses d'Arvo Pärt, Isabel ? Je ne sais plus si je te l'ai déjà demandé.

Quand elle eut fini ses courses en ville, Isabel décida de rentrer chez elle à pied. Le soleil assez chaud de cet après-midi du début de juin avait attiré les gens dehors. Les femmes étaient en chemisier et les hommes avaient tombé la veste, optimistes mais résignés à être chassés par la pluie, le brouillard et autres caractéristiques de l'été écossais. Lorsqu'elle se promenait dans la ville, et cette fois-ci n'était pas une exception, elle rencontrait toujours sur son chemin de quoi méditer. Il faudrait avoir les yeux bandés pour ne pas être assailli par le passé dans une ville comme Édimbourg, qu'il s'agisse de son histoire individuelle ou de l'histoire collective. Elle s'arrêta au coin de High Street où se dresse la statue du philosophe écossais le plus célèbre, David Hume. Quel désastre ! se dit-elle. Elle admirait Hume. Adam Smith avait raison de dire qu'il avait approché « d'aussi près l'idéal de l'homme honnête, sage et vertueux, qu'il est donné à la faiblesse humaine de le faire ». Alors que le bon David avait de l'élégance, qu'il aimait les beaux habits, comme en témoigne le portrait d'Allan Ramsay, voilà qu'on l'avait représenté assis sur une chaise, affublé d'une toge. Certains avaient formulé d'autres objections : Hume était un lecteur assidu, disaient-ils, or on le montrait tenant un livre à la main, sans le lire. Mais pouvait-on vraiment imaginer une statue de Hume élégamment vêtu, le nez dans un volume de Locke ? Sans doute aurait-on trouvé à redire à cela aussi. L'histoire collective est souvent source de conflits.

Elle traversa les Meadows, le vaste parc où l'on peut se promener ou se livrer à divers jeux. Au sud, le parc longe les hauts bâtiments victoriens de Marchmont, édifices de pierre de six étages ou plus, au faîtage hérissé de chardons, de fleurs de lis et d'autres ornements pointus. Tout en haut de ces maisons, les mansardes qui s'ouvrent sur les toits à pente raide, et au-delà sur le Forth et les collines, sont louées dans l'année à des étudiants, et l'été aux musiciens et aux acteurs qui se pressent à Édimbourg pour le festival. En remontant vers Bruntsfield, elle reconnut la porte qui donnait sur un étroit vestibule et menait, cinq étages plus haut, à l'appartement où, vingt ans auparavant, son amie Kirsty avait eu une liaison avec son premier amant, un étudiant d'Inverness. Isabel avait été sa confidente. Elle se souvenait de l'impression de vide qu'elle avait ressentie, une envie mêlée de peur. Kirsty avait parlé *sotto voce* de ce qui s'était passé.

— On nous cache tout ça, Isabel, avait-elle murmuré. On nous cache tout ça pour nous laisser dans l'ignorance. Mais un jour, on comprend…

— Et alors ?

Kirsty s'était tue et regardait par la fenêtre. C'était là le passé privé, intime et secret, que chacun garde précieusement en soi.

Elle arriva devant l'épicerie-traiteur que tenait Cat. Elle évitait de la déranger quand elle était occupée, mais elle ne voulait pas passer devant sans entrer une minute. Cette heure de l'après-midi était plutôt calme : il n'y avait qu'un client dans le magasin, en train de payer une baguette et une barquette d'olives dénoyautées. Près du comptoir à fromages, Isabel choisit un vieux numéro du *Corriere della Sera* sur la table où s'empilaient journaux et magazines, et alla s'installer à l'une des tables où les clients pouvaient se faire servir du café et quelques plats sélectionnés. Elle parcourut rapidement la rubrique de politique intérieure italienne, qui semblait se résumer à des conflits entre acronymes. Certes, ces acronymes cachaient des hommes, leurs passions et leurs luttes ancestrales, mais c'était aussi obscur pour le profane que d'évoquer les luttes byzantines entre Bleus et Verts devant quelqu'un ignorant la querelle qui opposait orthodoxes et monophysites quant à la véritable nature de Jésus-Christ.

Elle lâcha le journal. Eddie, le jeune homme qui aidait Cat au magasin, venait d'encaisser la baguette et les olives et raccompagnait le client jusqu'à la porte. Eddie avait été dans le passé victime d'un traumatisme dont Isabel ne savait pas grand-chose. Cat était apparemment sortie.

— Où est-elle ? demanda Isabel quand ils furent seuls.

Eddie s'approcha de sa table en s'essuyant les mains sur son tablier. Isabel l'intimidait moins qu'autrefois, mais il n'était pourtant pas très à l'aise.

— Elle est sortie déjeuner et elle n'est pas encore rentrée.

— Un long déjeuner, observa Isabel en regardant sa montre.

Eddie sembla hésiter, comme s'il n'était pas sûr de devoir parler.

— Elle est avec son nouveau copain, dit-il. Encore un, ajouta-t-il après une nouvelle hésitation.

D'un geste distrait, Isabel disposa le *Corriere della Sera* bien à l'angle de la table pour prendre le temps de digérer cette information. Ayant pris la résolution de ne pas s'immiscer dans les affaires de cœur de sa nièce, elle trouvait fort difficile de s'y tenir. La brève liaison avec un certain Toby avait suscité un refroidissement entre Cat et Isabel, refroidissement de courte durée, certes, mais qui avait obligé Isabel à prendre du recul. Quand Cat, invitée à un mariage en Italie, avait ramené dans ses bagages un bel Italien bien plus vieux qu'elle, Isabel s'était volontairement gardée de tout commentaire. Cat n'avait finalement pas donné suite et l'Italien s'était aussitôt mis à faire la cour à Isabel. En dépit d'elle-même, elle s'était trouvée flattée, et même, très brièvement, tentée. En fait, ces attentions n'avaient pour lui rien de sérieux, c'était une simple marque de politesse, une façon de passer le temps.

Le seul fiancé ayant trouvé grâce aux yeux d'Isabel était Jamie, le bassoniste, dont Cat s'était débarrassée assez vite, mais qui continuait à l'aimer malgré toutes les rebuffades imaginables. Isabel s'étonnait de cette constance pour une cause manifestement perdue. Cat lui avait déclaré tout net qu'elle n'envisageait pas l'avenir avec lui. Respectueux de ses désirs, il évitait de la rencontrer. Toutefois il espérait secrètement, et parfois d'ailleurs plus ouvertement, qu'elle allait changer d'avis. Isabel ne comprenait pas les raisons qui avaient poussé Cat à rompre avec Jamie, qui était à ses yeux l'idéal dont toutes les femmes rêvent. Un visage auquel les hautes pommettes donnaient du caractère, des cheveux noirs coupés très court, un teint mat, presque méditerranéen, qui n'avait rien d'écossais : tout cela exerçait sur Isabel une attraction fatale. Il était aussi très doux, ce qui ajoutait à sa séduction. Pourtant Cat avait été catégorique : « Je ne l'aime pas, Isabel. Un point, c'est tout. »

Mais Isabel, elle, l'aimait. La différence d'âge de quatorze ans était un obstacle aux yeux de Jamie, Isabel le savait fort bien. Comment un jeune homme de vingt ans aurait-il pu s'intéresser à une femme entrant dans la quarantaine? Certes, des femmes de son âge avaient des amants plus jeunes, et il n'y avait là rien de honteux. Elle soupçonnait pourtant qu'en l'espèce, c'était plutôt la femme qui prenait l'initiative. Certains hommes jeunes recherchaient peut-être une protectrice discrète susceptible d'apporter de la nouveauté et de payer les factures, mais ils étaient rares. Il y avait aussi ceux qui recherchaient un succédané de mère.

Jamie ne serait jamais à elle. Précisément parce qu'elle l'aimait et qu'elle voulait son bien, elle ne pourrait jamais le posséder. Ce qu'il fallait à Jamie, c'était rencontrer une jeune femme de son âge ou à peu près et faire sa vie avec elle. C'était sans conteste le mieux pour lui. Il serait un bon père, un bon mari. Rien ne le poussait à se lier à une femme plus âgée. Pourtant, elle l'aimait. Si elle éprouvait parfois du chagrin, elle arrivait à se dominer et à ne laisser couler des larmes de regret que dans la solitude. Elle était du moins reconnaissante de l'avoir pour ami. Les sentiments d'Isabel n'étaient pas partagés, il l'aimait bien, c'était tout. « Laissez-moi être le plus aimant des deux », avait écrit Auden. Isabel éprouvait ce désir d'être la plus aimante; elle avait été exaucée.

Elle n'avait pas l'intention de s'en mêler, mais qui était donc ce nouveau copain? Elle leva les yeux vers Eddie en se demandant si par hasard il était jaloux. Il lui avait semblé déceler de la rancune dans le ton de sa voix. Après tout il était tout à fait naturel que l'arrivée d'un homme dans la vie de Cat lui semble compromettre la relation qu'il avait avec elle. Elle était gentille avec lui, elle l'encourageait, c'était un employeur modèle. Eddie ne pouvait espérer jouer les premiers rôles dans la vie de Cat, mais il ne tenait pas à abandonner la place qu'il occupait.

— Eh bien, Eddie, voilà une grande nouvelle. Je n'étais pas au courant. Qui est l'élu ?

— Il s'appelle Patrick. Il est grand comme ça, ajouta Eddie en plaçant sa main à vingt centimètres au-dessus de sa tête, peut-être un peu moins. Il est blond.

Isabel hocha la tête : Cat s'éprenait immanquablement de grands blonds. C'était le scénario classique.

— Et ce Patrick, tu le trouves sympathique ?

Elle guettait sa réaction, mais lui aussi guettait la sienne.

— Tu voudrais que je te dise que non, répondit-il en souriant. C'est ça que tu veux, hein ? Parce que tu ne vas pas le trouver sympathique.

On avait trop tendance à sous-estimer Eddie, se dit Isabel.

— Sincèrement, Eddie, je vais essayer de faire des efforts.

— Il n'est pas si mal que ça, dit Eddie en la regardant de côté. Je l'aime bien. Il n'est pas comme les autres. Enfin, pas tout à fait.

— Pourquoi ? demanda Isabel, intéressée.

Cat était-elle en train de prendre une nouvelle direction ? La porte s'ouvrit et une dame entra dans le magasin un cabas à la main. Eddie se retourna pour regarder la cliente et essuya une dernière fois ses mains sur son tablier.

— Il faut que j'y aille. Je te fais un café, si tu veux, quand j'aurai servi la dame.

— Moi aussi, il faut que je parte, dit Isabel en regardant sa montre. Mais je vais prendre le temps de boire un café. Comme ça tu pourras me parler de lui et m'expliquer pourquoi tu le trouves sympathique.

Elle repensa aux paroles d'Eddie tout au long de Merchiston Crescent pour rentrer à son domicile, situé dans une des petites rues tranquilles qui filaient sur la droite. Au cours de cette brève conversation, il s'était livré comme jamais auparavant. Il lui avait avoué pourquoi il détestait Toby, qui le regardait de haut.

— En fait, il me faisait sentir que j'étais moins qu'un homme, tu comprends ?

Isabel voyait très bien ce qu'il voulait dire. Elle imaginait sans difficulté ce que Toby pensait d'Eddie, et de quelle manière il avait communiqué son jugement.

— Patrick me ressemble davantage, je crois, avait ajouté Eddie. Je le sens, je ne sais pas pourquoi.

Cela intriguait Isabel. Elle en déduisait que Patrick était un cran au-dessus de Toby; tant mieux. Pourtant elle n'arrivait pas à se le représenter. Eddie avait dit que Patrick lui ressemblait davantage, mais Isabel avait de la peine à imaginer que Cat s'intéresse à quelqu'un comme Eddie. Non, ce qui se dégageait de tout cela, c'est que Patrick était plus féminin de tempérament que Toby ou les autres. Ou bien Patrick s'était-il montré plus charitable, ce à quoi Eddie avait été sensible? On peut être homme et néanmoins sensible. Peut-être était-ce le cas de Patrick.

En tournant dans sa rue, elle vit se diriger vers elle un étudiant qui venait de garer sa voiture et allait assister aux conférences dans Colinton Road, tout à côté. Isabel croisa son regard en passant. Il avait l'air à la fois viril et sensible. Mais je n'ai aucun élément pour affirmer cela, se reprocha-t-elle, absolument aucun, sinon qu'il a ébauché un sourire et que c'est un des petits signaux que nous émettons pour indiquer la connivence.

2

Isabel parlait de Grace comme de son employée de maison, terme plus agréable que ceux qu'on emploie couramment. Parler de « femme de ménage » suggère un travail subalterne, le chiffon à poussière, l'encaustique, la serpillière. Le mot « bonne » avait à son oreille quelque chose de condescendant. Tandis qu'« employée de maison » laissait supposer plus de responsabilités, ce qui était le cas. C'est une noble vocation, pensait Isabel, qui ne comprenait pas le mépris de ses contemporains pour tout travail manuel. Les juristes et les comptables ont une haute idée d'eux-mêmes, mais au nom de quoi se croient-ils supérieurs aux conducteurs d'autobus et aux balayeurs des rues ? Il n'y a aucune raison. C'est pourquoi Isabel appelait Grace, qui venait tous les jours pour nettoyer et mettre en ordre la maison, son « employée de maison » et aussi pourquoi elle la rémunérait généreusement.

Grace travaillait chez le père d'Isabel pendant la maladie qui l'avait emporté ; il avait fait promettre à sa fille de s'occuper d'elle. Isabel avait tenu parole. Elle était même en train de lui chercher un appartement. Grace était en location, ce qu'Isabel considérait comme du gaspillage, et donc soumise aux caprices des propriétaires. Curieusement, quand elle avait évoqué le sujet devant Grace, celle-ci n'avait pas manifesté d'enthousiasme. Oui, ce serait bien d'avoir un jour un appartement à elle. Oui, elle allait prospecter. Les choses en étaient restées là. Isabel avait donc décidé de prendre l'initiative ; elle chercherait pour Grace ce qui pourrait lui convenir et elle l'installerait.

Elle en avait largement les moyens. Elle parlait rarement de sa situation financière, mais les actions de la Louisiana and Gulf Land Company, qu'elle avait héritées en grande partie de sa mère, continuaient à bien se porter. Elle n'était pas dans le besoin, comme en témoignaient les relevés du groupe Northern Trust, qui gérait son patrimoine. Ces relevés venaient d'un monde de chiffres, de résultats et de rendements, un monde d'obligations et de projections qui était pour elle comme un pays étranger, dont elle savait reconnaître les séductions sans vouloir y céder. L'argent devient si vite le seul maître. C'est une drogue : la sensation de plaisir s'émousse, et il faut augmenter les quantités pour retrouver la même sensation. Donc elle ne s'en souciait guère et consacrait une bonne partie de ses revenus à des œuvres caritatives, discrètement, sans en faire état, ni s'attirer de louanges. Dans les listes de généreux donateurs, elle ne figurait que parmi les « anonymes », tout en bas.

Grace, quarante-six ans, n'avait que quatre ans de plus qu'elle. Mais ces quatre ans comptaient double car ils renforçaient sa propension à remettre en cause les jugements d'Isabel. Un tel écart, si important dans l'enfance, n'est rien à l'âge adulte. Pourtant cet écart donnait à Grace l'avantage, tout au moins à ses propres yeux. Elle reprochait à Isabel sa vision trop abstraite de la vie, non encore contrebalancée par l'expérience, expérience qui selon elle se faisait attendre.

Le lendemain matin, Isabel avait hâte de parler à Grace du nouveau fiancé de Cat, mais la conversation prit un tour tout différent. Il fallait prendre des dispositions pour les invités qu'elle attendait la semaine suivante. Grace n'aimait pas les visites imprévues. Elle voulait savoir qui allait venir, pourquoi ils venaient, quand ils repartiraient. Lorsque cela serait réglé, on passerait aux détails, la chambre où ils dormiraient, les repas qu'il faudrait préparer, et ainsi de suite.

— Vous avez parlé d'invités, dit Grace en ôtant son imperméable bleu qu'elle accrocha derrière la porte de la cuisine. C'est bien la semaine prochaine ?

Isabel, qui avait commencé à démêler les mystérieuses définitions des mots croisés du *Scotsman*, posa son crayon et se leva.

— Oui, c'est la semaine prochaine. Mimi et Joe. Ils viennent pour pratiquement un mois. Ensuite ils iront à Oxford, puis ils rentreront à Dallas.

Grace se dirigea vers l'évier et enfila ses gants de ménage bleus.

— Mimi et Joe ? Ceux qui sont déjà venus il y a trois ou quatre ans ?

Isabel confirma d'un signe de tête. Mimi McKnight était sa cousine, ou plus exactement la cousine germaine de sa mère. Elle lui avait rendu visite quelques années auparavant, accompagnée de son mari Joe. Grace les avait donc rencontrés. Pour autant qu'elle s'en souvienne, elle s'était bien entendue avec eux. Inutile d'inviter des gens que Grace n'appréciait pas : c'était courir au désastre.

Grace prit une assiette sur l'égouttoir et l'examina. C'était Isabel qui l'avait lavée; il faudrait peut-être la relaver. Mais les petits points qu'elle avait remarqués faisaient partie du motif et elle la reposa avant de la ranger. Puis elle prit une autre assiette, celle-ci encore sale, ce qui lui procura un certain plaisir. Isabel croyait savoir faire la vaisselle, mais Grace l'en jugeait incapable. Elle ne savait pas charger le lave-vaisselle et il lui arrivait de ranger des choses mal lavées. Grace examina l'assiette à nouveau avec ostentation, afin qu'Isabel ne manque pas de s'en apercevoir.

— Un mois? dit-elle en ouvrant le robinet de l'évier. C'est une longue visite.

— C'est ma cousine, dit Isabel. Les cousins peuvent rester autant qu'ils veulent, ce qu'ils font parfois. Les cousins, c'est spécial.

— Je n'aimerais pas dormir ailleurs que dans mon lit pendant un mois, répliqua Grace. Et je ne supporterais pas une cousine qui reste indéfiniment.

— Mimi et Joe, ce n'est pas pareil, dit Isabel. J'aime bien les avoir chez moi.

Sur le point d'ajouter qu'après tout ils étaient ses invités, elle se ravisa. Ce n'était pas à Grace de décider combien de temps ses invités pouvaient rester. Et, pour commencer, cette assiette n'est pas vraiment sale, pensa-t-elle. Mais c'était aller à l'encontre de l'ordre établi dans la maison, et d'ailleurs dans sa propre vie. Grace considérait que c'était son affaire de s'occuper d'Isabel et celle-ci ne luttait plus contre cette vision des choses.

Grace trempa une assiette dans l'eau et commença à décoller des bribes de nourriture récalcitrantes.

— Je ne suis pas curieuse, mais je voudrais bien savoir ce qu'ils viennent faire, déclara Grace en glissant un regard vers Isabel. Pourquoi rester loin de chez soi si longtemps ?

— Dallas est désagréable en été, répondit Isabel en repliant son journal. Il y fait très chaud, une vraie canicule. Imaginez l'Espagne, en plus chaud encore. Tous ceux qui peuvent s'échapper le font.

Elle avait l'habitude de passer la première demiheure après l'arrivée de Grace à faire les mots croisés, mais ce jour-là elle n'en avait pas envie. Elle se sentait mal à l'aise, ce qu'elle attribua à l'annonce que Cat avait un nouveau fiancé. Rien d'étonnant à ce que sa nièce ait fait une rencontre, ce sont là des choses qui arrivent tous les jours, comme les ruptures d'ailleurs. D'après Eddie, Patrick était bien supérieur à ses prédécesseurs. Malgré tout, se dit-elle, je me sens mal à l'aise. Il doit bien y avoir une raison.

Elle passa dans l'entrée, laissant Grace à la cuisine. Elle l'entendit allumer la radio, comme souvent quand elle faisait le ménage. Elle reconnut le programme qui réunissait régulièrement en studio quatre ou cinq personnes pour débattre des questions du jour. Il s'agissait de gens connus, ayant toujours des idées sur tout, et cette émission irritait Isabel au plus haut point. Grace aussi d'ailleurs, car la radio fut éteinte rapidement. C'était sa réaction dès qu'elle entendait cet homme politique dont la voix la rebutait.

— Je sais qu'il n'y peut rien, avait-elle avoué un jour. Ce n'est pas sa faute, mais je ne supporte pas sa manière de parler. Et je suis contre tout ce qu'il dit. Absolument tout.

Isabel entra dans son bureau et referma la porte derrière elle. Le courrier du matin avait apporté sa moisson habituelle de manuscrits non sollicités pour la *Revue d'éthique appliquée* dont elle était la rédactrice en chef, ainsi que les épreuves du numéro à paraître. La *Revue* avait pris l'habitude de consacrer un numéro sur deux à un thème unique, en l'occurrence celui du caractère et ses implications dans l'engagement moral. Elle sortit les épreuves de l'enveloppe matelassée de l'imprimeur. C'était toujours un moment crucial pour elle que celui où elle voyait le résultat de son travail pour la première fois. Cet éditorial qu'elle écrivait souvent au tout dernier moment était couché là, inéluctable, ses jugements investis de l'autorité de la chose imprimée.

Elle jeta un coup d'œil au texte. Curieusement, elle avait parfois du mal à croire que ces papiers qui pesaient, en toute équité, les arguments exposés par les auteurs des articles étaient tombés de sa plume. Était-ce bien elle, cette personne juste et pondérée qui signait en bas «Isabel Dalhousie, rédactrice en chef»? Elle s'interrogea : d'autres qu'elle réagissaient-ils ainsi? Les artistes regardaient-ils leur travail en se demandant comment ils l'avaient réalisé?

«Aujourd'hui, le mot "caractère", avait-elle écrit, réclame une définition. Le psychologue, qui parle plutôt de personnalité, lui accorde peu de signification. Pour le philosophe, il en a davantage. Si une personnalité ne peut être créée de toutes pièces, on peut en revanche s'inventer un caractère.»

Avait-elle vraiment écrit cela trois mois auparavant ? Le propos avait quelque chose d'un peu dépassé, comme une vieille lettre mise de côté. Elle jugeait aujourd'hui avoir péché par excès d'optimisme en croyant à la possibilité de se forger un caractère. Si le caractère et la personnalité ne faisaient qu'un, il devait y avoir une erreur quelque part. Qui se trompait ? Les psychologues qui estiment que la personnalité est immuable, ou bien les philosophes qui la pensent malléable ? D'ailleurs tous les psychologues ne sont pas d'accord sur l'immuabilité de la personnalité : quelques-uns avancent que c'est une juxtaposition de caractéristiques, dont certaines seulement persistent dans le temps.

Isabel avait évoqué ce sujet avec Richard, son ami psychiatre. Elle l'avait rencontré à Cambridge et ils étaient restés liés. Quelques mois auparavant, lors d'une réunion d'anciens à Cambridge, il l'avait invitée chez lui, à Papworth Saint Agnes. Dans le parc d'un manoir du XVIe siècle, un garage en forme de pagode qu'il appelait sa « remise » abritait sa collection de voitures. Tout en admirant une Bristol *hard-top* en cours de restauration, ils en étaient venus à parler de la notion d'effort. Il avançait que n'importe qui peut devenir expert en matière de restauration de vieilles voitures.

— Même toi, Isabel, avait-il ajouté.

— Certainement pas, avait-elle répondu en riant, j'en serais bien incapable.

— Tu apprendrais. Bien sûr, tu ne pourrais pas te dispenser de l'apprentissage. Mais si tu le voulais vraiment, tu pourrais devenir mécanicienne. Qu'est-ce que tu es en ce moment ? Philosophe, c'est ça ? On peut tous changer d'activité, tu ne crois pas ?

Elle avait tourné les yeux vers la voiture. Sur le mur était punaisée une photo du véhicule avant restauration. La transformation semblait confirmer l'assertion de Richard. Pourtant elle avait pensé qu'il se trompait. Il est impossible de se transformer aussi radicalement. On peut se construire une vie toute différente, mais le moi, incorrigible, ne change pas. Pendant qu'elle exposait ses objections à Richard, il avait essuyé une petite saleté sur la belle carrosserie de la vieille voiture.

— Zut, avait-il dit. Non, ce n'est pas à toi que je parle, je maudis ces chauves-souris. De temps en temps elles arrivent à entrer ici et elles salissent tout.

— Les chauves-souris, on ne sait pas ce qu'elles pensent, avait dit Isabel après un moment de réflexion.

Richard l'avait regardée, surpris, et elle s'était mise à rire.

— Pardonne-moi, mais je pensais à un article que j'ai lu, qui s'appelait « Comment savoir ce que ressent une chauve-souris ». C'était écrit par un professeur de philosophie, Thomas Nagel.

— Et ce professeur Nagel est parvenu à une conclusion ?

— Pour lui, c'est impossible. On peut imaginer, mais on ne peut rien savoir à coup sûr.

— Quand je dis qu'on peut changer, avait ajouté Richard, je devrais préciser que certaines choses demeurent, comme la personnalité, par exemple, qui est une constante. En tout cas après trente ans.

Isabel avait été intéressée car c'était parfaitement exact en ce qui la concernait. La jeune femme qui avait épousé John Liamor à Cambridge, il y avait si longtemps, cette jeune femme à qui le cynique historien irlandais, si séduisant malgré son débraillé, avait tourné la tête avec ses diatribes ironiques contre la «gérontocratie usée», c'est-à-dire l'université de Cambridge, et l'«homocratie» que constituaient ses collègues universitaires. Aujourd'hui, il aurait été taxé d'homophobie. À cette époque-là, tous les Irlandais se posaient en victimes, et leurs préjugés échappaient à toute critique.

Elle avait changé, puisqu'elle le voyait maintenant tel qu'il était, et aussi à d'autres égards. Elle était plus compréhensive, plus indulgente pour les faiblesses humaines qu'à vingt ans. L'amour était aussi devenu plus important pour elle, non pas au sens des pulsions érotiques qui, à tout âge, n'obéissent qu'à elles-mêmes, mais au sens d'*agapê*, de fraternité, sentiment qui, avec les années, occupait de plus de plus de place dans sa conscience. Du moins, c'est ce qui s'était passé dans son cas.

— Donc on ne peut pas radicalement transformer le fond de son caractère? avait-elle demandé. «Fond», est-ce le mot juste?

— C'est assez bien trouvé. Non, en effet, on ne peut pas vraiment changer ce qui est très profond, nos préférences sont là, qu'on le veuille ou non. Mais si ces aspects cachés ne sont pas très agréables, on arrive à les contrôler. On s'y adapte.

Il avait posé la main sur la carrosserie brillante de la vieille voiture, doucement, tendrement, comme si c'était un objet précieux.

— On peut sans doute aussi développer des attitudes positives qui aident à mieux se comporter avec les autres dans la vie quotidienne.

— Des efforts qui nous seraient comptés?

Richard avait fait la réponse qu'elle-même aurait choisie :

— Certainement. J'ai eu un jour un patient qui avait un problème, continua-t-il après un silence. Tu me diras que tous mes patients ont un problème, ajouta-t-il avec un sourire. Mais celui-là était particulièrement épineux. Il mentait. Il ne pouvait pas faire autrement qu'inventer des mensonges, sur tous les sujets possibles. Il savait que c'était mal et, jour après jour, il lui fallait lutter contre ce défaut. La vie n'était qu'un effort permanent, mais il arrivait à ne pas mentir. J'avais beaucoup d'admiration pour lui, figure-toi, beaucoup d'admiration.

Effectivement, il est très facile d'être vertueux quand on est né ainsi. Le plus difficile, c'est d'arriver à ressentir le contraire de ce que l'on a toujours éprouvé. C'est ce qu'il faut admirer. Richard l'avait invitée à quitter la remise pour lui montrer le pigeonnier, un ajout du XVIIIe siècle, fait de petites briques soigneusement moulées.

— Cet homme, le menteur invétéré, adorait le bourgogne Monopole, avait-il repris une fois dehors. Je m'en souviens, je ne sais pas pourquoi. Le bourgogne Monopole vient d'un domaine bien précis. Ou, du moins, c'est ce qu'il disait, avait-il ajouté en souriant.

— Ce n'était peut-être pas vrai, avait répliqué Isabel.

Mais, regrettant immédiatement d'avoir ainsi méprisé les efforts faits par cet homme, elle s'était empressée de dire qu'elle était sûre qu'il ne mentait pas.

— Qui sait ? avait conclu Richard, moins catégorique.

Elle se mit à travailler sur les épreuves, derrière la porte close du bureau. Grace semblait occupée au premier étage, car Isabel entendait ses pas au-dessus de sa tête. Puis quelque chose tomba ; il y eut un silence. Les yeux au plafond, elle attendit que les pas reprennent, pour être certaine que Grace ne gisait pas inconsciente sous un meuble. Grace changeait souvent les objets de place, à la recherche d'une impossible perfection. Les armoires glissaient d'un mur à l'autre, les commodes traversaient le tapis, les petites tables se retrouvaient dans un coin. Isabel la soupçonnait d'appliquer les principes du *feng-shui*, car Grace s'intéressait beaucoup à ce genre de choses. Elle en parlait peu à Isabel, redoutant son scepticisme.

— Il y a des choses qu'on ne peut pas prouver, avait-elle dit un jour. Mais on sait que ça marche. On le sait.

Elle avait accompagné ces paroles d'un tel regard de défi qu'Isabel avait renoncé à se livrer à une défense de l'empirisme.

À midi, elle avait corrigé presque la moitié des épreuves. Certaines notes des auteurs, mutilées à la composition, avaient perdu leurs numéros de page, ou bien ceux-ci, démesurément gonflés, nécessitaient d'être ramenés à des proportions raisonnables. Impossible qu'il y ait une page 1027. C'était la page 127, ou bien la 102, ou la 107. Il lui fallait faire des vérifications bibliographiques, ce qui prenait du temps, et obligeait parfois à contacter l'auteur, donc à envoyer des mails à des gens qui répondaient avec retard ou bien pas du tout. Elle en vint à se dire qu'un article sur l'éthique des courriers électroniques serait peut-être une bonne idée. Faut-il répondre à chaque courrier que l'on reçoit ? Est-ce qu'il est aussi impoli d'ignorer un mail que de ne pas regarder la personne qui vous parle ? Et quel est donc le délai raisonnable entre la réception d'un message et la réponse ? Deux heures après avoir envoyé un premier message, un de ses auteurs lui en avait envoyé un second : « Avez-vous reçu mon courrier ? Pouvez-vous me répondre ? » C'était là, selon elle, les prémices d'une nouvelle tyrannie. On commence par accueillir les progrès de la technologie avec des applaudissements enthousiastes, puis la tyrannie s'installe. La voiture a complètement dévasté les villes et les communautés, ravagé la campagne. Ce culte de l'automobile empoisonne l'air même que nous respirons, nous parque dans de petits couloirs le long des larges avenues, nous fauche parfois. Malgré tout, elle pensait à sa belle voiture suédoise verte qu'elle aimait tant conduire sur les routes la menant d'Édimbourg à la côte ouest, à Mull, et jusqu'à l'île de Skye en quatre ou cinq heures, un après-midi. Ce même voyage avait pris des semaines à l'irascible docteur Johnson, et suscité un extrême inconfort et des récriminations sans fin. C'était donc là une magnifique tyrannie, une tyrannie qu'elle approuvait.

Elle alla dans la cuisine se préparer un sandwich et un bol de soupe pour son déjeuner. Comme elle le faisait souvent, Grace avait concocté un potage poireaux-pommes de terre qui mijotait sur le fourneau. Un peu trop salé à son goût, mais bon quand même. Isabel était en train de se servir quand Cat téléphona. Il arrivait à celle-ci de téléphoner sans raison, quand elle avait envie de bavarder, comme ce jour-là. Est-ce qu'Isabel avait vu le nouveau film australien à la Film House ? Elle le lui conseillait, c'était un très bon film, le meilleur que Cat ait vu depuis le début de l'année. Les Australiens font vraiment de très bons films, non ? Il y a beaucoup de finesse, et c'est très drôle. Est-ce qu'Isabel avait vu ?...

Isabel s'installa à la table de la cuisine, son bol de soupe devant elle, écoutant Cat lui exposer les mérites du cinéma australien.

— Et tu es allée voir ce film avec Patrick? demanda-t-elle, profitant d'une pause.

— Oui, j'y suis allée avec lui. Il travaillait tard et donc on est allés à la séance... Mais tu ne l'as pas rencontré, si? Je t'ai déjà parlé de lui?

Isabel réfléchit rapidement. Elle voulait éviter de dire à Cat qu'elle tenait ses renseignements de la bouche d'Eddie; celui-ci serait embarrassé si Cat apprenait qu'il discutait de sa vie privée avec Isabel. Cat ne s'en formaliserait peut-être pas, mais avec elle on ne savait jamais.

— Je ne sais pas, mentit Isabel.

Après tout, il n'y avait aucune raison de mentir sur un sujet aussi trivial, se dit-elle.

— En fait, c'est en parlant avec Eddie que j'ai appris son nom. Je lui demandais où tu étais.

Cat restait silencieuse.

— J'aimerais bien faire sa connaissance, poursuivit Isabel, essayant de prendre un ton dégagé, comme si cette rencontre n'avait rien d'important. Tu pourrais l'amener un jour.

— D'accord, dit Cat. Quand tu veux.

Après cela, sans qu'une date soit choisie, la conversation languit. Isabel décida mentalement d'appeler Cat le lendemain pour les inviter un soir. Elle ne voulait pas accélérer les choses, pour ne pas avoir l'air de se mêler de ce qui ne la concernait pas.

Elle repensa à Richard Latcham et à son menteur de patient, luttant contre ses démons. Cette bataille qu'elle livrait pour ne pas s'immiscer dans les affaires des autres était bien triviale, mais c'était sa bataille à elle. D'autres auraient sans doute trouvé tout naturel qu'elle s'intéresse ainsi aux amours de sa nièce.

— C'était Cat ? demanda Grace en entrant dans la cuisine.

— Oui, répondit Isabel en lui servant un bol de soupe.

Grace ouvrit un placard pour y ranger le chiffon à poussière qu'elle avait à la main.

— J'ai rencontré son nouveau fiancé, dit-elle d'un ton dégagé. Je passais devant le magasin et je suis entrée. Il était là.

— Et alors ? fit Isabel en baissant les yeux.

— Il s'appelle Patrick. Il a l'air très bien.

— Ah bon. C'est déjà quelque chose.

— J'ai cru comprendre que Jamie le connaît aussi, continua Grace. Ils étaient ensemble à l'école. Ils ont le même âge, vingt-huit ans.

Isabel, qui ne s'attendait pas à cette révélation, se mit à manger. Mais elle eut de quoi méditer, pendant que Grace racontait ce qui s'était passé à sa réunion de spiritisme la veille au soir. Le nouveau médium était originaire d'Inverness, ce qui donna à Grace l'occasion de glisser que les habitants d'Inverness ont tous des pouvoirs étranges. Il était entré en contact avec le cousin d'un jeune qui venait aux réunions depuis des semaines, mais sans jamais dire un mot.

— À la fin de la réunion, il avait complètement changé. Avant, il se rendait responsable de la mort de son cousin, maintenant il était complètement rassuré.

Isabel n'écoutait qu'à moitié. Recevoir l'absolution de l'au-delà, ce n'est pas négligeable, surtout quand, pour beaucoup, c'est sans doute la seule source de pardon.

3

— Il y a quelque chose que je ne comprends pas bien, dit Jamie. J'espère que cela ne t'ennuie pas que je t'en parle ? Mais je ne vois pas du tout pourquoi tu devrais te mêler de ça.

Ils se trouvaient dans un salon de thé tout près de St Stephen Street. La lumière de ce début d'après-midi filtrait par un coin de la fenêtre, illuminant les particules de poussière. Il flottait dans l'air une odeur de café tout frais et de vanille. Sur la table, derrière eux, s'empilaient en désordre des journaux dont les titres vengeurs étaient à moitié cachés par les plis des feuilles :

« Mise en garde... », « Démission... », «... éclate en Somalie... ».

— C'est de Grace qu'il s'agit, voilà pourquoi, répondit Isabel en se renfonçant dans son siège. Je ne veux pas avoir l'air du moraliste de service, mais, honnêtement, j'ai un devoir moral envers elle.

Et la Somalie ? se dit-elle. Dans sa bibliothèque se trouvait un livre ayant appartenu à son père, dont le titre était *Une larme pour la Somalie*. Fallait-il pleurer sur la Somalie ?

— D'accord, mais aller jusqu'à acheter un appartement...

Jamie ne termina pas sa phrase. Même connaissant la générosité d'Isabel, il trouvait ce cadeau excessif. Elle dépassait les limites.

— Ça va te coûter combien ? 200 000 ?

Isabel détourna les yeux. Elle n'aimait pas parler d'argent, encore moins citer des chiffres précis. Cela pourrait fort bien dépasser 200 000, mais cet argent, elle l'avait et elle pouvait en disposer à sa guise.

— C'est possible, dit-elle doucement.

— C'est beaucoup d'argent, dit Jamie. Presque le quart de 1 million de livres.

— C'est le prix des appartements à Édimbourg, fit Isabel en haussant les épaules.

— Mais Grace pourrait peut-être l'acheter à crédit, comme tout le monde ?

La question était raisonnable, et Isabel se l'était déjà posée. Seulement Grace ne voulait pas s'endetter. Isabel avait promis à son père de veiller sur elle, et cela voulait dire lui assurer un toit. Ce qu'elle aurait fait de toute façon, même sans être liée par une promesse.

— Grace n'est pas du genre à emprunter de l'argent.

— D'accord, répondit Jamie en fronçant les sourcils. Mais pourquoi est-ce que ce serait à toi de le faire ?

— Est-ce que tu cherches à me protéger contre moi-même ? dit Isabel avec un regard ironique.

Jamie resta silencieux un moment, mais finit par sourire.

— Sans doute, marmonna-t-il. Tu fais des choses assez... étranges. Parfois.

— Eh bien ! me voilà rassurée. J'essaie d'agir dans l'intérêt de Grace. Toi, tu essaies d'agir dans mon intérêt. Grace elle-même, à sa façon, qui est bien personnelle, passe beaucoup de temps à s'occuper de moi, et aussi de toi, d'une certaine manière. Voilà une parfaite illustration de ce qu'est une communauté de valeurs.

L'appartement qu'elle allait visiter se trouvait au milieu de St Stephen Street. Tout en s'enorgueillissant de son caractère un peu bohème, cette rue, peuplée de cafés et de magasins d'antiquités, était hors de portée de la bourse des étudiants qui auraient aimé habiter là. Les résidents devaient supporter le bruit des bars et des restaurants. Ils profitaient par contre de la commodité des salons de thé et des pâtisseries toutes proches, et de la beauté de l'architecture géorgienne classique. Isabel n'était pas sûre qu'un tel environnement plût à Grace, qui préférait sans doute les quartiers plus conventionnels. Elle voulait néanmoins vérifier si l'appartement répondait à ses attentes. Le prix lui convenait ; on lui avait même dit qu'elle pourrait le faire baisser en se montrant difficile.

Elle avait demandé à Jamie de venir le visiter avec elle parce qu'il connaissait bien l'endroit. Il habitait Saxe-Coburg Street, un peu au nord, et empruntait souvent cette rue pour aller en ville. Il disait avoir été en contact avec des gens du coin qui lui en avaient parlé ; il ne se souvenait malheureusement plus dans quels termes.

— Je crois me rappeler qu'ils se plaisaient ici. Ou alors c'était le contraire. Désolé, je ne sais plus.

Cela ne l'avait guère avancée. À cette occasion, Isabel avait repensé à la façon dont Wittgenstein racontait sa dernière entrevue avec le mathématicien Gottlob Frege : « La dernière fois que je l'ai vu, disait Wittgenstein, nous attendions le train à la gare. Je lui ai demandé si l'application de sa théorie selon laquelle les nombres sont des objets ne lui posait pas trop de difficultés. Il m'a répondu : "C'est selon" ». Isabel ne savait pas si c'était vraiment une boutade. Les anecdotes des philosophes peuvent paraître drôles, mais elles sont parfois profondes. À l'inverse, certaines assertions très sérieuses sont en fait des blagues, qu'il faut prendre comme telles.

Ce matin-là, Jamie était arrivé le premier au rendez-vous. Elle l'avait trouvé déjà installé près de la fenêtre, en train de feuilleter une partition. Il s'était levé pour la saluer, car il ne manquait jamais à cette courtoisie envers les femmes ; ils s'étaient serré la main. Ils ne s'embrassaient jamais, alors que cela devenait la norme dans certains cercles d'Édimbourg, entre amis, même entre connaissances de fraîche date, du moins quand elles étaient de sexes opposés. Cette débauche d'embrassades mettait Isabel mal à l'aise. Un baiser est un geste intime, qui ne peut procurer aucun plaisir lorsqu'on ne connaît pas bien l'autre. En plus, c'est mal commode, on se cogne aux lunettes, on laisse sur les joues des hommes des traces de rouge à lèvres. D'autres inconvénients s'ajoutent, comme la consommation récente d'ail, et puis c'est à coup sûr la meilleure façon d'attraper un rhume.

Nonobstant les miasmes aillés, elle n'aurait pas hésité à embrasser Jamie. Il est si beau, pensait-elle. Sa beauté est actuellement à son zénith. Il ne sera plus jamais aussi beau qu'aujourd'hui.

— Tu as l'air bien songeuse, dit Jamie quand ils se furent assis.

Isabel rougit. Comment lui avouer ses pensées du moment ? On a souvent du mal à dire aux autres ce que l'on pense vraiment ; presque inévitablement, on dissimule. On donne alors l'impression de manquer de franchise.

— Je méditais, sans doute, dit-elle sur un ton volontairement léger. Je pense trop, voilà. C'est un reproche que tu m'as déjà fait, d'ailleurs.

Effectivement, il lui avait dit bien des fois qu'elle était trop compliquée, que le monde était plus simple qu'elle le croyait. Elle n'y avait pas prêté attention. Ou bien, si elle avait écouté ses conseils, elle n'avait pas réussi à changer sa façon d'être.

— Souvent, dit-il avec un sourire. Je t'ai suppliée de ne pas te compliquer la vie. Mais tu n'en as tenu aucun compte.

Isabel reconnaissait qu'il avait raison. Le problème vraiment important, c'est de savoir si on écoute jamais les conseils des autres. Très rarement sans doute.

— Et toi, tu suis mes conseils ?

— Tu m'en as déjà donné ? demanda Jamie d'un air étonné. Isabel se posait la même question. La seule fois où cela lui était arrivé, c'était à propos de Cat. Elle lui avait dit que tout espoir était vain, qu'il n'y avait plus rien à escompter de ce côté-là. En regardant Jamie, elle sut immédiatement qu'il se souvenait de cet épisode.

— Oui, je sais, dit-il en baissant la tête, penaud.

Elle attendit, compatissante, qu'il continue, mais il n'ajouta rien. On se trompe si souvent sur les autres ; parfois, on ne s'en remet pas. Tout en sachant pertinemment combien c'est triste d'aimer sans être payé de retour, on aspire toujours à l'inaccessible, elle comme les autres. Mes sentiments pour ce jeune homme sont stériles, se disait-elle, car ils ne peuvent déboucher sur rien. Mais qu'importe si l'amour n'est pas réciproque ? On peut aimer sans espoir, de loin, et trouver néanmoins du bonheur dans une relation si déséquilibrée, sans que l'être aimé se doute de quoi que ce soit. Jamie aimait Cat, tout en la voyant très rarement, voire jamais. Elle-même aimait Jamie secrètement. Ils avaient tous deux quelque chose à donner, et y trouvaient sans doute leur compte, comme si c'était un don anonyme. Isabel savait par expérience qu'on éprouve du plaisir à exercer sa générosité à l'insu du bénéficiaire. Il en va de même en amour. Cela se voit tous les jours : les grands héros romantiques, les vedettes de cinéma, les chanteurs de rock sont adorés par une foule d'inconnus. Les saints aussi d'ailleurs, et Dieu même, si l'on y réfléchit bien. Dans ce cas pourtant, la relation n'est plus à sens unique. Quand on croit en Dieu, on est sûr d'en être aimé.

— Est-ce que c'est si grave que ça d'aimer quelqu'un qui ne vous aime pas ? demanda Isabel. Est-ce que ça fait une différence ?

— Évidemment, ça fait une différence, répondit-il en relevant la tête. C'est très triste.

— Triste, vraiment ?

— C'est comme…

— Comme quoi ? fit-elle en haussant le sourcil.

— Comme parler à quelqu'un qui n'écoute pas. Oui, c'est à peu près ça.

— Je ne sais pas si l'amour est quelque chose qu'on peut vraiment faire partager, déclara Isabel après un temps de réflexion. C'est comme un dîner en tête-à-tête avec soi-même. À ce point de la conversation, Jamie lui avait demandé pourquoi elle voulait acheter un appartement pour Grace. La conversation s'était alors enlisée dans les considérations précédentes sur les devoirs que l'on a envers son prochain.

Au bout de quelques minutes, Jamie fit signe à la serveuse.

— Il va falloir se presser, dit-il en tapotant sa montre. La personne t'attend dans dix minutes, tu m'as dit ?

Isabel répondit par l'affirmative. Ils commandèrent leur café et laissèrent là les dilemmes de la morale pour entamer la question ô combien déprimante des prix de l'immobilier. Tous les deux étaient propriétaires de leurs logements. Jamie grâce à une vieille tante généreuse, hostile à l'impôt sur les successions, et Isabel parce qu'elle avait hérité de la maison de son père. C'était là un capital engrangé sur plusieurs générations et que ni l'un ni l'autre n'avaient acquis par leur travail. Quand on n'a que son salaire, on a bien du mal à trouver à se loger à Édimbourg, tellement les prix sont excessifs. Comme à Londres ou à New York, un seul salaire ne suffit pas à se payer un toit. Isabel trouvait immorale cette loi économique qui veut que les derniers arrivés soient les moins bien lotis.

Ils n'eurent pas le temps de bavarder davantage. Après avoir avalé leur café à toute vitesse, ils se dirigèrent vers St Stephen Street.

— Nous y voilà, dit Isabel en montrant une porte à laquelle menait un petit escalier de pierre, c'est ce numéro.

Une plaque de laiton bon marché fixée au mur indiquait les noms des résidents. Isabel trouva celui qu'elle cherchait, *Macreadie*, et sonna.

— Montez directement, lança une voix de femme, c'est tout en haut.

L'escalier collectif était mal entretenu et sentait le pipi de chat. Sur le palier du deuxième, ils rencontrèrent le coupable présumé, un gros matou au poil roux affecté d'un strabisme, les oreilles déchirées par un récent combat.

— C'est un bagarreur, dit Isabel en indiquant le chat.

— Il y a sans doute un être qui l'aime malgré tout, répondit Jamie. Bon, on ne va pas recommencer.

Arrivés en haut, ils virent une femme d'une soixantaine d'années qui les attendait sur le pas d'une porte ouverte, les cheveux rejetés en arrière comme Grace, et vêtue d'un pull-over en shetland, dont le motif compliqué frappa immédiatement Isabel. Quelqu'un avait passé des heures à incorporer dans le tricot tous les tons naturels que prennent la mer et le ciel dans ces îles magnifiques et dénudées.

Isabel se présenta :

— Isabel Dalhousie. Nous nous sommes parlé au téléphone.

La femme lui sourit et se tourna vers Jamie.

— Mon ami Jamie, dit Isabel.

Le regard de la femme passa rapidement de Jamie à elle, suivant une pensée qui lui avait traversé l'esprit, et Isabel comprit qu'elle se demandait quel genre de relation existait entre eux. Elle avait l'habitude de ce type de comportement, qu'elle avait déjà rencontré au restaurant ou au café. Les gens laissaient deviner leur curiosité, n'ayant pas toujours le réflexe de la dissimuler. Ils suivirent la femme dans l'entrée de l'appartement. Situé tout en haut de la maison, il était éclairé par une coupole ancienne encastrée dans le toit, ce qui lui donnait l'air spacieux.

— Un puits de lumière, dit Isabel. C'est très joli, madame… ?

— Macreadie, dit la femme. Ou Florence, si vous préférez.

Ils pénétrèrent dans la cuisine, étroite et démodée, mais avec des placards très utiles sur tout un côté et un plan de travail en pierre usée autour de l'évier profond. Jamie alla à la fenêtre pour examiner en contrebas le petit bout de pelouse jaunie attenant à l'immeuble.

— J'allais souvent m'installer sur la pelouse, dit Florence, quand on avait de vrais étés, il y a bien longtemps.

— C'est le refroidissement, renchérit Isabel. Les températures augmentent partout, sauf en Écosse.

— Tu exagères, protesta Jamie.

Ils passèrent ensuite à la salle de séjour, qui n'était pas très grande et qu'Isabel jugea un peu chargée. Elle essaya d'imaginer la pièce débarrassée de la vitrine à bibelots, de la table couverte de photographies de famille et du porte-revues assez laid et débordant.

— Cette pièce donne sur St Stephen Street, dit Florence.

— Il y a un pub en face, n'est-ce pas ? demanda Jamie.

— C'est parfois un peu bruyant le vendredi et le samedi, répondit Florence en hochant la tête. Mais la chambre est à l'arrière. Elle donne sur le parc, et c'est très calme.

— J'imagine, dit Isabel.

L'appartement lui plaisait, et la propriétaire aussi. Elle lui trouvait l'air d'une institutrice à la retraite, et les bibliothèques révélaient une lectrice intelligente. La présence sur une étagère d'une *Histoire de l'instruction publique en Écosse* lui fit penser qu'elle avait vu juste.

Ils repassèrent par l'entrée pour inspecter la chambre et Isabel en profita pour demander à Florence pourquoi elle quittait Édimbourg. C'est toujours utile de connaître les motivations des vendeurs. Un départ soudain, un virage brusque constituent autant de signaux d'alarme.

— J'ai eu la chance d'hériter de la maison de ma tante à Trinity, expliqua Florence.

Voilà le problème réglé, se dit Isabel : on peut éliminer l'arrivée soudaine d'un voisin impossible. Mais le chat ? Est-ce qu'il suffisait d'un chat incontinent pour vouloir déménager ?

— Nous avons vu un chat dans l'escalier…

— C'est le chat du dessous, il s'appelle Basil. Il vient de temps en temps me rendre visite.

— Et les voisins ? demanda Isabel.

— S'il y avait un problème, je vous le dirais, croyez-moi, répondit Florence en posant brièvement la main sur le bras d'Isabel. Mais ce sont tous des gens charmants.

Isabel se sentit embarrassée d'avoir été percée à jour si facilement. La façon dont Florence lui avait discrètement reproché sa méfiance la rendait d'autant plus sympathique à ses yeux. Elle sentait une affinité avec cette femme, ce qui était rassurant et touchant à la fois, mais elle n'en comprenait pas la raison. Il est très fréquent que deux personnes se rencontrent et sympathisent immédiatement. Il se passe sans doute quelque chose au niveau de l'inconscient, ou bien par l'intermédiaire des « atomes crochus », qui permet d'établir cette relation. Pour Grace, adepte de la télépathie, c'en était la manifestation.

— Je sais ce que les gens pensent, disait-elle souvent. Je vous assure.

— Très bien, avait répliqué Isabel. À quoi suis-je en train de penser alors ?

— Vous êtes en train de vous dire que je suis incapable de le deviner.

Ce qui était parfaitement vrai.

Jamie ne les suivit pas dans la chambre, mais retourna dans la cuisine et recommença à regarder par la fenêtre. Florence montra les placards et la vieille cheminée ornée de fleurs séchées, qui était en état de marche si l'on voulait faire du feu.

— On en a démoli tellement, de ces magnifiques cheminées victoriennes et même géorgiennes. Quel gâchis !

Isabel contemplait les fleurs séchées, poussiéreuses et décolorées.

— La chambre est bien séparée du reste de l'appartement. Elle a l'air très confortable.

Florence lui lança un regard complice.

— Oui, je vous vois très bien ici, vous et votre ami, déclara-t-elle et regardant dans la direction de la cuisine.

Isabel resta un moment interdite. Flattée que Florence s'imagine qu'elle et Jamie formaient un couple, le malentendu la gênait néanmoins. Il lui incombait de corriger cette fausse impression. Elle se mit donc en devoir d'expliquer la situation :

— Non, non, ce n'est pas…

Elle s'interrompit brusquement, car Jamie venait d'apparaître dans l'embrasure de la porte.

— La chambre, dit Isabel en s'effaçant pour qu'il puisse voir. Elle est très bien, tu ne trouves pas ?

Jamie acquiesça d'un signe de tête. Encore une fois, il alla à la fenêtre et regarda dehors, tout en tâtant l'encadrement en bois. Il faut savoir à l'avance l'importance des réparations auxquelles on s'expose. Il avait parlé à Isabel des appuis de fenêtre pourris qui déparaient tant d'appartements du quartier de New Town. Pourtant le bois avait l'air sain. Il se retourna. Florence le regardait fixement, un sourire aux lèvres.

Impossible de parler de Jamie en sa présence et de fournir les explications nécessaires. Elle regarda sa montre, puis Jamie.

— Nous devons vous quitter, dit-elle. Il faut qu'on…

Elle ne poursuivit pas. Rien d'urgent ne les appelait, mais elle pensait en avoir assez vu et désirait plus que tout se retrouver dehors. Sa décision était prise : par l'intermédiaire de Simon Mackintosh, son notaire, elle ferait une offre.

Ils prirent congé de Florence dans l'entrée. Dans l'escalier, en redescendant, Jamie se tourna vers elle.

— Pour le quartier, c'est très bien.

— Tu penses vraiment ?

— Oui. Dernier étage, donc moins de bruit. Chambre à l'arrière. Bien entretenu. Et l'électricité est toute neuve, j'ai jeté un coup d'œil.

— J'ai eu bien raison de te demander de venir, dit Isabel en souriant.

Refermant sur eux la lourde porte peinte en bleu de la maison, ils se retrouvèrent dans la rue. Un couple passa devant eux, en direction de Royal Circus. La jeune femme avait le nombril à l'air, et la chair marbrée du ventre ballottait à chaque pas. Le jean du jeune homme arborait les déchirures de rigueur. De dos, on pouvait admirer un caleçon bleu rayé.

Comment exhiber son corps, se dit Isabel ; l'évolution de la notion de sphère privée. Il est devenu socialement acceptable pour un homme de laisser voir ses sous-vêtements. Pourquoi un vêtement serait-il plus intime qu'un autre ?

Jamie devait aller dans Castle Street et Isabel, qui rentrait chez elle, avait pensé l'accompagner. Ils longèrent donc Gloucester Lane, à l'extrémité de Heriot Row. Gloucester Lane était une ruelle pavée, bordée de chaque côté d'anciennes écuries reconverties en habitations. Jamie remarqua que celles-ci étaient souvent plus chères, même quand elles étaient de surface inférieure à celle de l'appartement qu'ils venaient de voir.

— Les gens sont prêts à payer n'importe quoi, rien que pour l'adresse. Tu comprends ça, toi ?

— Oui, c'est normal. C'est notre instinct de compétition qui veut ça, tout le monde cherche à améliorer sa position sociale.

Il leva les yeux vers une fenêtre où trônait, dédaigneux, un chat rayé noir et blanc.

— Isabel, tu ne serais pas un peu snob ?

Il avait parlé sans réfléchir, et le regretta immédiatement quand il sentit Isabel se raidir. Elle s'arrêta et se tourna vers lui.

— Certainement pas. C'est vraiment très injuste de dire une chose pareille.

— Pardonne-moi, fit-il en la prenant par le bras. Je ne parlais pas sérieusement. Tu n'es pas snob du tout.

— Je disais simplement, dit Isabel en le repoussant, que les gens recherchent toujours le prestige social. C'est un fait avéré dans toutes les sociétés. Pour un snob, ce qui compte, c'est l'origine sociale et l'adresse. Ce n'est pas du tout ce que j'ai dit.

Jamie savait qu'elle avait raison et que son commentaire était blessant et déplacé. Pauvre Isabel. Voilà qu'il l'avait accusée de pensées indignes, elle qui se donnait tant de mal pour agir selon sa conscience et passait des heures à peser tel ou tel dilemme éthique. Elle ne le méritait pas.

Elle avait commencé à s'éloigner, et il pressa le pas pour la rejoindre.

— J'ai dit quelque chose de vraiment stupide. Pardonne-moi, je t'en prie.

— N'y pense plus, répondit-elle avec froideur.

— Non, sincèrement, pardonne-moi.

Devant son silence il persista :

— Je t'ai souvent entendue parler de pardon des offenses, mais tu ne le pratiques pas toi-même.

— Tu m'accuses d'hypocrisie en plus ? C'est bien ça ?

— Oh, Isabel, je t'en prie…

Elle ferma les yeux. Sur le chapitre du pardon des offenses, il avait raison. Venant de Jamie, ces mots durs la trouvaient vulnérable, et d'autant plus qu'elle ne pouvait pas en parler. Elle n'était pour lui qu'une amie parmi d'autres, et entre amis de tels propos ne portent pas à conséquence. C'est là mon malheur, se dit-elle. Tant que je ne lui aurai pas avoué mes sentiments pour lui, il me faudra rester dans ce cadre de relations amicales. Mais comment lui dire ? Cela sonnerait le glas de notre amitié. Il me fuirait.

— On se dispute pour rien, dit-elle. Je sais bien que tu n'as pas parlé sérieusement, excuse-moi.

Ils poursuivirent leur chemin. Au sommet de Gloucester Lane, les anciennes écuries font place à Heriot Row et Darnaway Street, voies plus larges et plus élégantes. Exposée au sud, la longue perspective des façades géorgiennes de Heriot Row donne sur un parc. Il y a symbiose entre la rue et ses habitants ; ceux qui vivent là meublent leurs maisons et leurs appartements dans le style géorgien, pour rester dans la note. Les hautes fenêtres des salons du premier étage sont drapées de lourds rideaux, retenus de chaque côté par des embrasses très ouvragées. De la rue, par les fenêtres des salles à manger, on aperçoit les suspensions au-dessus de grandes tables en acajou, les pianos à queue, les bibliothèques. C'était un monde qu'Isabel connaissait bien, où elle évoluait sans difficulté, et pourtant ce n'était pas le genre d'environnement où elle souhaitait vivre. Il y avait quelque chose de mort dans de tels lieux : on aurait pu s'imaginer dans un musée d'où étaient exclues couleur et animation.

— Heriot Row me paraît toujours sinistre, dit-elle.

— Ah bon? répondit Jamie en levant les yeux vers les fenêtres. J'ai été invité à une réception ici un jour. Ce n'était pas sinistre du tout, c'était plutôt sympathique.

— C'est trop parfait. Il y a des endroits comme ça dans toutes les villes. À Londres, c'est Mayfair. Tout est impeccable et méticuleusement entretenu, mais stérile. À New York, ce sont les immeubles avec portiers. C'est trop affecté pour mon goût.

Elle allait poursuivre en parlant de Paris quand quelque chose accrocha son attention. Une voiture venant de Wemyss Place s'engagea dans Heriot Row au moment où ils s'apprêtaient à traverser.

— Regarde cette splendide voiture, dit Jamie. Regarde ça.

Isabel ne s'intéressait pas aux voitures, mais à ceux qui étaient dedans. En l'occurrence, elle les reconnaissait : il s'agissait du couple de la galerie. Lui était au volant, absorbé par la conduite. Mais la femme tourna la tête pour les regarder. Elle ne jeta qu'un bref coup d'œil à Isabel, apparemment sans la reconnaître. Par contre, s'attardant sur Jamie, elle se mit à le fixer, le temps que la voiture les dépasse pour s'éloigner dans Heriot Row.

— Elle t'a dévisagé, tu as vu ?

— Quelle beauté !

— Pas de près, dit Isabel. Je l'ai rencontrée à la Scottish Gallery.

— Je parlais de la voiture, corrigea Jamie.

Leurs chemins se séparaient à quelques pas de là. Jamie devait passer à un cabinet d'assurances de Castle Street et ils se quittèrent au coin de Hill Street. Isabel continua à pied, en repensant à cette coïncidence d'avoir rencontré ces visiteurs américains deux fois en si peu de temps. Que faisaient-ils ? Qui étaient-ils ? Elle n'en savait pas beaucoup plus que lorsqu'elle les avait aperçus la première fois de la fenêtre du café Glass and Thompson. Pourquoi leur accordait-elle tant d'importance ? C'était un mystère. Elle n'était rien pour eux. En théorie, ils auraient dû être des étrangers pour elle. D'où venait alors sa curiosité ?

4

— Ma chérie, s'exclama Mimi McKnight, regarde dans quel état on est ! Ce qu'il nous faut, c'est... enfin beaucoup de choses, je crois. On est surtout déshydratés.

Isabel avait proposé d'aller chercher Mimi et Joe à l'aéroport, mais ils avaient refusé catégoriquement. Ils trouveraient bien un taxi ; ils se débrouilleraient seuls. Et ils étaient là, chargés de bagages pour plusieurs mois, de cadeaux pour Isabel et tous ceux chez qui ils allaient habiter lors de leur séjour. Pour Isabel, deux grandes bouteilles de Tabasco, un recueil des poèmes de

Robert Lowell et un chandelier miniature mexicain en argent du XIXe siècle.

Mimi était la cousine germaine de la mère d'Isabel, Hibby. Mimi habitait Dallas, mais Hibby était née et avait été élevée à Mobile, sur la côte de l'Alabama, une ville ornée de vieux chênes, fief d'anciennes dynasties. Une ville orgueilleuse qui n'aimait pas être traitée avec condescendance par des étrangers.

— À La Nouvelle-Orléans ils se trompent, expliquait la mère d'Isabel. Le Mardi gras, c'est nous qui l'avons inventé. Tu comprends, Isabel, cela fait partie de notre patrimoine.

Ce Mobile prospère cachait évidemment une autre histoire, la face occulte du Sud, mais on n'en parlait pas à cette époque-là. Cette histoire, bien présente, était visible dans les vieux albums de photographies où les domestiques se tenaient à l'arrière-plan, sous les arbres, près des voitures, portant des bagages ou des plateaux. Ce qui se cache derrière l'argent, pas toujours mais souvent, ce sont ces fantômes qu'on a dépouillés de leur vie, les anonymes, les oubliés, les pauvres. Afin qu'elle ne souffre pas de la chaleur humide qui règne sur le Golfe l'été, on envoyait la jeune Hibby profiter de la chaleur sèche de l'intérieur du Texas, jugée plus saine et plus facile à supporter. Elle habitait chez sa cousine Mimi et les deux adolescentes faisaient tout ce qu'on fait à cet âge, shopping à Neiman-Marcus sur Commerce Street, piscine au club privé, avec l'espoir toujours déçu de quelque événement.

Plus tard, leurs chemins s'étaient séparés. Hibby était partie pour New York, étudier à l'école de secrétariat Katherine Gibbs. Elle avait ensuite travaillé deux ans dans un cabinet d'avocats d'affaires à Wall Street. Jolie, dotée de cette séduction des femmes du Sud à laquelle les jeunes gens ne peuvent résister, elle n'aurait pas eu de mal à trouver un mari parmi eux. Pourtant elle avait succombé au charme d'un étudiant écossais de la faculté de droit de Columbia et épousé le futur père d'Isabel. À Mobile, ses parents avaient fait contre mauvaise fortune bon cœur, et le jeune homme bonne impression sur les proches. Finalement, ce n'était pas une catastrophe. Mimi avait rencontré le père d'Isabel à la réception de fiançailles à New York et ne partageait pas les appréhensions familiales.

— Il est parfait, déclarait-elle. Même dans ses défauts.

Pour Mimi comme pour Joe McKnight, il s'agissait d'un second mariage. Joe, professeur de droit à l'université Southern Methodist de Dallas, était une autorité reconnue sur l'histoire du droit texan et le droit des colonies espagnoles, dont le Texas avait fait partie. Joe soulignait la forme passée du verbe.

— Nous avons volé le Texas aux Mexicains, mais ça s'est fait en toute légalité, disait-il souvent en plaisantant à moitié.

Il s'intéressait aux antiquités, passion partagée par Mimi, qui achetait et vendait des livres rares. Joe restaurait les volumes et les reliait de neuf dans le petit atelier de reliure qu'il avait installé au premier étage de leur maison de Dallas, une pièce remplie de pots de colle et de rouleaux de cuir souple, les outils du métier. Il savait tout sur les cuirs, les feuilles de garde, les lépismes ravageurs. Et Mimi était spécialiste de la musique chorale, des vieux livres de cuisine et des chats.

Ils étaient arrivés dans la soirée. Isabel les avait conduits à la chambre d'amis, située à l'arrière de la maison, qui ne recevait guère le soleil, mais donnait sur le jardin.

— C'est la même chambre que la dernière fois, dit Mimi. Et le même tableau.

Elle traversa la pièce pour examiner la grande toile accrochée au-dessus de la commode, représentant un homme et sa femme, deux jeunes enfants blottis dans leurs bras, sur le pont d'un navire à voile. Derrière eux, une mer en furie, l'écume blanche des vagues dissimulant presque les côtes d'une terre lointaine.

— C'est Skye, je crois ?

— Le tableau est de McTaggart, répondit Isabel en hochant la tête. Et je crois que c'est Skye, effectivement. Il a peint plusieurs tableaux de ce genre. Les émigrants qui partent pour une seconde vie en Nouvelle-Écosse, ou à Boston, ou ailleurs.

Mimi contemplait l'imposante toile à travers des lunettes aux grands verres ovales.

— Partir comme ça, c'est incroyable. Regarde l'expression des enfants.

Isabel la rejoignit. Elle n'aimait pas beaucoup McTaggart, ce qui expliquait la présence du tableau dans la chambre d'amis, où elle ne le voyait pas souvent. Son père appréciait les peintres romantiques du XIXe siècle, et ce tableau, qui avait été une de ses premières acquisitions, était parmi ses préférés. Il l'avait acheté pour un prix très modeste à une vente aux enchères et en avait fait cadeau à sa femme. Isabel avait cru deviner que, sans jamais bien sûr le laisser paraître, sa mère ne l'affectionnait pas particulièrement.

Sur la toile, les enfants semblaient imperméables à leur sort. Les parents devaient affronter à leurs côtés une traversée dangereuse, des semaines de mal de mer et de privations, et au bout du voyage l'arrivée dans un pays dur et inconnu. Pour les enfants, embarquer était une aventure formidable. On lisait l'excitation sur le visage du petit garçon, qui montrait du doigt une mouette volant dans le sillage du bateau. La petite fille murmurait à la poupée qu'elle avait dans les bras des mots d'encouragement maternel, peut-être une berceuse.

— Ça me fait penser à *Lochaber No More*, dit Isabel. Tu connais cette ballade ? C'est une lamentation sur la douleur de quitter l'Écosse et de ne jamais revoir le pays qu'on aime. Mimi, absorbée dans la contemplation du tableau, ne répondait pas. Isabel se mit à réciter :

Adieu à Lochaber, adieu à ma Jean,
Avec qui j'ai passé tant de jours cœur à cœur,
Car jamais plus, non jamais plus
Nous ne reviendrons à Lochaber.

— Mais c'est très beau, dit Mimi en se tournant vers elle. C'est triste, triste et beau. Être cœur à cœur avec quelqu'un, comme c'est joli !

— Ce pays a le don de vous surprendre, répondit Isabel en souriant. C'est difficile d'y rester indifférent.

Elle s'arracha à la contemplation du tableau.

— Bon, j'ai des choses à faire, dit-elle. Nous avons de la compagnie à dîner.

Elle se rendit compte en prononçant ces paroles qu'elle avait inconsciemment utilisé l'idiome américain. À Édimbourg, on n'a pas de compagnie, on a des invités.

— Des invités ?

— Cat, répondit Isabel.

— Ah, parfait, dit Mimi, j'ai un cadeau à lui donner, et puis Joe a toujours eu un petit faible pour elle, n'est-ce pas, Joe ?

— C'est vrai, je l'aime bien, répondit Joe.

— Elle a un nouveau fiancé, qui s'appelle Patrick. Il sera là aussi.

Mimi et Isabel échangèrent un regard lourd de sens. Mimi avait entendu parler de Toby, et d'autres aussi, par Isabel.

— Je ne l'ai pas encore rencontré, avoua Isabel. Les rapports préliminaires…

Elle hésitait, car après tout, il n'y avait eu qu'un seul rapport, et qui venait d'Eddie. Pouvait-on faire confiance au jugement d'Eddie ?

— Favorables ? compléta Mimi.

— Tout à fait. Mais nous serons bientôt fixés. À propos, j'espère que cela ne vous gêne pas que nous ne soyons pas seuls le premier soir ? Après avoir tout organisé, je me suis dit que vous auriez peut-être préféré une soirée tranquille.

Mimi la rassura : Joe et elle étaient très contents d'avoir cette distraction.

— De toute façon, je tiens à rencontrer Patrick. Le pauvre, il ne va peut-être pas apprécier qu'on le regarde comme une bête curieuse.

— Personne n'aime ça, lança Isabel, avant de se dire que ce n'était pas le cas pour tout le monde. À part les acteurs et les narcissiques, ajouta-t-elle.

Patrick pouvait très bien être l'un et l'autre. Fallait-il voir là un progrès par rapport au négociant en vin infidèle, ce qu'était Toby ? Les compagnies d'assurances automobiles calculent le risque en tenant compte de la profession : les poètes et les journalistes paient davantage que les avocats et les bibliothécaires. Elle n'y avait jamais pensé auparavant, mais c'était en fait très clair : afin d'avoir une idée du danger que représentait tel ou tel homme pour une femme, il suffisait de connaître le profil de risque dressé par la compagnie d'assurances. Les conducteurs dangereux sont des amants dangereux. Les personnalités fiables et responsables font des fiancés et des maris fiables et responsables. Mais quel ennui !

— Qu'est-ce qui te fait rire ? demanda Mimi.

Sur le sofa, Patrick, un verre de vin à la main, parlait à Mimi. Joe était en grande conversation avec Cat devant la cheminée. Isabel, revenant au salon après avoir abandonné ses invités quelques minutes pour des préparatifs en cuisine, évalua la situation d'un coup d'œil. Aucune trace d'embarras à l'arrivée de Cat et Patrick : Cat s'était contentée de décocher à Isabel un bref regard qui était peut-être une mise en garde. Cat reconnaissait qu'Isabel faisait des efforts pour ne pas se mêler de ses affaires, mais il faut se méfier quand les habitudes sont aussi ancrées.

Elles avaient échangé quelques mots dans la cuisine quand Cat était venue l'aider.

— Il a l'air très sympathique, avait déclaré Isabel.

Le mot était banal, mais tant pis. Que dire d'autre ? Elle ne savait rien de Patrick, avec qui elle n'avait pas encore parlé. Pas de raison d'aller plus loin que « sympathique ».

— On s'entend bien, répondit Cat doucement. Je pensais qu'il te plairait.

— Il est très beau, rétorqua Isabel.

Cat, qui disposait des canapés sur une assiette, leva les yeux vivement.

— Mais c'est vrai ! se défendit Isabel. Je ne t'accuse pas de privilégier l'apparence physique. S'il est beau, tant mieux.

Croyait-elle vraiment ce qu'elle disait ? Cat avait toujours été attirée par un certain type de beauté masculine. Dès l'âge de seize ans, depuis qu'elle lui avait présenté son premier petit copain, elle avait marqué une préférence pour les hommes de grande taille, aux traits réguliers et aux cheveux blonds. C'était là un type de beauté assez stéréotypée auquel Cat souscrivait avec enthousiasme. Dans l'effet produit par la beauté humaine, il entre une large part de biologie. Le message peut se résumer ainsi : en me choisissant, vous choisissez un être fort et solide qui vous donnera de beaux enfants. Au bout du compte, tout ce que les poètes ont pu écrire sur l'amour n'est qu'une interprétation romantique d'un impératif biologique fondamental : trouver quelqu'un avec qui faire des enfants et les élever.

Elle n'eut pas l'occasion d'avoir une conversation suivie avec Patrick avant de passer à table. Elle avait exercé ses prérogatives d'hôtesse en le plaçant à sa droite, ce qui lui permettrait de découvrir ce qu'elle voulait savoir. Il se montra très loquace et révéla qu'il était juriste dans un cabinet d'avocats spécialisés dans les rachats d'entreprises, ce qu'il appelait, lui, des « acquisitions ».

— Nous achetons des entreprises. Mon travail, c'est de contrôler le bon respect des lois et réglementations en la matière. Nous appelons ça la fonction *compliance*.

Isabel haussa un sourcil. Une certaine douceur émanait de lui. En dépit de sa beauté masculine, des traits bien ciselés, il y avait en lui quelque chose de féminin et de malléable. Malgré tout, il s'agissait bien dans son métier de bondir sur une proie. L'espace d'une seconde, une scène ridicule se joua dans son imagination : Patrick se jetant sur Cat, ses longs membres tendus comme des ressorts, les doigts élégants et fins allongés comme des griffes.

— La loi du plus fort, murmura Isabel.

— On ne peut pas laisser dormir l'argent, dit Patrick d'un air dégagé, en plongeant sa cuillère dans son assiette de soupe. Il faut qu'il bouge.

Isabel sentit l'irritation la gagner. L'argent est un objet inanimé. Ce sont les êtres humains qui se servent de l'argent pour agir.

— Mais à cause de ces rachats, des gens perdent leur emploi, non ? J'ai cru comprendre que la première mesure des nouveaux acquéreurs, c'est de se débarrasser du maximum de salariés.

— Parfois, répondit Patrick en reposant sa cuillère. Les entreprises ne sont pas là pour faire la charité. Aujourd'hui, on ne peut plus espérer garder son emploi toute la vie.

Isabel se rappela ses bonnes résolutions. Elle s'était juré de lui laisser une chance, de ne pas tirer de conclusions hâtives. Il était clair toutefois que Patrick ne péchait pas par modestie. Plus intelligent peut-être que Toby, il était tout aussi superficiel.

— Et vous, vous allez rester juriste toute votre carrière ? s'enquit-elle d'une voix douce.

Patrick, l'air surpris, prit un morceau de pain qu'il brisa.

— Oui, j'en ai bien l'intention.

Il parlait d'un ton légèrement pédant, choisissant et articulant chaque mot, comme si la moindre parole avait été mûrement pesée.

— Donc vous trouvez normal de garder le même emploi toute votre vie. C'est intéressant.

Elle se tut, pour lui laisser le temps de digérer ce qu'elle avait dit. Il comprit vite qu'il était tombé dans un piège et esquissa un petit sourire ironique.

— Être juriste, c'est une carrière. Je ne resterai certainement pas toujours dans le même cabinet. Les gens pour qui je travaille peuvent me renvoyer du jour au lendemain s'ils en ont envie.

— Mais ils n'en feront rien ?

— Sans doute pas. Mais c'est toujours possible, vous savez.

— S'ils sont rachetés ?

— En général, cela n'arrive pas pour les cabinets d'avocats, répondit Patrick.

Il comprit alors qu'il était tombé dans un nouveau piège. Les lois de la jungle ne s'appliquent pas à ceux qui les édictent.

— Eh bien, voilà donc le fameux Patrick, dit Isabel.

Les deux femmes étaient dans la cuisine. Après le départ de Cat et Patrick, Joe, fatigué par le voyage, était monté se coucher. Elles avaient débarrassé les assiettes et les plats, qui attendaient d'être chargés dans le lave-vaisselle.

— Oui, le fameux Patrick, répondit Mimi d'une voix neutre. Isabel la savait charitable. Mimi ne disait jamais de mal des gens, c'était une de ses qualités. Je dois me rappeler que je ne l'ai vu qu'une seule fois, se dit Isabel. J'ai quatorze ans de plus que lui et personne ne me demande de le juger.

— Il est intelligent. Ce n'était pas le cas de Toby.

— C'est ce que j'avais cru comprendre, dit Mimi.

— Et on voit bien ce qu'elle lui trouve physiquement. Il est…

— Effectivement.

— Il vit avec sa mère, reprit Mimi après un silence. Il m'a dit ça quand je bavardais avec lui là-bas. Il a vécu avec sa mère pendant ses études de droit, ses stages, et il vit toujours avec elle.

— Ce n'est pas très courant, dit Isabel. Quoique, à présent… Il paraît que les enfants retournent vivre avec leurs parents, mais en général ils commencent d'abord par partir.

Elle se tut. Elle venait de se souvenir de la remarque d'Eddie : « Patrick me ressemble davantage. » Qu'avait-il voulu dire ? Ayant rencontré Patrick, elle le comprendrait peut-être.

— Je l'ai trouvé un peu…, commença-t-elle.

— Un peu quoi ?

— Un peu je ne sais pas quoi, répondit Isabel, incertaine. Je ne suis pas sûre. Un peu maniaque peut-être. Oui, « maniaque » est le mot juste. Il faut que tout soit en ordre, bien rangé. Il doit être très critique.

— Envers nous, tu veux dire ? demanda Mimi en levant un lourd verre de cristal pour regarder à travers. C'est son verre, à propos.

Isabel regarda le verre, qui n'avait rien de spécial. Un léger dépôt sombre laissé par le vin rouge était collé à la base, près du pied.

— Tu ne remarques rien ? fit Mimi en lui tendant le verre.

Isabel examina le verre, qui n'avait rien de spécial, à part le dépôt. Est-ce que cela signifiait quelque chose ? Elle regarda à nouveau.

— Je ne vois que du dépôt, fit-elle, perplexe.

— Regarde le bord, insista Mimi avec un sourire.

Isabel ne vit rien d'abord. Et puis elle comprit. En fait, il n'y avait rien à voir.

— Le verre est propre, dit Mimi. Il l'a essuyé avec sa serviette après avoir bu dedans. Je l'ai vu faire.

— Il est obsessionnel-compulsif, suggéra Isabel.

— Peut-être, répondit Mimi en reprenant le verre. Mais, à mon avis, c'est un fils à sa maman. C'est une impression que j'ai. J'espère ne pas être injuste, mais il me rappelle fortement un homme que j'ai connu à Dallas, qui lui ressemblait énormément. Il vivait avec sa mère près du *country-club* de Highland Park, une grande maison sur Beverly Drive. Elle ne voulait pas qu'il s'éloigne.

Isabel eut une vision de Beverly Drive et de ses maisons de parvenus, de faux manoirs, avec leurs pelouses bien entretenues. Elle imaginait le fils à sa maman buvant du thé glacé sous le grand ventilateur tournant, et une grande bourgeoise de Dallas, aux aguets dans un fauteuil, couvant son rejeton des yeux.

— Et ensuite ?

— La mère faisait fuir les petites amies du pauvre garçon. Elle les a toutes découragées, jusqu'à la dernière.

Mimi raconta la suite. Quand on s'était aperçu du manège de la mère, les gens en avaient plaisanté, mais cela n'avait rien de comique. Puis la mère était morte. Pendant un temps, le fils était resté là, dans la maison, enchaîné par le souvenir de cette mère absente, respectant servilement les rituels qu'elle lui avait inculqués. Un jour, il avait donné une réception, un raout énorme, et il avait quitté la ville avec l'organisatrice, une blonde de Fort Worth, qui n'avait rien d'une intellectuelle, bref, ce que sa mère aurait pu imaginer de pire.

— Tu penses donc que Cat…

— Oui, elle risque d'avoir quelques problèmes. Évidemment, on peut se tromper. Cela t'arrive, Isabel, de penser : « Non, je fais fausse route » ?

Cela lui arrivait très souvent. Sa formation de philosophe aurait été bien vaine si elle n'avait pas été accessible au doute. Le doute l'habitait constamment, c'était un mode de vie.

— Très souvent, dit Isabel, pensive. Mais pas dans ce cas, ajouta-t-elle.

Elles en restèrent là. Isabel se sentait coupable de parler ainsi de Patrick. Elle s'était promis de faire un effort pour l'apprécier et elle tiendrait sa promesse. Cat avait le droit de sortir avec un fils à sa maman, ou un obsessionnel-compulsif d'ailleurs ; cela ne la regardait pas. Cat était libre de mener sa vie comme elle l'entendait. Isabel accueillerait chaleureusement celui avec qui Cat partagerait sa vie. Elle aurait préféré que ce soit Jamie, mais ce n'était pas possible. Alors, si c'était Patrick, elle se ferait une raison. Je tâcherai de ne voir que ses bons côtés, se promit Isabel. Patrick et moi, nous serons amis.

Cette nuit-là, dans son lit, environnée par l'obscurité que trouait seul le cadran lumineux de son réveil sur la table de nuit, elle se demanda si on pouvait vraiment se forcer à aimer quelqu'un. Il suffisait peut-être de créer les conditions objectives pour que l'affection puisse naître et espérer que cela se ferait de façon spontanée. Une phrase vint à son esprit, un souvenir enfoui dans sa mémoire, dont elle avait oublié le contexte : « Ouvre donc nos cœurs. » Si l'on ouvre son cœur, l'amitié, et l'amour aussi descendent sur nous et se manifestent. Mais il faut d'abord ouvrir son cœur, c'est la condition préalable. Qui donc disait « Ouvre donc nos cœurs » ? D'où venait cette phrase ?

5

— Un peu de Marmite ? proposa Isabel au petit déjeuner.

— Je compte aller à la Bibliothèque nationale d'Écosse, déclara Joe qui beurrait son pain grillé, évitant soigneusement le pot de Marmite qu'Isabel avait posé devant lui.

Isabel remarqua son manque d'enthousiasme. C'était pour elle le critère absolu de l'assimilation, car seuls les anglophiles endurcis sont susceptibles d'apprécier ce condiment ; certains même renâclent. Pour les autres, c'est un goût bizarre, inexplicable et typiquement britannique. Boire la bière tiède, noyer le thé de lait, cela peut à la rigueur se comprendre, même pour un Texan plus habitué au thé glacé. Mais étaler sur son pain grillé cette pâte noire à base de levure salée passe l'entendement. Joe, lauréat de la bourse Rhodes, qui n'aimait rien tant que de passer l'été dans la grande maison pleine de recoins qu'ils louaient à Oxford, était un anglophile acharné, et pourtant il rechignait.

— Oui, je vais passer la journée à la Bibliothèque nationale. Non, merci, je n'aime pas ça.

— Tes recherches pour ton histoire de l'adoption ?

— Exactement. Ils ont des documents très intéressants.

— Et moi, je vais faire le tour des libraires, dit Mimi en soulevant la cafetière. Je ne comprends pas que tu puisses avaler cette substance.

— Tu cherches quoi en ce moment ? demanda Isabel en tartinant son pain grillé de Marmite.

Mimi était une collectionneuse invétérée et naviguait d'un auteur à l'autre. Elle avait réuni presque tous les Andrew Lang, ainsi que l'ensemble des premières éditions de Graham Greene.

— C'est un goût acquis, poursuivit Isabel, comme ces œufs pourris dont les Chinois raffolent. Ils commencent par les enterrer. Au bout de cent jours, ils les déterrent pour les manger. Il paraît qu'ils en sont fous.

— En ce moment, c'est Arthur Waley, dit Mimi pour répondre à la question d'Isabel. Il a fait des traductions magnifiques de poètes chinois. Il a aussi écrit des biographies de certains auteurs. Ces Chinois du VIIIe siècle, ou à peu près, ne se doutaient pas que douze cents ans plus tard, on écrirait leur biographie. Tu ne trouves pas ça extraordinaire comme idée, cet Anglais qui habite un pays si lointain et qui se met à fouiller dans la vie de ces poètes ?

C'était singulier, Isabel en convenait, comme d'ailleurs tout hommage au monde classique. Catulle était bien loin d'imaginer qu'on le lirait encore des millénaires plus tard, que des lecteurs seraient curieux du moindre détail de sa vie.

— D'accord pour Catulle, dit Mimi, mais Horace n'aurait pas été surpris, lui qui avait décrit ainsi ses poèmes : « un monument plus durable que l'airain ».

Elle voyait là la preuve d'un ego hypertrophié.

— Ces poètes chinois n'auraient jamais imaginé qu'ils survivraient si longtemps, continua Mimi. Ils menaient une vie plutôt retirée. Souvent, à cause de quelque maladresse mineure, la cour les exilait en les nommant magistrats dans une province lointaine. Leur poésie est pleine de regrets et de nostalgie.

Isabel essayait de se remémorer quelques bribes de Li Po. Elle avait dans sa bibliothèque la traduction de ses œuvres par Waley. Pour l'instant, il ne lui revenait en mémoire qu'un poème sur la boisson solitaire.

— Li Po, c'est celui qui boit en solitaire, c'est bien ça ?

— Oui, fit Mimi, mais il n'était pas le seul. Les poètes chinois passent leur temps à boire et à écrire sur la boisson. Ou ils attendent qu'un bateau remonte le fleuve, ou encore ils se demandent avec tristesse ce que font leurs amis absents.

— Ce qu'il y a de plus douloureux dans l'amour perdu, déclara Isabel, c'est de ne pas savoir à chaque minute ce que fait l'autre. Qu'est-ce qu'il fait en ce moment ?

Le silence s'installa. Joe posa son pain grillé et baissa les yeux. Mimi, qui buvait son café, observa Isabel par-dessus le bord de sa tasse : et si c'était justement la question qu'elle se posait en ce moment ?

Mimi et Joe une fois partis pour leurs destinations respectives, Isabel se retrouva seule à la maison, qui semblait bien vide sans Grace. Cela lui permit de travailler sans interruption à la composition de la *Revue*. Sur son bureau s'entassaient des piles de manuscrits ; elle s'entêtait à recevoir les articles en version papier plutôt qu'en version électronique. Elle n'arrivait pas à lire longtemps sur l'écran, les phrases et les paragraphes semblant décousus, coupés de leur contexte. Ce n'était qu'une illusion bien sûr, il n'y avait qu'à faire défiler le texte. Mais le texte lui-même, où était-il ? La mémoire électronique est-elle un lieu réel ? Après tout, avant d'apparaître sur l'écran, ces mots ne sont que des listes interminables de 0 et de 1. C'est là le triomphe absolu du réductionnisme : ramener les sonnets de Shakespeare, les œuvres de Proust à des alignements de 0. La numérisation des amples périodes de ce dernier est-elle plus gourmande en électricité ? Pour venir à bout de cette tâche, il faudrait que les éoliennes tournent patiemment pendant des jours entiers. Peut-on réduire l'homme ainsi ? Au-delà d'un peu d'eau et d'un petit tas de sels minéraux, il n'y a rien. « L'impérial César, changé en glaise, pourrait boucher un trou et arrêter le vent », dit Hamlet. Ou bien, plus prosaïquement, en code binaire : 0100100101101101011110000…

Elle travailla vite, et quand son notaire téléphona, la pile de manuscrits avait un peu diminué. Elle en avait lu trois, en avait entamé un quatrième. À son avis, aucun ne passerait le cap de la relecture critique par les pairs, ce qui était triste, car chacun représentait des mois d'efforts, d'espoirs, d'organisation. Malheureusement, ces articles semblaient avoir été écrits par devoir, pour se conformer à ce qu'on attendait de ces universitaires. C'était à l'aune de cette production qu'ils étaient jugés. Peu importe qu'ils soient des enseignants hors pair capables de captiver tout un amphithéâtre, capables de faire penser les étudiants, l'essentiel, c'était cette production au mètre, que personne ne lirait jamais. Ces articles ne changeraient pas le monde et ne feraient pas bouger d'un centimètre l'état des choses. En soupirant, elle jeta un coup d'œil à l'article qui se trouvait en haut de la pile : «"Tu retourneras à la poussière" : faut-il enterrer à nouveau les vieux ossements ?» Ce titre suscita sa curiosité et elle ouvrit le manuscrit : «Une controverse a éclaté parmi les archéologues pour savoir si les ossements de plus de cinq cents ans devaient être réenterrés, ou bien si les musées...» Elle poussa un nouveau soupir, imaginant une équipe d'archéologues occupés à dégager de vieux ossements délicatement avec leurs truelles, pour les réenterrer ensuite avec respect.

C'est alors que le téléphone sonna. Elle se leva pour répondre et emporta le combiné près de la fenêtre.

— Cet appartement que vous avez visité, celui de St Stephen Street, dit Simon Mackintosh qui parlait d'une voix très distincte. J'ai fait savoir au notaire du vendeur que vous étiez intéressée, comme vous me l'aviez demandé.

— Parfait. Je l'ai trouvé très bien et j'ai décidé de faire une offre. Je voulais vous en parler pour savoir quelle somme proposer.

Isabel détestait le système de vente et achat de biens immobiliers tel qu'on le pratique en Écosse. On met une propriété sur le marché en donnant un prix plancher et on attend les propositions. Mais ensuite c'est une vente aux enchères à l'aveugle.

Chaque acheteur potentiel glisse une offre dans une enveloppe cachetée. À un moment convenu d'avance, les enveloppes sont ouvertes et le meilleur enchérisseur emporte la mise. Si le système n'a que des avantages pour le vendeur, pour l'acheteur, par contre, l'incertitude génère une terrible angoisse, ce qui pousse les gens à proposer le maximum, au cas où quelqu'un d'autre offrirait davantage.

— Eh bien, cela vous économisera un coup de fil, répondit Simon en riant. Et j'ai de bonnes nouvelles. La propriétaire…

— Florence Macreadie.

— C'est ça. Son notaire m'a appelé pour m'informer qu'elle serait très heureuse de vous le vendre, même au-dessous du prix plancher. Elle propose de le baisser de 10 000, en fait. L'appartement est donc à vous, si vous le voulez toujours.

Isabel se tut, essayant d'assimiler ces nouvelles. Elle n'avait jamais eu à faire une offre pour une maison, mais elle avait si souvent entendu ses amis en parler qu'elle redoutait cette épreuve. Chacun avait une histoire de vente ratée, d'offres qui semblaient élevées mais se révélaient bien trop basses, d'occasions manquées à 5 livres près. Et voilà qu'on lui proposait un appartement dans un quartier très coté en dessous du prix de départ !

— Isabel ?

— Oui, je suis toujours là. Désolée, j'étais en train de réfléchir et d'intégrer ce que vous m'avez dit. 10 000…

— Oui, 10 000 en dessous, répéta Simon sur un ton perplexe.

Alors elle cherche à vendre à tout prix, se dit Isabel. C'est qu'il y a un problème. Les voisins ?

Basil, le chat de l'escalier? Ou bien un affaissement du sol ébranlant les fondations? Des champignons infestant les combles?

Simon interrompit ses pensées :

— J'ai immédiatement imaginé qu'il y avait un vice caché, à voir la façon dont elle semblait vouloir s'en décharger sur vous. Ç'a été ma première réaction.

Je m'en doute, songea Isabel.

— Mais son notaire m'a donné l'explication. Elle a vraiment une raison pour agir ainsi.

— À savoir?

Simon hésitait, manifestement embarrassé.

— Apparemment, elle a très envie de vous voir dans cet appartement. L'idée que vous allez y vivre avec votre jeune compagnon lui plaît. C'est les mots qu'elle a utilisés : «jeune compagnon». Elle a ajouté qu'elle trouvait ça très romantique.

Isabel fixa son regard sur l'épicéa du jardin, devant la maison. Un écureuil était perché craintivement sur une branche basse, la queue agitée de saccades bizarres, comme si elle était tirée par une ficelle.

— Je ne veux pas du tout me mêler de ce qui ne me regarde pas, naturellement. Mais je pensais que c'était pour Grace que vous cherchiez un appartement.

— Mais c'est vrai, dit Isabel très vite. Un jeune compagnon... Vraiment, Simon, c'est trop drôle. J'ai demandé à mon ami Jamie, qui est effectivement un jeune homme, de m'accompagner pour la visite, car il habite dans le coin. J'ai bien vu qu'elle se méprenait sur nos relations, mais je n'ai pas eu l'occasion de la détromper. Et maintenant, acheva Isabel en riant, voilà qu'elle veut m'aider à bâtir un nid d'amoureux!

— Eh bien, dit Simon en s'éclaircissant la gorge, je dois dire que j'étais assez surpris. Mais, après tout, pourquoi pas, Isabel ? Il n'y a aucune raison que cela n'arrive pas. Vous êtes très séduisante, vous devriez consulter votre miroir plus souvent. Ce n'est pas le notaire qui parle, c'est l'ami.

— Ce serait intéressant, répliqua Isabel.

Un instant, elle laissa son esprit vagabonder, s'imagina en train de monter l'escalier, pour être accueillie par Jamie déjà rentré. Elle s'imagina dans la cuisine, préparant un repas pour eux deux, un verre de vin à la main, la douce lumière d'un soir d'été s'attardant sur les toits.

— Mais revenons à notre affaire, dit Simon. Est-ce que vous voulez que j'accepte son offre en votre nom ?

Isabel allait répondre par l'affirmative quand un doute l'assaillit. La proposition reposait sur une méprise. Certes, Isabel n'était pas responsable de cette erreur, mais ce n'était pas une raison pour que Florence Macreadie en subisse les conséquences. Ce serait immoral qu'Isabel en tire ainsi avantage. Ce serait comme… Quoi au juste ? Acheter un objet ancien à une vieille personne qui n'en sait pas la valeur. Cela se fait pourtant. Des antiquaires peu scrupuleux découvrent un objet précieux chez des gens qui n'y connaissent rien et l'acquièrent pour une somme modique. La vente est légale, aux termes de la loi, mais est-elle éthique ? Si Florence avait su la vérité, elle n'aurait pas fait ce geste, qu'Isabel ne pouvait accepter.

— Je voudrais réfléchir, dit Isabel.

— Bien sûr.

— Y a-t-il une raison légale pour refuser cette offre ? demanda-t-elle.

— Pas de raison légale, autant que je sache, répondit Simon après quelques instants de réflexion. Mais, moralement, vous ne voudriez sûrement pas léser cette personne à cause d'un simple quiproquo.

Il se tut à nouveau.

— J'espère que vous ne m'en voulez pas de ma présomption, dit-il enfin. C'est vous la spécialiste en matière d'éthique.

— Vous avez entièrement raison, fit Isabel sans hésiter. Il est naturellement hors de question que je profite de cette méprise.

— Je m'en doutais bien, dit Simon, dont le soulagement était audible. J'informerai son notaire qu'elle s'est, disons, trompée. Alors nous ferons une offre, comme les autres acheteurs potentiels.

Isabel donna son accord, et la conversation prit fin après l'échange de quelques politesses. Elle retourna à son bureau et resta debout quelques minutes, les yeux fixés sur les rayonnages où les titres se pressaient en rangs serrés, Kant, Schopenhauer, Midgley, Kekes. Tous avaient passé tant de temps et probablement renoncé à tant de distractions pour définir ce qui est moralement juste. Quant à elle, devant la possibilité d'économiser 10 000 livres, elle avait hésité, elle avait failli dire oui. Elle avait été tout près d'enjoindre à Simon d'accepter tout de suite l'offre de Florence. Tout près. L'espace d'un instant, toutes les constructions complexes du bien et du mal que contenait la bibliothèque avaient été oubliées. C'est ainsi que l'on capitule devant la tentation. Nul n'est à l'abri de ce genre de faiblesse si le gain est suffisamment important. Elle avait toujours cru que si un jour elle devait céder à un désir matériel, l'enjeu serait immense, un royaume au moins. C'est le contraire qui était vrai, et elle ne valait pas mieux que les autres. S'il lui suffisait de 10 000 livres pour flancher, alors comment s'étonner qu'elle ne pût résister devant ce jeune musicien dont elle aimait la compagnie et dont le profil, vu sous un certain angle, lui coupait le souffle ?

J'ai appris quelque chose sur moi-même, pensa Isabel.

6

Joe et Mimi avaient pris leur rythme de croisière. Tous les matins, il partait à la Bibliothèque nationale, pour rentrer peu après cinq heures du soir. Il semblait satisfait de ses travaux. Il n'allait pas vite et ne savait pas au juste sur quoi cela déboucherait, peut-être un livre, mais pas un très gros livre, un article en tout cas, qu'il enverrait à tous les chercheurs qui s'intéressaient à la question. Joe les connaissait tous et recevait également leurs productions.

— Notre doyen aime ce genre d'initiatives, disait-il. Ça flatte son amour-propre.

Quant à Mimi, elle partait à la recherche des livres d'Arthur Waley et de quelques autres auteurs. Elle était très satisfaite d'avoir trouvé une première édition de la vie de Li Po, en bon état, avec sa jaquette. Elle avait aussi déniché une édition sous forme de brochure, mise en page et imprimée avec beaucoup de raffinement, du poème *Espagne 1937* d'Auden, ce qui avait fait plaisir à Isabel, mais aurait moins plu à l'auteur : c'était un poème qu'il avait plus tard renié.

— J'ai l'impression d'être déloyale en lisant les poèmes qu'il reniait, dit Isabel. Même le magnifique *1er septembre 1939*. Tu t'en souviens ? Vers la fin, il y a ces vers que les gens recopiaient en 2001, autre mois de septembre fatidique, et qu'ils s'envoyaient pour se réconforter. Parce que, entre-temps, son opinion avait changé, Auden l'avait rejeté.

— Tout le monde ne voit pas la même chose dans une œuvre d'art, déclara Mimi en nettoyant ses lunettes avec un petit carré de soie. Le poème change, le tableau aussi.

Isabel se mit à rire soudain et Mimi la regarda avec étonnement.

— Ça te fait rire ?

— Non, non, excuse-moi, ce n'est pas toi. Je viens juste de me rappeler l'aventure de mon amie Gill Salvesen. Elle fait de la gravure en amateur. Une de ses œuvres avait été acceptée par une galerie, qui l'avait par inadvertance accrochée dans le mauvais sens. Quand elle l'a appris, elle a voulu leur dire de corriger l'erreur, mais c'était trop tard, une de ses amies avait déjà acheté la gravure et l'avait déjà posée chez elle, toujours dans le mauvais sens. Gill ne savait pas quoi faire.

— C'est ce que je disais, dit Mimi en souriant. Tout le monde ne voit pas la même chose.

— Et s'il n'y a qu'une seule interprétation possible ? Il faut bien l'indiquer à ceux qui ne l'ont pas vue.

— Par exemple, le McTaggart dans notre chambre, répondit Mimi en montrant le plafond. J'aurais pu croire qu'il s'agissait de l'arrivée en Écosse plutôt que du départ.

— Dans les œuvres d'art, rétorqua Isabel, les immigrants n'ont jamais l'air triste. Ils ont l'air inquiet, craintif, ou bien exalté.

— Oui, mais est-ce que tu m'aurais dit tout ça si j'avais vu dans ce tableau la représentation de l'arrivée ?

— Je ne t'aurais sans doute pas détrompée.

— Tu vois bien, dit Mimi.

C'est alors que Mimi fit la remarque qui devait changer tant de choses. Cela n'avait aucun rapport avec l'art : il s'agissait d'une rencontre, qu'elle et Joe voulaient organiser.

— On se demandait si tu es libre le week-end de la semaine prochaine. Nous avons des connaissances qui passent l'été en Écosse ; ils ont loué une grande demeure en dehors de la ville. Joe sait où ça se trouve. Près de Peebles, je crois, un manoir écossais fortifié. En tout cas, ils nous ont invités à passer un week-end, ou du moins lui, car elle, nous ne la connaissons pas. Ils seraient contents d'avoir du monde. Ils savent que tu nous héberges, donc tu es conviée.

Isabel était libre ce week-end-là. Ce serait intéressant de rencontrer des gens dans ce cadre.

— Très bien, dit Mimi, je vais les appeler. Ou plutôt Joe va le faire.

— Qui sont ces gens ? demanda Isabel, curieuse.

— Ils sont de Dallas. Lui s'appelle Tom Bruce. Elle, sa fiancée, s'appelle Angie. Pour lui il s'agit d'un second mariage, pour elle je ne sais pas.

Isabel devina à la voix de Mimi qu'elle n'en pensait pas grand bien. Le cas est fréquent : un vieil ami se remarie et malgré la meilleure volonté du monde, impossible d'établir avec la nouvelle épouse les mêmes rapports. Combien d'amitiés se sont fracassées sur cet obstacle !

— Tu ne l'aimes pas beaucoup ? demanda Isabel doucement.

— Je ne veux pas être médisante.

— C'est en général ce qu'on dit, et puis on se laisse tenter.

— Eh bien, commença Mimi avec son accent traînant. Il faut évidemment lui accorder le bénéfice du doute. Mais elle est beaucoup plus jeune que lui. Et lui...

— Il est très riche ?

— C'est ça. Même pour Preston Hollow, où il habite, il est très à l'aise. Tu te rappelles Preston Hollow, depuis tes dernières visites à Dallas ?

Elle ne s'en souvenait pas, mais comprenait très bien ce que Mimi voulait dire.

— C'est un des promoteurs qui avaient acheté de grandes parcelles près de l'aéroport, à une époque où personne ne s'intéressait encore à ces zones vides. Évidemment, tout ça a changé depuis et Tom a gagné beaucoup d'argent. Personne ne lui en a tenu rigueur, au contraire. C'est quelqu'un de très sympathique. Il est membre bienfaiteur du théâtre et du nouveau musée. Il a toujours dit qu'il allait faire un don à la faculté de droit, même s'il n'a encore rien donné. Oui, tout le monde l'aime bien. On ne le voit pas souvent, seulement de temps en temps. Il est timide au fond. Sa maladie a entamé sa confiance en lui. Tu as entendu parler de la paralysie de Bell ? Elles étaient assises dans le salon. Isabel avait versé à Mimi un verre de vin blanc néo-zélandais. Elle posa sur la table à côté d'elle son propre verre à moitié vide. Elle revoyait le rictus sur visage à moitié déformé de l'homme qu'elle avait croisé dans la galerie. Tom, c'était lui, elle en était sûre.

— Je savais que j'allais le revoir, marmonna-t-elle. Je le savais.

— Tu savais quoi ? demanda Mimi en avalant une gorgée de vin blanc.

— Je crois les avoir rencontrés, dit Isabel. Dans une galerie, c'est une pure coïncidence. Ils étaient en train d'acheter un tableau, je pense.

— C'est bien eux. Elle a une frénésie de dépenses en ce moment, paraît-il. Tableaux, tapis, même un cheval de course, m'a-t-on dit.

— Mais je croyais que c'était lui qui...

— Il ferait n'importe quoi pour lui faire plaisir, répliqua Mimi. Pauvre Tom !

Ce jour-là, Isabel déjeuna avec Cat, à deux heures de l'après-midi, déjeuner un peu tardif mais il fallait attendre la fin de l'heure de pointe au magasin. Cat pouvait alors laisser Eddie au comptoir et s'installer avec Isabel à une des tables. Elle avait préparé une salade grecque spéciale, qu'Isabel affectionnait : fromage salé, olives et tranches d'œuf dur. Cat préférait les tomates-mozzarella.

— Je ne t'ai pas remerciée pour l'autre soir. On a trouvé ça très bien. J'adore Mimi et Joe. Mais ils ont tellement voyagé que j'ai toujours l'impression de mener une vie casanière à côté d'eux.

— Tu exagères. Tu es allée en Italie il n'y a pas si longtemps. Tu as passé six mois en Australie.

Cat avait l'air pensif. Elle avait séjourné six mois en Australie à la fin de ses études universitaires et visité tout le pays en faisant une série de petits boulots. Cela restait le meilleur moment de sa vie, et elle l'évoquait toujours avec nostalgie.

— Oui, mais c'est fini. Aujourd'hui c'est différent, aujourd'hui je suis ici, demain j'y serai encore.

— Pas nécessairement, répondit Isabel en piquant une olive du bout de sa fourchette. Beaucoup de choses peuvent arriver. Tu pourrais…

— Quoi ? Je pourrais quoi ? demanda Cat en la regardant.

Pour Isabel, le mariage était la seule chose susceptible de changer la vie de Cat, la sortir de sa routine, si c'était vraiment ce qu'elle ressentait. Isabel avait vu sa vie transformée par son mariage, et pas en mieux. Mais tous les mariages ne tournent pas mal. Il faudrait être extrêmement cynique pour le penser. Les gens mariés sont-ils heureux ? Elle l'avait lu quelque part : plus les femmes participent à la vie économique, plus elles sont nombreuses à embrasser une carrière, et moins elles trouvent de satisfactions dans le mariage. Dans des pays comme la Suède, où les femmes sont libres et indépendantes, elles sont moins heureuses dans le mariage que les femmes d'autres pays qui ont un pouvoir moindre et sont moins impliquées dans le monde du travail. Si c'est vrai, se disait-elle, c'est davantage dû aux tares du mariage conventionnel qu'aux conséquences négatives de la liberté.

Impossible de dire à Cat à quoi elle pensait : elle n'était pas du tout sûre que Cat veuille se marier. Tant de couples ne prennent pas la peine de se marier, se contentant de vivre ensemble, pour ne régulariser leur situation que bien des années plus tard. Était-ce que Cat préférait cette voie ? Ou attendait-elle qu'un homme s'engage ainsi publiquement envers elle, comme Isabel avait attendu John Liamor ?

— Je pourrais quoi ? répéta Cat.

— Tu pourrais rencontrer quelqu'un.

Cat baissa les yeux. Isabel savait qu'elle marchait sur des œufs. Elle avait reçu une leçon au moment de la liaison de Cat avec Toby et ne commettrait pas la même erreur une seconde fois. Cat ne pouvait pourtant pas se formaliser d'une référence vague à une rencontre et Isabel poursuivit sa pensée :

— Tu pourrais avoir une relation avec quelqu'un qui travaille à l'étranger. Ça arrive. Si tu rencontrais un Australien qui te plaise, tu pourrais avoir envie de partir avec lui à Melbourne, à Perth ou ailleurs. C'est très fréquent, dans l'autre sens aussi : l'Australien qui rencontre une Londonienne et se fixe là-bas.

Les histoires d'amour de ce genre sont légion. Tout en restant anonymes, elles ont quelque chose d'héroïque et de touchant. Être séparé de l'être aimé par les océans ou la force des choses ne suffit pas à transformer tout un chacun en Tristan ou Iseult. Néanmoins, la force des grands mythes tient à ce qu'ils parlent de ce que les gens connaissent, de ce à quoi ils s'identifient.

— Toi aussi, tu pourrais rencontrer quelqu'un, dit Cat. Un philosophe australien, pourquoi pas ? C'est toi qui irais vivre à Melbourne.

— J'aimerais bien.

— Vivre à Melbourne ou rencontrer quelqu'un ?

— Je suis déjà allée à Melbourne, tu sais, dit-elle après une minute de réflexion. C'est une ville fascinante. Je crois que j'y serais heureuse. J'adore les paysages australiens, et les Australiens eux-mêmes.

Mais c'était autre chose que Cat voulait savoir. Aux termes d'un accord tacite, elle n'avait presque jamais parlé de John Liamor avec Isabel, mais elle savait qu'il y avait cette douleur profondément enfouie. Isabel était cependant une femme vibrante, séduisante, et les hommes étaient attirés par elle. Il n'y avait aucune raison qu'elle n'ait pas d'amant, du moins Cat n'en voyait pas.

Isabel s'attaqua à une autre olive en pensant : elle ne sait rien, elle ne sait pas que j'ai rencontré un homme et que cet homme, c'est Jamie. Quand Cat dit «rencontrer quelqu'un», ce n'est pas à Jamie qu'elle pense. Elle imagine un compagnon qui me conviendrait, de mon âge, peut-être un peu plus vieux. C'est le sens de sa question.

Isabel se sentit envahie d'un certain malaise. Elle savait pertinemment qu'elle n'avait jamais regardé ce problème en face. L'épisode John Liamor l'avait tellement marquée qu'elle avait considéré qu'il était préférable pour elle de vivre seule. Inévitablement, après avoir compris qu'elle avait malgré tout besoin d'un homme, elle était tombée amoureuse de Jamie. Parce qu'il était là, qu'il était beau et gentil, et qu'on ne pouvait pas s'empêcher de l'aimer. Ce qu'il faut savoir, c'est qu'on aime qui on aime, on n'a pas le choix, c'est comme ça. Auden avait compris ce phénomène quand il décrivait l'amour qu'il avait ressenti, enfant, pour un moteur de pompe : «Je le trouvais aussi beau que toi.» Auden avait raison : il faut à l'amour un objet à aimer.

— J'aimerais rencontrer quelqu'un, dit-elle enfin. Vraiment. Elle abandonna le délicieux petit univers de sa salade grecque, ses olives et son œuf dur, et leva les yeux vers Cat, qui la regardait. C'était Cat qui maintenant ne savait que dire. Elle se réjouissait qu'Isabel ait finalement oublié cet affreux Irlandais. Elle ne pouvait pas prétendre qu'il y avait une foule d'hommes susceptibles de lui plaire en Écosse, parce que ce n'était pas vrai. Il y avait au contraire pénurie d'hommes sortables. Pourquoi ? Pour des raisons démographiques d'abord : les hommes meurent davantage. Les hommes travaillent trop, à un rythme trop soutenu ; leur dernier soupir ne peut qu'exhaler d'immenses regrets pour tout ce qu'ils ont sacrifié à leur travail. Il fallait compter aussi avec la tolérance grandissante de la société pour les homosexuels. Cat n'en voyait aucun qui puisse convenir à Isabel, pas un seul. Il lui faudrait être intelligent et courtois, avoir le sens de l'humour. Elle ne connaissait personne au-dessus de trente-cinq ans répondant à ces exigences qui ne soit déjà marié, vivant en couple ou homosexuel.

Isabel lui sourit. Elle se sentait mieux d'avoir fait cette confidence. Ayant révélé un peu d'elle-même à Cat, elle s'était allégée d'autant. Le poids de l'existence individuelle était moins lourd à porter.

— Mais je ne devrais pas te parler d'autres rencontres. Il y a Patrick.

L'atmosphère se refroidit sensiblement.

— Je ne le connais pas depuis longtemps, dit Cat sur la défensive. Ce n'est peut-être pas le bon.

— Non, bien sûr, se hâta de répondre Isabel. J'ai eu plaisir à le rencontrer, tu sais.

— Lui aussi, dit Cat en détournant les yeux.

C'était peut-être simplement de la politesse de la part de Cat, ou de Patrick lui-même d'ailleurs. Elle serait étonnée qu'il ait pris plaisir à leur rencontre. Elle estimait avoir fait de son mieux, mais ils étaient trop différents l'un de l'autre.

Un silence s'installa. Eddie, derrière le comptoir, finit de servir un client et s'étira en bâillant.

Regardant dans la direction d'Isabel, il baissa précipitamment les bras, comme s'il avait été pris en faute. « Fatigué ? » articula silencieusement Isabel. Il hocha la tête.

— Patrick est drôle, dit soudain Cat, comme si elle avait enfin trouvé une raison de l'apprécier. Il me fait rire, il a de l'humour.

Isabel essaya de dissimuler sa surprise. Elle se rappelait peu de chose de sa conversation avec Patrick ; il n'avait certainement pas fait preuve de beaucoup d'humour.

— C'est important chez un homme, répondit-elle. Il n'y a rien de pire à mon avis que de vivre avec quelqu'un sans humour. Tu imagines ? Ce serait comme vivre dans le désert. Tu as rencontré sa mère ? Il habite chez elle, je crois ?

— Je l'ai vue deux ou trois fois. C'est une élue locale. Elle a été responsable de…

— Mais bien sûr ! s'écria Isabel en l'interrompant. Il me semblait bien que le nom de famille de Patrick me disait quelque chose. C'est le fils de Cynthia Vaughan. Je l'ai rencontrée plusieurs fois, moi aussi. Nous avons fait partie du même comité.

— C'est bien elle. Ils habitent à Murrayfield, près du pensionnat Saint George.

Isabel reposa son couteau et sa fourchette sur son assiette vide. Ce n'était pas vraiment une bonne nouvelle. On ne pouvait pas souhaiter à Cat d'avoir affaire à une femme comme Cynthia Vaughan. Elle était énergique et autoritaire, presque une parodie de l'élu local arriviste. Le fils de cette femme aurait bien du mal à échapper à son emprise. C'est la raison pour laquelle il vit encore chez sa mère, se dit Isabel. Elle ne veut pas le laisser partir.

— Ce n'est pas quelqu'un qu'on a envie de contredire, avança-t-elle prudemment.

— Elle a été très gentille avec moi, répliqua Cat, immédiatement sur la défensive.

— J'en suis sûre.

Isabel songea, avec un certain soulagement peut-être, que Patrick ne ferait pas long feu. Il lui faudrait choisir entre Cat et sa mère. La mère gagnerait, parce qu'elle s'était fait une règle de conduite de ne jamais perdre une bataille politique. C'est bien un affrontement en règle que celui-là, entre la femme qui veut garder son fils et celle qui veut le lui enlever, combat plus acharné que celui de Robert Bruce contre les Anglais à Bannockburn, plus poignant encore que la défaite de l'héritier des Stuart à Culloden.

7

Elle monta l'escalier qui menait à l'appartement de Jamie dans Saxe-Coburg Street. Il lui arrivait de lui rendre des visites inopinées, ce qui ne semblait pas le gêner; lui aussi passait la voir sans prévenir. Aucun des deux ne s'offusquait si l'autre disait être occupé. Jamie devait travailler son basson, elle avait la *Revue* à préparer. Pour eux, cela passait avant toute activité sociale.

L'appartement avait une sonnette à l'ancienne, qu'il avait lui-même restaurée et dont il était très fier. Quand on tirait le petit bras en laiton, pourvu d'un poing fermé et de manchettes, qui pendait le long de la porte, une clochette tintait brièvement à l'intérieur. En tirant deux fois, on produisait un carillon plus fort et plus insistant. Isabel tira sur la sonnette et leva les yeux vers l'imposte au-dessus de la porte. D'après Jamie, la vitre datait de la construction de l'immeuble, en 1850.

— C'est facile de reconnaître le vieux verre, disait Jamie. Il suffit de regarder si le bas est plus épais que le haut. C'est un liquide, tu comprends, la pesanteur joue.

Comme pour les humains, pensait Isabel.

Jamie ouvrit la porte. Elle vit tout de suite à son sourire qu'il n'était pas absorbé par une tâche urgente.

— J'allais justement t'appeler, dit-il en la faisant entrer.

Ce jour-là, Isabel portait un imperméable léger. Elle l'ôta et le posa sur la chaise de l'entrée. L'appartement de Jamie n'était pas grand : une petite entrée donnait sur une salle de séjour ouvrant elle-même sur la chambre. Une grande cuisine et une salle de bains étriquée complétaient le tout. Il y avait un piano droit dans un coin de la salle de séjour et c'est là que Jamie donnait ses cours de basson. Il enseignait surtout dans les écoles de musique; de temps à autre il donnait des cours particuliers chez lui, à des élèves de l'Académie royale écossaise de musique et d'art dramatique toute proche. Quand le vent soufflait dans la bonne direction, la plainte des cornemuses de l'orchestre de l'école survolait les toits. Mais Jamie ne se plaignait pas et avait déclaré que c'était bien pire d'habiter Ramsey Garden et d'avoir à supporter le Tattoo militaire tous les soirs pendant un mois en été. Isabel avait tendu l'oreille un moment.

— Je n'ai rien contre. Ils sont en train de jouer *Lochaber No More*.

— Ça y ressemble. Je n'ai pas remarqué. C'est un bruit de fond, comme la circulation.

Ce jour-là, Isabel n'entendit que les cornemuses. Elle jeta un regard rapide à Jamie. Ce doit être étrange d'être aussi parfaitement beau. En est-on conscient? Remarque-t-on les têtes qui se tournent? À l'évidence, Jamie ne s'en rendait pas compte, lui qui semblait vivre dans une bienheureuse ignorance de sa propre beauté : le sujet ne l'intéressait pas. Il était à l'aise, ce qui faisait son charme. Rien de plus déplaisant que le narcissisme, qui transforme la beauté en un attribut assez repoussant. Jamie en était totalement dépourvu.

— C'est drôle, je parlais avec Mimi l'autre jour de *Lochaber No More*, dit Isabel. À cause du McTaggart qui est chez moi au premier. Et aujourd'hui je l'entends…

Elle alla à la fenêtre. Du côté de l'Académie, le son des cornemuses s'affaiblissait avec les dernières notes. L'air paraissait immobile; la pluie fine s'était transformée en brume, et le soleil essayait de percer.

— Le problème du temps ici, c'est qu'il ne sait pas ce qu'il veut.

— Moi, ça me plaît. On est obligé d'être sur le qui-vive. Je ne sais pas si j'aimerais le climat de la Sicile ou d'un pays comme ça. C'est toujours pareil, il n'y a pas d'imprévu. Le ciel d'ici me manquerait.

— Peut-être. Moi, de temps en temps, j'ai envie de partir pour de bon, rien que pour échapper au climat écossais. Je me verrais très bien habiter dans le sud de la France, tu sais. D'ailleurs, je pourrais bien le faire un de ces jours.

— Tu ne parles pas sérieusement, j'espère?

Jamie, qui tripotait une anche de basson près du piano, avait brusquement levé les yeux. Isabel détecta la note d'inquiétude dans sa voix et son cœur bondit dans sa poitrine. Il ne voulait pas qu'elle parte.

— Ce n'est qu'un fantasme, dit-elle en souriant. Il m'arrive de vouloir faire des choses très différentes, exotiques même, mais cela ne mène nulle part. Je suis aussi attirée par la Thaïlande, le Cambodge, l'Inde. Tu ne rêves jamais d'aller vivre dans un petit village sur une île thaïlandaise, comme Gauguin? Lui, bien sûr, c'était la Polynésie. Pas exactement la porte à côté.

— Il y a aussi Robert Louis Stevenson, glissa Jamie.

— Oui, RLS. Non, pas tout à fait.

— On pourrait partir ensemble, dit Jamie, songeur. Tu serais Robinson Crusoé et moi Vendredi.

Isabel se mit à rire.

— Tu as déjà vu les illustrations de Defoe? demanda-t-elle. Tu as remarqué que, sur la plage, Robinson Crusoé ne voit qu'une empreinte, une seule, et pas deux? Ça ne t'a jamais paru étrange?

— Parce qu'il avait deux pieds?

— Oui. Quand il apparaît, plus tard dans le roman, il a bien deux pieds et deux jambes. Il est décrit.

— Il était peut-être en train de sauter à cloche-pied? suggéra Jamie. Bizarre.

— C'est une faute d'inattention de la part de l'auteur. Je le vois quand je prépare la *Revue*. Même mes philosophes sont parfois très négligents.

Soudain, elle réalisa qu'il lui avait dit « on pourrait partir ensemble ». Elle aurait dû répondre : « Oui, partons, partons tout de suite. » Et elle n'avait trouvé à énoncer que des bêtises sur Defoe et Vendredi qui n'avait qu'un pied. C'était trop tard, le moment était passé. Elle pensa soudain à Patrick Kavanagh, qui avait écrit un poème qu'elle savait par cœur depuis toujours, sur un jeune couple en train de faire une promenade en bateau. L'un des deux ne dit pas ce qu'il aurait fallu dire et s'en repentira toute sa vie. Toute sa vie. Robert Graves aussi avait écrit un poème sur l'oiseau de l'amour : quand on le tient, il faut le serrer fort pour qu'il ne s'échappe pas. Herrick également, enjoignant aux jeunes filles de cueillir les boutons de rose, dans ce poème si célèbre. Du moins si l'on avait été l'élève de la très sèche Miss Macleod, au lycée de jeunes filles George Watson, dans George Square. Malgré les adjurations de tous ces poètes, on laisse trop souvent l'occasion s'échapper. Manifestement, cela avait été le cas pour Miss Macleod.

— Mais oui, dit subitement Jamie. On pourrait partir quelque part. J'ai toujours voulu aller au Kerala. J'ai toujours voulu voir... Comment ça s'appelle déjà ? Cochin ?

Le soleil avait triomphé de la brume ; comme de petits avions minuscules, des particules de poussière dansaient dans le large faisceau oblique qui venait caresser le tapis d'Orient aux tons rouges.

— Cela me ferait très plaisir, dit-elle en levant les yeux vers Jamie. Je connais Cochin, j'y suis allée. Je pourrais te guider.

Jamie avait fait un pas vers elle. Le rayon de soleil tombait sur son avant-bras. À travers le mince coton de la chemise, la lumière révélait la peau. Enfant, elle aimait lever sa main à contre-jour, s'imaginant qu'elle pouvait distinguer les os des doigts. Un garçon habitant plus loin dans la rue, qui était devenu médecin et avait trouvé la mort au Mozambique, possédait à l'époque une paire de lunettes à rayons X, qui lui permettait, prétendait-il, de voir à travers les vêtements. Elle pensait à lui de temps en temps, à sa fin si triste et si inutile, victime d'un jeune qui voulait lui voler sa voiture. Elle ne revoyait pas l'homme adulte qui avait tenté de soulager la souffrance humaine, mais le petit garçon essayant de jouer des tours avec ses lunettes à rayons X.

— Regarde cette anche, dit Jamie en lui tendant l'anche double grattée qui venait se fixer dans l'élégant bocal en cuivre du basson. Regarde comme elle est déformée. Je l'ai utilisée quatre ou cinq fois, pas plus, et voilà ce que ça donne.

Elle prit l'anche qu'il lui tendait et l'examina avec attention. C'était un objet compliqué, délicatement construit : deux fines lamelles de roseau incurvées, ligaturées sur un tube par un fil rouge. Parfois Jamie fabriquait ses anches lui-même, ou alors il les achetait à un type qui habitait une ferme quelque part en Angleterre. Jamie lui avait déjà parlé de cet homme, qui s'appelait Ben, et elle avait aussitôt imaginé une scène bucolique : une cour de ferme où se pavanaient des oies, Ben assis sur un banc, grattant et ligaturant les roseaux. La réalité était sans doute bien différente. Ben était probablement un citadin installé à la campagne ; la ferme se consacrait sans doute exclusivement à la fabrication d'anches pour bassons et hautbois.

— Ça a vraiment une forme bizarre, dit Isabel. Et ce piaillement ridicule quand on souffle dedans ! J'en suis d'ailleurs bien incapable.

— C'est parce que tu ne sais pas t'y prendre, fit Jamie en saisissant l'anche.

Il tourna l'extrémité de façon à la positionner vers Isabel.

— Ouvre la bouche, juste un peu, comme ça, tu vois ? Comme ça.

Elle obéit. Comme il mettait l'anche en place, il la retira soudain et pressa doucement le dos de sa main contre les lèvres d'Isabel. On aurait dit qu'il lui donnait sa main à baiser pour quelque rite de chevalerie. Il retira sa main tout en la regardant. Puis il se pencha vers elle et lui donna un vrai baiser. Alors il recula, les yeux baissés. La tache de soleil s'élargissait sur le tapis.

— Pardonne-moi, marmonna-t-il sans la regarder. Je n'aurais pas dû. Je suis désolé.

Elle était sur le point de le rassurer, de se pencher vers lui, de lui prendre la main, mais il s'écarta.

— Je vais faire du café, dit-il. Tu peux venir dans la cuisine ou bien rester ici si tu préfères. Je t'apporterai ta tasse.

Isabel répondit qu'elle préférait aller dans la cuisine et le suivit, laissant ses yeux s'attarder sur sa nuque, sur la chemise mal rentrée dans le pantalon. Sans savoir pourquoi, elle regarda l'heure à sa montre, pour fixer le moment précis de sa métamorphose.

Il s'affaira à préparer le café en lui tournant le dos, sans nécessité. La pensée lui vint qu'il voulait dissimuler son embarras. Il fit une remarque à propos d'un concert qu'il donnait la semaine suivante. En rencontrant le compositeur, il avait été très déçu.

— Il n'avait absolument rien à dire sur son travail.

— Les gens n'aiment pas toujours parler de ce qu'ils font, dit Isabel.

C'est vrai, pensa-t-elle aussitôt. Il l'avait embrassée mais ne voulait pas en parler. Ce n'était pas ce qu'elle avait voulu dire, mais Jamie saisit tout de suite l'allusion.

— Quand on a agi sans réfléchir, il vaut mieux faire comme s'il ne s'était rien passé. Mais la composition d'une œuvre, ce n'est pas pareil !

Cette idée ridicule les fit rire et la tension tomba légèrement. Cependant, quand il lui apporta son café, elle s'aperçut que sa main tremblait un peu ; elle en fut touchée. Il avait donc été affecté par ce qui s'était passé, comme elle. C'était plus qu'un simple baiser sur la joue entre amis.

Elle posa sa tasse sur la table en pin carrée qui occupait le centre de la cuisine et s'assit sur une des chaises.

— Jamie..., commença-t-elle. Mais il la coupa tout de suite :

— Non, oublions ça.

L'espace d'un instant, elle se sentit blessée. Elle eut l'impression que leur moment d'intimité lui causait du déplaisir, comme s'il s'était agi d'un faux pas en société, dont le souvenir demeure, mais dont on ne souhaite pas reparler. Et que voulait-il dire au juste ? Qu'il fallait oublier l'incident ? Qu'une relation sentimentale était impossible ? Qu'il voulait éviter toute implication ? Il y avait une myriade de bonnes raisons ; Isabel les avait toutes passées en revue. Au tout premier plan se trouvait la dure réalité de ces quatorze ans qui les séparaient. Quatorze ans. Jamie ne pouvait que préférer une femme de son âge ; d'ailleurs cette femme existait déjà, c'était Cat. Le fait qu'elle fût sa nièce compliquait encore les choses.

Et pourtant, et pourtant... Qui s'offusque qu'un homme de trente-huit ans sorte avec une femme de vingt-quatre? L'écart de quatorze ans est bien là, or ces liaisons sont monnaie courante, et bien acceptées par la société. Quel âge ont donc Levin et Kitty, dans *Anna Karénine*? Cela n'a rien à voir avec le couple formé par Humbert Humbert et Lolita. Jamie et elle étaient des adultes, l'un un peu plus âgé que l'autre, ils partageaient les mêmes intérêts, riaient des mêmes choses. Pourquoi s'interdire de l'aimer? Ce serait absurde de pratiquer le renoncement alors que la vie sur terre est si brève, le monde matériel si éphémère. Et là, à cette table où elle buvait son café, elle se remémora cet autre vers d'Auden : «Combien la vie avait été riche et combien elle avait été stupide.» Elle savait ce qu'il voulait dire; la difficulté, c'était de faire comprendre à l'autre que cela n'avait aucune importance. Jamie ne voulait pas prendre de risques. Elle, par contre, était maintenant prête à le faire. Ces positions inconciliables représentaient la topographie même de l'amour non payé de retour, ses nombreuses montagnes à gravir, ses pics inaccessibles, ses continents séparés par de vastes océans d'indifférence et d'incompréhension.

Elle finit son café, jeta un coup d'œil à sa montre et se leva. Elle s'avança et l'embrassa légèrement sur la joue, le baiser chaste que se donnent deux amis. Elle vit qu'il était tendu, car le corps se trahit même sans bouger, mais cette tension sembla disparaître après son baiser.

— Il faut que je parte.

— Et moi, répondit-il en regardant sa montre, j'ai un élève dans un quart d'heure.

Elle lui dit au revoir et se mit à descendre l'escalier. Une fois dans la rue, elle resta immobile quelques secondes, le regard fixé sur les jardins.

Il m'a embrassée. Ce n'est pas moi qui ai fait le premier pas, c'est lui. Cette pensée chassa tout le reste, métamorphosant le monde quotidien autour d'elle, nimbant les arbres, la place, les passants d'une lumière étrange, d'un clair-obscur qui les faisait chatoyer. Voilà ce que ressentent ceux à qui il est donné d'avoir des visions. Tout change, tout devient sacré, et le plus humble décor est un sanctuaire.

8

— Il faut absolument que tu fasses connaissance avec nos futurs hôtes avant de passer un week-end chez eux, avait déclaré Mimi au petit déjeuner. Ils viennent souvent à Édimbourg. Joe et moi, nous aimerions bien les recevoir. Ce serait une façon de leur rendre leur invitation par anticipation, si l'on veut.

Isabel avait accepté. Ce serait une bonne idée de revoir Tom et Angie avant sa visite. Si brève qu'elle ait été, cette rencontre à la galerie n'avait pas été un franc succès. Se retrouver dans une ambiance détendue permettrait d'arrondir les angles. Isabel avait proposé de les recevoir, car Angie pouvait difficilement la rabrouer sous son toit comme el l'avait fait à la galerie. Mais Mimi voulait êtr puissance invitante.

— J'ai trouvé, Mimi. Tu n'as qu'à préparer le dîner. Ce sera ton œuvre. Je t'abandonne la cuisine. De toute façon, tu es bien meilleure cuisinière que moi.

Cet arrangement avait un autre avantage. Elle n'avait pas vu Jamie depuis ce mémorable après-midi. Elle préférait le revoir en présence d'autres personnes, et c'était une bonne occasion. Elle lui expliquerait qu'elle avait besoin d'un invité supplémentaire, ce qui était vrai ; ainsi il ne pourrait pas imaginer qu'elle lui courait après. Ce n'était absolument pas le cas d'ailleurs, mais elle ne pouvait se cacher qu'elle avait besoin de le voir, et le plus vite possible.

Quand elle l'appela pour l'inviter, elle fut soulagée de constater que tout semblait normal. Il se déclara ravi de venir dîner. Il avait passé une semaine pénible avec un chef d'orchestre qui ne l'aimait pas, sans qu'il comprenne pourquoi. Isabel pensait que c'était peu plausible. Comment ne pas aimer Jamie ? L'exception, étrangement, c'était Cat, par aveuglement et perversité pure.

— Il me déteste, assura Jamie. Il n'arrête pas de s'en prendre à moi. Sans arrêt. Il prétend que je ne maîtrise pas bien la dynamique. Il trouve que j'ai une sonorité trop fiévreuse. Je ne comprends même pas ce qu'il veut dire.

— *Con fuoco*, répondit Isabel. Je ne vois rien d'autre.

— Mais pourquoi est-ce que je suis son souffre-douleur ? gémit Jamie sur un ton dépité.

Isabel n'avait pas besoin de chercher bien loin. La jalousie. C'est le plus souvent par jalousie que les gens se comportent de façon aussi mesquine.

— Il est jaloux, dit-elle.

— Mais pourquoi ? C'est un chef très coté, très demandé, je ne sais vraiment pas pourquoi d'ailleurs. Il n'a aucune raison de jalouser qui que ce soit.

Au bout du fil, Isabel sourit.

— Est-ce que je le connais ? Décris-le-moi.

Jamie lui donna un nom qu'elle ne reconnut pas.

— Il est plutôt petit, poursuivit Jamie. Rondouillard. Il devient tout rouge quand le tempo s'accélère. Il gesticule beaucoup.

Jalousie, se dit-elle. Jamie était grand et beau, il n'était jamais congestionné. Elle eut envie de lui dire : « Il voudrait être toi, ou encore, plus poignant, il voudrait t'avoir et il ne peut pas. » Impossible évidemment de formuler une chose pareille. Jamie n'imaginait pas qu'il puisse être un objet de désir, ce n'était pas dans sa nature. Elle se contenta de répéter que c'était de la jalousie, sans aller plus loin.

Isabel accompagna Mimi pour faire les courses en prévision du dîner. Elles se rendirent à pied à Bruntsfield pour se procurer les ingrédients, soit à l'épicerie de Cat, soit dans une des petites boutiques qui bordaient les deux côtés de Bruntsfield Place. Elles longèrent Merchiston Crescent lentement, comme en se promenant. En général Isabel marchait vite, mais ce jour-là elle se mit au rythme de Mimi, qui s'arrêta plusieurs fois pour parler aux chats qui se prélassaient au soleil sur les petits murets clôturant les jardins.

— Simple courtoisie, dit-elle. C'est leur territoire, tu comprends ?

Les chats semblaient le comprendre, car ils ondulaient vers elle, reconnaissant une alliée.

En revenant, chargées de sacs, elles s'arrêtèrent pour souffler en haut d'East Castle Road.

C'est alors que Mimi se tourna vers Isabel et lui demanda si elle avait beaucoup de souvenirs de sa mère. Rien n'avait induit cette question impromptue.

— Tu étais si jeune quand elle est morte. Onze ans, c'est très jeune. Les souvenirs des années qui précèdent sont souvent vagues, voire imaginaires.

— Certains souvenirs sont très précis. Marcher le long de cette rue, par exemple. Je me revois parfaitement marcher dans cette rue en lui tenant la main. Comme on vient de le faire.

— Je vous imagine très bien toutes les deux, opina Mimi, qui effleura le bras d'Isabel d'un geste protecteur de cousine plus âgée. À quelque moment que ça arrive, la mort des parents, ils nous manquent terriblement. Un chapitre entier se termine quand disparaissent les deux protagonistes majeurs de la pièce.

— Elle me manque beaucoup, renchérit Isabel. Ça ne veut pas dire que je pense à elle tous les jours, mais j'y pense souvent. C'est une présence qui m'apparaît parfois, comme si elle était encore vivante.

— C'est normal.

— On a tendance à les idéaliser, tu ne crois pas ? dit Isabel en changeant les sacs de main pour mieux répartir la charge. Parfois j'essaie d'imaginer quel effet ça fait de découvrir qu'un des deux parents a commis un acte très répréhensible. J'ai connu quelqu'un à qui c'est arrivé, tu sais. Sa vie a été totalement détruite. Tout a changé si vite : un jour elle était heureuse, et le lendemain…

— Qu'est-ce qui s'est passé ? demanda Mimi.

— C'était une étudiante que je connaissais à Cambridge. On était dans la même faculté. Une fille plutôt sportive qui faisait du tennis. Elle a découvert que son père fréquentait une prostituée. Il était président d'une banque et cette femme lui faisait du chantage.

— Ce n'est pas si rare, dit Mimi. Et puisqu'on le faisait chanter, il était lui-même une victime, non ?

Elles se remirent en route.

— Oui, reprit Isabel, en principe c'était lui la victime. Seulement voilà, il y a malheureusement un petit détail important. Il a essayé de la faire assassiner. Et il a été attrapé. Le type qu'il avait recruté, pris de peur, est allé trouver la police. Là, ils l'ont équipé d'un petit magnétophone et c'est comme ça qu'on a pu le confondre. Son procès a fait la une des journaux et sa pauvre fille a dû subir tout ça. Nous, nous ne lui en avons jamais parlé. En fait, le jour où sa condamnation a été annoncée, quelqu'un a eu la délicatesse de faire disparaître les journaux de la salle de lecture des étudiants. On faisait tous comme s'il ne s'était rien passé. Alors qu'on aurait dû au contraire parler avec elle, la soutenir.

— C'est certain, répondit Mimi, mais à cet âge-là on ne veut pas regarder ce genre de choses en face. On croit qu'il vaut mieux prétendre que tout va pour le mieux dans le meilleur des mondes. Ce n'est pas forcément vrai.

Isabel se posait la question. Elle connaissait des gens à qui cette stratégie convenait très bien, en tout cas bien mieux qu'une lucidité totale. C'était une façon de faire face à la maladie. Ceux qui persistent à nier l'évidence sont plus heureux : le rire et l'optimisme ont des vertus psychosomatiques. Était-ce aussi valable quand il s'agissait des parents ?

— Je ne sais pas comment j'aurais réagi si mes parents avaient eu des liaisons, dit Isabel, ou s'ils avaient essayé de tuer quelqu'un. Pour les enfants, ce doit être une des choses les plus difficiles à vivre, je veux parler de l'adultère. Je sais que ce n'est pas toujours facile pour les parents de résister. En tout cas, je suis bien contente de ne jamais m'être trouvée dans cette situation.

Mimi resta silencieuse un instant.

— Non, reprit-elle doucement. Ce n'est pas facile. Pour personne.

Elles étaient arrivées à proximité de la maison d'Isabel. Au coin de la rue, le vent balançait lentement les branches des ormes d'un grand jardin clos entouré de hauts murs de pierre. Les arbres se détachaient sur un ciel dégagé, où se dessinait le long sillage blanc d'un avion volant vers l'ouest. Isabel montra la ligne blanche de la main et Mimi leva la tête pour regarder à travers ses grandes lunettes ovales. Le ciel bleu miroitait sur les verres.

— Une des choses que je regrette, déclara Isabel, les yeux toujours tournés vers le ciel, c'est de n'avoir pas connu ma sainte Américaine de mère à l'âge adulte.

— Ah oui, c'est comme ça que tu l'appelles : « ma sainte Américaine de mère ». L'expression est jolie.

— Tu pourrais me parler d'elle ? dit impulsivement Isabel, regardant Mimi avec une curiosité avide. Si cela ne t'ennuie pas. Comment est-ce que les adultes la voyaient ? Est-ce qu'elle était heureuse ? Qu'est-ce qui la touchait ? Essaie de me dire qui elle était.

— Tu veux la stricte vérité ? demanda Mimi.

— Bien sûr, répondit Isabel d'un ton solennel, car la vérité est chose grave. Tu ne voudrais pas me mentir ?

— Quand il s'agit des parents, il y a parfois certaines choses qu'on préfère ignorer.

Isabel réagit vivement : elle voulait tout savoir. Après tout, elle ne risquait pas vraiment d'apprendre de terribles secrets.

Mimi s'arrêta et regarda fixement Isabel.

— Et si c'était le cas justement ?

— Raison de plus, répliqua tout de suite Isabel.

— Tu es sûre ? demanda Mimi, sceptique.

— De toute façon, je vois bien qu'il doit y avoir quelque chose. Raconte, Mimi. Je dois savoir.

— Je n'en avais pas l'intention. Ce n'est pas..., objecta Mimi, dubitative.

— S'il te plaît, Mimi, coupa Isabel. Tu me fais douter, je ne te le reproche pas, mais c'est vrai. Tu en as trop dit ou pas assez. Si Mimi refusait maintenant de parler, Isabel ne cesserait pas de se torturer l'esprit. Même si l'idée semblait grotesque, elle imaginerait peut-être que sa mère avait cherché à faire assassiner quelqu'un. L'épicier ? Un de ses partenaires de bridge qui aurait fait des enchères irresponsables ?

— Ta mère a eu une liaison, commença Mimi sur le ton détaché de l'avocat s'adressant à un tribunal. Et elle n'a jamais eu l'occasion de l'avouer à ton père et de se faire pardonner. C'est au cours de cette liaison qu'on lui a diagnostiqué un cancer. Et après elle n'a pas eu la force d'avouer. Donc ton père n'a jamais rien su. Du moins, c'est ce qu'elle m'a dit. C'était mieux comme ça, tu ne crois pas ?

Elle n'avait jamais compris pourquoi Hibby avait eu cette liaison. Désir sexuel, comme souvent dans ce cas ? Ou bien était-ce l'ennui, l'impression d'être prise au piège, le besoin d'une relation que le conjoint n'est pas à même de satisfaire ? Leur mariage avait été heureux, il n'y avait jamais eu aucun signe de tension. De tels signes sont peut-être, par nature, invisibles pour les étrangers.

Elles avaient parcouru la moitié de la rue. Isabel ne s'était pas arrêtée, mais regardait fixement le trottoir. Le béton était fêlé, n'ayant pas été entretenu depuis des décennies. Le quartier était aisé, et les autorités municipales avaient d'autres priorités. Les riches ne sont jamais populaires. On les tolère, on les envie, mais on ne les aime pas. Elle remarqua que par endroits les mauvaises herbes s'étaient installées dans les fissures, que leurs racines contribuaient à élargir.

— L'homme avec qui elle a eu cette liaison, poursuivit Mimi, qui est d'ailleurs toujours vivant, je l'ai vu en ville l'autre jour, l'a quittée quand il a su qu'elle était malade. Cela ne cadrait pas avec ses plans, tu comprends ? Ta mère était très séduisante, et c'était très bien d'avoir une liaison avec une femme belle et pleine de charme ; le fait qu'elle était mariée ajoutait sans doute du piquant. Mais être lié à une femme en train de mourir d'un cancer du sein, c'était bien différent. Les malades ne sont guère romantiques, malgré l'exemple de l'autre Mimi et de son Rodolphe dans *La Bohème*. L'amour qui résiste à la maladie est d'un autre ordre. C'est un amour ancien et éprouvé.

Elles étaient devant la grille. Mimi n'était pas certaine d'avoir bien fait et jeta à Isabel un coup d'œil inquiet. Elle n'avait pas eu l'intention de faire ces révélations, mais Isabel lui avait forcé la main et elle avait cru que ce serait mieux ainsi. Seulement, en regardant Isabel, elle avait des doutes ; peut-être aurait-il été plus judicieux de mentir.

— Est-ce que j'ai bien fait ? demanda-t-elle en prenant Isabel par le bras. Ou bien est-ce que j'aurais dû garder le secret ?

En tant que philosophe, Isabel savait pertinemment qu'en termes de morale tout le monde s'accorde à dire que le paternalisme n'est pas défendable, sauf dans quelques cas précis. Il ne faut ni mentir, ni cacher aux gens ce qu'ils ont envie de savoir. Mimi se devait de la mettre au courant pour que la vérité triomphe. Pourtant, impossible à l'avenir de parler de sa sainte Américaine de mère.

Elle avait eu une liaison. Elle était humaine après tout, faite de chair et de sang. Cela arrive à beaucoup de femmes ; ne pas le reconnaître relève de scrupules mal placés. Une Madame Bovary sommeille en chaque femme mariée, en chacune d'entre nous. Et cet homme, qui l'avait traitée si lâchement ? Qu'est-ce qui avait bien pu pousser sa sainte Américaine de mère à tromper son mari pour lui ? En mettant la clé dans la serrure, elle se tourna vers Mimi.

— Comment il était, ce type ?

— Il était beaucoup plus jeune qu'elle, répondit Mimi.

9

Plus tard le même jour, Isabel se trouvait à Rutland Square, cette place tranquille dans le plus pur style géorgien, cachée derrière le tronçon le plus animé de Princes Street, pratiquement à l'ombre du château dominant la ville de toute la hauteur de son rocher, symbole de la foi calviniste. Comme tant d'autres endroits de la ville, cette place était remplie de souvenirs. Au club des Beaux-Arts d'Écosse, en face, lors de nombreuses réceptions qui se prolongeaient tard dans la nuit, elle avait assisté à des conversations brillantes, inoubliables, que pourtant elle avait oubliées. Dans ce coin, là-bas, elle avait embrassé un jeune homme d'Aberdeen rencontré au bar du Caledonian Hotel lorsqu'elle était elle-même étudiante à Cambridge. Après un flirt rapide, il était retourné à ses études et elle s'était rendu compte qu'ils ne tenaient pas l'un à l'autre. Cela se passait avant l'avènement de John Liamor, à qui, curieusement, elle pensait maintenant de moins en moins.

Effectivement, depuis sa rencontre avec John, un peu plus de vingt ans auparavant, elle avait pensé à lui, d'une façon ou d'une autre, tous les jours. Au début, il habitait chaque minute de sa vie. Ensorcelée, elle se laissait envahir par une sorte d'engourdissement agréable, comparable à l'effet d'un opiacé. Quand elle avait découvert sa liaison avec une de ses étudiantes, cette sensation avait cédé la place à l'angoisse et l'appréhension de perdre quelqu'un de cher. Puis étaient venues rancune et colère, mêlées à un chagrin brûlant – des émotions contradictoires qui luttaient inlassablement pour la première place. Le souvenir qu'elle avait de lui était devenu imprécis, comme un dessin au crayon qui s'estompe avec le temps à force d'être plié et replié. Pourtant il restait présent et de temps à autre, trop souvent à son goût, elle était la proie d'un désir douloureux. Dans ces moments-là, elle ne souhaitait qu'une chose, le voir revenir à elle comme si rien n'était arrivé, se retrouver dans ses bras, bercée par la chanson qu'il affectionnait dans les accès de tendresse, interprétée par ce chanteur à la voix caverneuse et à l'accent américain indéfinissable, qui parlait d'amour et de chagrin. Ce refrain-là, il lui était impossible de l'écouter maintenant, tant il faisait remonter de tristes souvenirs. Les musiques qu'on écoute inlassablement à certaines périodes de notre vie constituent comme une bande sonore, le symbole même de ces épisodes passés. Malheureusement, nous n'allons pas plus loin dans l'écriture du scénario et tout le reste n'est qu'improvisation.

Hier, et le jour d'avant, elle n'avait pas pensé à John une seule fois. Elle n'y avait pas pensé non plus aujourd'hui, jusqu'à cet instant dans Rutland Square où, plantée devant l'étude de notaire, elle s'était rendu compte qu'il disparaissait graduellement de son esprit. D'ailleurs, ce n'était plus pareil : elle pensait à lui maintenant comme à une personne parmi d'autres, et non pas John Liamor, l'homme qui avait dominé sa vie. « Il était mon nord, mon sud », comme l'avait écrit WHA dans son poème sur l'amour perdu, qui continuait ainsi : « Je croyais que l'amour durerait toute la vie et je me trompais. » Comme c'était vrai !

Je me suis libérée de lui, se dit-elle. Je suis une femme libre.

Je pensais qu'il durerait toute la vie et je me trompais. Elle poussa la porte de l'étude avec cette phrase dans la tête : Je suis libre. Mais pourquoi suis-je libre ? Elle savait intuitivement que c'était à cause de ce baiser que tout avait changé. Jamie serait son amant. Ce n'était pas telle notion de morale bourgeoise ou tel doute d'ordre intellectuel qui l'avaient paralysée, mais bien John lui-même, tout simplement. Elle avait été prisonnière d'un fantôme, du souvenir d'un amour rejeté et sa but, enfermée dans une relation morte depuis longtemps. La cicatrice s'était résorbée; elle était libre.

À la réception, une jeune femme lui souriait. Elle imagina tout à coup ce qui se passerait si elle lui disait : « Eh bien, voilà ! Sur le seuil de votre porte, j'ai décidé que je serais la maîtresse d'un homme plus jeune que moi. » Ou si elle sortait une photo de son sac en lançant : « Regardez. C'est lui. »

Bien sûr, ces choses-là ne se font pas. Elle avait évoqué un jour ce genre d'impulsions soudaines en discutant du fonctionnement de l'esprit humain avec son ami Richard Latcham, le psychiatre.

— Ces pensées, nous en avons tous, avait-il dit. Quand on est au bord d'une chute d'eau, chacun se dit : Et si je sautais ? Ou bien on a envie de prononcer une grossièreté ou d'enlever tous ses vêtements. C'est tout à fait naturel, et on ne va pas plus loin. C'est l'inconscient qui explore en permanence toutes les possibilités. La plupart de ces scénarios imaginaires sont très plausibles, mais d'autres sont écartés d'emblée. Il n'y a pas de quoi s'inquiéter, Isabel.

— Mais pourtant il doit bien y avoir des cas où justement on passe à l'acte. Ce qui est certain, c'est qu'il y a des gens qui essaient de sauter pardessus cette chute d'eau; pour certains, ce n'est peut-être pas du tout prémédité.

— En fait, je crois que c'est rarissime, avait répondu Richard après un moment de réflexion. Mais je connais un cas, qui m'a été raconté par une connaissance. Un spécialiste de lettres classiques, ici, à Cambridge, un type très érudit qui étudie les poètes latins du Bas-Empire. On dit qu'il est la sommité incontestée dans ce domaine. Un soir, après un dîner à son université, ils étaient tous réunis dans la salle des professeurs, une de ces pièces décorées de vieilles boiseries, avec le portrait du fondateur, celui d'Isaac Newton et d'autres encore accrochés aux murs. Il buvait tranquillement son porto avec un ami quand un autre professeur, un archéologue canadien en visite, était passé devant eux avec sa femme. Ils venaient de se servir une tasse de café. Apparemment l'épouse était plutôt corpulente et avait un tour de hanches particulièrement imposant. Et ce spécialiste de lettres classiques s'était écrié très fort, si bien que tout le monde avait entendu : « Bon Dieu ! Quelle croupe ! » Il paraît que ce pauvre professeur d'archéologie a lâché sa tasse à café qui s'est renversée sur le devant de son pantalon. Sa femme est restée clouée sur place. Il s'est excusé en disant qu'il ne savait pas ce qui lui avait pris. Il était effondré. Plus tard il leur a écrit une lettre d'excuse, proposant de faire un don à un organisme caritatif ou toute autre cause de leur choix. Ils ont accepté ses excuses, ce qui n'est pas surprenant de la part de gens sympathiques comme les Canadiens ; ils ont suggéré une association visant à tisser des liens entre le Canada et l'Écosse, ce qui était, somme toute, assez bien choisi. Je crois que c'était là un cas où le désir de transgresser l'interdit a été plus fort que les mécanismes d'inhibition.

« D'ailleurs, ç'aurait pu être bien pire, avait ajouté Richard après un silence.

— Difficile !

— Il aurait pu être tout au bord d'une chute d'eau. Ou bien se trouver juste derrière elle, au bord d'une chute d'eau.

— Et la pousser ?

— Malheureusement, oui.

— Mon Dieu, quel…

Mais Richard l'avait devancée :

— Quel impact !

La jeune femme à la réception invita Isabel à s'asseoir. La notaire allait descendre la chercher dans quelques instants pour l'emmener dans la petite salle de conférences qui donnait sur l'entrée. Isabel s'installa confortablement sur un canapé de cuir noir et se mit à parcourir un magazine mondain qui proposait des reportages sur les cocktails et autres vernissages en ville. Les mêmes visages se retrouvaient plusieurs fois, regardant l'objectif avec une suprême assurance. Elle tourna les pages rapidement et s'arrêta soudain. Un bal avait été organisé à Prestonfield House pour fêter l'anniversaire de la fille d'un notable d'East Lothian, en grande tenue des Highlands, avec kilt et cravate élaborée, entouré de la fine fleur de la haute société, souriant, riant, verre de champagne à la main. Dans un groupe de trois jeunes gens en kilt et veste de smoking se trouvait Jamie. Elle scruta la photographie, le visage des deux autres hommes, celui de Jamie, et son cœur se mit à battre la chamade. Elle ne faisait pas partie de ce monde-là. Pourtant ce qui retenait surtout son attention, c'était cette facile intimité, presque équivoque, cette amitié, cette proximité. Ils se tenaient par les épaules. L'un d'entre eux était tourné vers un autre. Jamie s'était très vite écarté d'elle ce fameux après-midi. Et s'il avait des tendances tout à fait opposées, malgré ses sentiments pour Cat, qui, après tout, était très garçonne d'apparence ? Cela arrivait fréquemment ; on ne devait pas s'étonner qu'un homme soit attiré par certaines femmes tout en préférant son propre sexe. Elle connaissait beaucoup de gens qui avaient ce type de relations. Un homme jeune pouvait trouver du plaisir à la compagnie d'une femme plus âgée, car c'était sans complications, intéressant, et dénué d'exigences sexuelles. Elle regarda à nouveau la photographie, puis la déchira discrètement, la plia et la mit dans son sac. Il y eut un bruit de papiers venant du bureau près de la fenêtre. Elle jeta un coup d'œil à la jeune femme, qui, manifestement, avait observé la scène. Celle-ci haussa les épaules en souriant, un geste naturel mais au sens ambigu.

— Je suis désolée, dit Isabel, de l'autre extrémité de la pièce. J'avais besoin de garder cette photo. C'est quelqu'un que je connais. Et puis le magazine est déjà vieux.

— Oui, fit la jeune femme poliment. Seulement, nous aimons conserver ces magazines un certain temps. Les gens aiment ça.

— Absolument, fit Isabel vaguement, les yeux au plafond, comme une enfant, prise en flagrant délit de désobéissance, fait semblant de n'avoir rien fait de mal.

La notaire, une femme charmante, dotée de pommettes hautes et vêtue d'une jupe sombre, comme le veut la profession, avança vers elle et lui serra la main. Elle fit entrer Isabel dans la salle de conférences, petite pièce sans fenêtres meublée d'une table en hêtre et de chaises. Il y avait une Thermos de café et une assiette de biscuits.

En servant à Isabel une tasse de café, la notaire lui expliqua qu'elle était prête à discuter de la vente de l'appartement, mais que toute proposition formelle devait être transmise par l'homme de loi d'Isabel.

— Je comprends très bien, répondit Isabel. Mais il y a un sujet que je souhaite aborder avec vous personnellement.

— Je n'ai pas vu l'appartement moi-même, dit la notaire pour la mettre en garde. J'ai lu la description, mais je n'ai pas de détails. S'il y a quelque chose que vous souhaitez revoir, il faut en parler à votre expert. Je suppose que…

— Cela n'a rien à voir, interrompit Isabel. Nous avons fait faire une expertise. Il n'y a pas de problème. Aucun tassement des fondations.

— Ce qui est rare dans New Town, n'est-ce pas ? fit la notaire. Il y a des endroits où le parquet est vraiment très en pente. C'est sans doute le prix à payer quand on veut habiter une vieille maison. Beaucoup de caractère, mais aussi beaucoup de fissures. Effectivement, je crois que c'est un petit appartement très sympathique.

Elle lança à Isabel un regard interrogateur.

— D'après Simon Mackintosh, la propriétaire…

— Florence Macreadie.

— Oui, j'ai fait sa connaissance. D'après lui, elle est prête à me laisser l'appartement pour un montant très en dessous du prix de départ.

— C'est inhabituel, dit la notaire en hochant la tête. Extrêmement inhabituel. Mais je suis en mesure de vous le confirmer : 10 000 de moins.

Isabel but une gorgée de café, les yeux fixés sur les mains de la notaire qui reposaient sur son bloc-notes, un stylo plume laqué, coûteux, entre deux doigts. Mais les mains restèrent parfaitement immobiles.

— C'est très généreux de sa part, fit Isabel. Malheureusement, je crois qu'elle n'a pas bien compris la situation.

Elle regarda la notaire, qui détourna les yeux. Isabel devina qu'une discussion ne portant ni sur les conditions ni sur les clauses l'embarrassait.

— Oui, poursuivit-elle. Elle a cru que le jeune homme qui m'accompagnait était là parce que nous allions nous installer ensemble. Cela l'a...

— Touchée, compléta la notaire.

Elle fit à Isabel un sourire complice, de femme à femme. Puis elle baissa les yeux et posa son stylo lentement sur le bloc-notes ; celui-ci roula avant de s'immobiliser. Isabel avait les yeux rivés sur le stylo.

— Mais ce n'est pas le cas, dit Isabel. Je lui avais demandé de venir parce qu'il connaît bien le quartier.

La notaire resta un moment silencieuse, puis se mit à rire.

— Ah bon ! Alors vous n'êtes pas – comment dire ? – ensemble ? Je suis désolée. Elle m'avait fait une description très romantique. Mademoiselle Dalhousie, je suis désolée.

Encore une fois, Isabel regarda les mains de la notaire, l'alliance. C'est alors qu'elle prit sa décision. Pas question d'être un objet de pitié.

— Si, si, nous sommes ensemble.

— Vous êtes ?...

La notaire ne comprenait plus.

— Nous avons une relation.

— Oh ! je ne voulais pas dire..., s'excusa la notaire en rougissant.

— Cela n'a pas d'importance. C'est une histoire qui ne fait que commencer. Mais nous n'allons pas nous installer là. Cet appartement, je le destine à quelqu'un d'autre, à la dame qui m'aide chez moi. C'est pour elle que je l'achète.

Son histoire ne tenait pas debout. Elle aurait dû dire qu'ils étaient très bons amis et c'est tout. Mais elle en avait soudain assez d'être seule, d'être considérée par les autres comme désavantagée parce que célibataire, ou incapable de trouver un partenaire. Elle savait pourtant que c'était infantile de se vanter ainsi d'avoir une relation avec un homme plus jeune. Elle ne cherchait pas du tout à susciter l'envie des autres femmes. Hélas, c'était maintenant trop tard, les mots avaient été prononcés ; elle ne pouvait pas se rétracter sans avoir l'air d'une idiote. Elle se sermonna intérieurement : il fallait ne plus y penser. Ce n'était pas important.

La notaire avait l'air troublée et il lui fallut quelques instants pour recouvrer son sang-froid.

— Vous ne croyez pas que Miss Macreadie serait quand même prête à faire ce geste ? Il faudrait que je lui demande, bien sûr. Mais il me semble qu'elle aimerait malgré tout vous aider en vous vendant cet appartement pour… pour cette dame. Voilà comment elle m'a présenté les choses : elle veut faire quelque pour vous parce qu'elle aime l'idée du couple que vous formez avec cet homme plus jeune. Elle a bien dit qu'il était plus jeune que vous. Cela ne veut pas dire que… Bref, elle veut que vous ayez cet appartement.

Isabel se renfonça dans son siège. Elle ne s'était pas attendue à cette éventualité. Elle avait maquillé la vérité. Jamie n'était pas – pas encore – son amant et pourtant il semblait bien que l'offre de l'appartement soit maintenue. Ce qui voulait dire qu'un avantage potentiel acquis sur la base d'un malentendu devenait un avantage potentiel acquis sur la base d'un mensonge éhonté. Elle n'avait fait qu'empirer les choses.

La notaire se leva.

— Je vais la contacter. Et puis je me mettrai en relation avec Simon Mackintosh pour confirmer.

Isabel n'eut pas le courage de s'y opposer. Certes, c'était son devoir, mais elle ferait les mises au point plus tard, quand elle aurait trouvé la façon d'échapper à ce ridicule malentendu. Elle garda donc le silence. La notaire la raccompagna cordialement jusqu'à la porte. En sortant, elle vit que la jeune femme de l'accueil la regardait avec la désapprobation bien dissimulée que mérite une personne qui déchire les magazines des autres. Qu'aurait-elle pensé en découvrant que cette créature, non contente de vandaliser les magazines, se vantait de conquêtes imaginaires ? Ces gens-là, ces ratés de l'amour et de la vie, ne méritent-ils pas d'être mis au ban de la société ?

10

Comme souvent, Jamie arriva en avance. Il aimait discuter avec Isabel pendant qu'elle préparait le repas. Il s'asseyait à la table de la cuisine, un verre à la main, et aimait l'écouter parler. Mais ce soir-là, ce n'était pas possible ; c'était le dîner de Mimi et elle avait interdit à Isabel l'accès de la cuisine.

— Si j'ai besoin de quelque chose que je ne trouve pas, alors tu pourras entrer. Sinon, c'est mon domaine exclusif. Ce soir, tu as quartier libre.

Joe était dans le bureau en train de faire sa correspondance. Isabel entraîna donc Jamie dans le salon de musique, et ils s'installèrent devant la grande cheminée victorienne. L'été, Grace remplissait le panier de cheminée de fleurs d'hibiscus séchées; les pétales bleu-gris étaient parsemés de petits fragments de maçonnerie tombés du conduit.

— Quelqu'un m'a dit que l'intérieur de mes conduits s'effrite. Et c'est vrai que de temps en temps un gros morceau se détache. Mais je n'ai vraiment pas le courage de m'en occuper. Il faudrait refaire le revêtement, ce serait encore une dépense.

— Tu as les moyens, non? répondit Jamie. Tu peux faire réparer tes conduits si tu en as envie. Tu peux te payer tout ce que tu veux.

Isabel le regarda, songeuse. Elle n'aimait pas discuter de ses affaires financières, même avec Jamie. «Tu peux te payer tout ce que tu veux», avait-il dit. Et aussi qui je veux? Elle essaya, sans y parvenir, de chasser de son esprit cette idée qui l'offusquait. C'est une transaction ignoble que d'acheter quelqu'un parce qu'on en a envie. Pourtant certaines personnes sont tout simplement attirées par l'argent et recherchent ceux qui en ont, à qui ils n'auraient pas jeté un regard s'ils avaient été pauvres. Elle pensait à ce vieux milliardaire qui avait épousé une des femmes les plus belles du monde. Se serait-elle mariée sans sa fortune? C'était difficile à imaginer. Elle devait néanmoins reconnaître qu'elle ne connaissait pas cette femme, ce qu'elle voulait, ce qu'elle lui trouvait. Comment affirmer qu'elle ne l'aimait pas?

— Ce n'est pas si simple, dit-elle enfin sur un ton chagrin. D'abord je n'en ai pas tant que ça. Et puis je n'aime pas le gaspiller.

— Je suis désolé, s'excusa Jamie. J'ai été grossier.

— Mais non, voyons, dit-elle, attendrie.

— L'essentiel dans une maison, c'est de ne pas laisser les choses se dégrader. Si une réparation s'impose, il faut la faire tout de suite, sans attendre que cela s'aggrave, comme dit toujours le maçon de mon père.

— C'est vrai.

Elle se souvint soudain d'une conversation avec son ami allemand Michael von Poser lors d'une de ses visites. Ce conservateur éminent était convaincu qu'il fallait laisser les bâtiments vieillir à leur rythme.

— Dis-toi que si un plafond tombe, avait-il déclaré en souriant, tu perds une pièce, mais tu gagnes une terrasse. Il faut voir les choses ainsi.

Isabel raconta l'anecdote à Jamie et ils en rirent tous les deux. Jamie leva les yeux, comme pour détecter un effondrement possible.

— Et l'appartement de St Stephen Street ? demanda Jamie tout à coup. Où en es-tu ? Tu as fait une offre ?

Isabel, les yeux plongés dans son verre de vin blanc, ne répondit pas tout de suite. Un vin blanc de Nouvelle-Zélande.

— Cloudy Bay, murmura-t-elle.

— Il est pourtant très limpide, dit Jamie avec un sourire, en levant son verre vers la lumière. Cet appartement, alors ? Tu te lances ?

— Tu crois que je devrais ?

— Vas-y. Si tu veux vraiment acheter un appartement à Grace, celui-là est parfait. Il est très agréable, il lui plaira. Et puis elle n'aurait pas à grimper trop loin pour se rendre à ses séances de spiritisme. C'est idéal.

— Puisque tu me poses la question, dit Isabel en rassemblant tout son courage, il y a effectivement du nouveau. Les notaires se sont mis en rapport. Apparemment, Florence Macreadie tiendrait absolument à ce que j'achète cet appartement et elle accepterait une offre de ma part à 10 000 livres au-dessous du prix de départ.

Elle avait hésité avant d'annoncer le chiffre. Jamie ouvrit de grands yeux.

— 10 000 en dessous ! Mais alors elle est très pressée ? Si ça va jusqu'aux enchères, quelqu'un va sûrement proposer au moins 10 000 *au-dessus*. C'est peut-être ça qu'elle a voulu dire, c'est un malentendu.

— Non, non, ce n'est pas un malentendu, dit Isabel en secouant la tête. Elle a ses raisons.

— Ah oui ?

— Oui.

Isabel avait résolu de lui dire la vérité, mais comment s'y prendre ? Alors que pour elle tout avait changé, lui faisait comme s'il ne s'était rien passé l'autre jour dans son appartement. Elle était un peu blessée par cette apparente indifférence. Elle aurait voulu lui en parler, savoir ce qu'il avait en tête. Mais il risquait de prendre peur ou se sentir gêné, qui sait ? Elle ne savait pas du tout comment il réagirait. Elle s'arma de courage.

— Apparemment, Florence Macreadie a cru que nous cherchions ensemble un appartement.

Jamie se contenta de hausser les épaules, tout en buvant une gorgée de vin.

— Et alors ? J'étais venu pour t'aider. C'est facile de se tromper. Il y a des tas de gens qui vont visiter des appartements avec des amis.

— Non, non, ce n'est pas ça. Elle pensait que nous allions cohabiter.

La réaction de Jamie la surprit.

— Cohabiter ? dit-il en souriant. J'espère que tu ferais ta part de vaisselle, Isabel.

— En tant que couple, fit Isabel doucement.

Jamie restait silencieux. Isabel le regarda à la dérobée.

— Je vois, dit-il enfin.

— C'est ridicule.

Enfin, c'était le malentendu qui était ridicule, pas le fait qu'elle et Jamie puissent être amants. Plus maintenant.

Jamie leva les yeux. Un instant, elle vit quelque chose passer dans son regard.

— C'est vraiment si ridicule que ça ? dit-il tout doucement.

— Non, bien sûr...

Il sembla réfléchir. Elle attendait, inquiète.

— Tu as fait l'offre ? demanda-t-il.

— Je ne peux pas, dit-elle en soupirant. Je ne peux pas la laisser me vendre cet appartement parce qu'elle croit que nous allons y habiter ensemble. Ce serait vraiment immoral.

— Non, tu as raison, dit Jamie après un instant de réflexion. C'est clair.

Il posa son verre sur la table.

— Un jour, j'ai acheté un basson à un type qui était saoul. Il avait passé une annonce dans le journal pour mettre en vente tout un lot de vieux instruments. Je suis allé chez lui. Dans une pièce il y avait sept vieux instruments, tous en très mauvais état. Il les avait achetés dans un vide-greniers, à la famille d'un réparateur d'instruments de musique qui les gardait dans son atelier, comptant les réparer. Mais il était mort avant de pouvoir réaliser son projet.

— Et le type de l'annonce était saoul ?

— Oui. Il était environ sept heures du soir, il sortait du pub avec des amis. En fait il avait dû y passer des heures. Il était bien parti.

Isabel redevint philosophe.

— C'est un joli problème éthique. Est-ce qu'un accord est valable si on le signe en état d'ébriété ? Très joli problème. Je suppose que même ivre, on sait ce qu'on fait. Parfois, on devient au contraire plus lucide. *In vino veritas*.

Jamie était d'accord ; il y avait pourtant dans ce cas une complication.

— Il y avait un basson par terre. J'ai tout de suite reconnu qu'il s'agissait d'un modèle intéressant. Une fois restauré, cela ferait un bel instrument. Je lui ai demandé ce qu'il en demandait. Il m'a répondu : « Cette clarinette ? » Et il m'a donné un chiffre ridiculement bas.

— Donc il te l'a vendu en croyant que c'était une clarinette ?

— Oui, avoua Jamie, l'air un peu penaud.

Isabel aurait voulu le réconforter. Ceux qui se lancent dans ce type de marché le font à leurs risques et périls. *Caveat emptor*, certes, mais aussi *caveat venditor*. Acheter un objet ancien à une personne âgée qui ne connaît pas sa valeur, ou bien acheter le même objet à un ivrogne ignorant, est-ce la même chose ? La seule différence, c'est que l'on a de la pitié pour ceux qui sont vulnérables, mais on n'en a pas pour les ivrognes. Ce n'est pas suffisant pour élaborer une distinction d'ordre éthique. La morale, du moins pour certaines écoles, réclame une cohérence et une objectivité hors du commun. Plus elle y pensait, plus elle trouvait ces exigences inhumaines. Les êtres humains ne fonctionnent pas ainsi. Faibles, illogiques, ils méritent l'indulgence.

— Ils ne devraient pas tarder, dit Jamie en regardant sa montre. Tu peux me dire qui sont ces gens ?

Isabel aussi regarda l'heure. Elle avait laissé passer le moment. Certes, ils avaient soigneusement évité les questions épineuses, mais elle avait du moins deviné dans son regard qu'il ne trouvait pas ridicule l'idée qu'ils soient autre chose que des amis. C'était important d'en être sûre.

— Tom Bruce.

Isabel serra la main qu'on lui tendait. Poignée de main ferme, typiquement américaine, révélant une personne directe et sans complications.

— Et voici Angie, dit-il.

Isabel était dans l'entrée, avec Mimi et les invités. Elle se tourna vers Angie, remarquant au passage la robe de cocktail décolletée et les escarpins vernis.

— Nous nous sommes en fait déjà rencontrés, dit Isabel. Vous avez certainement oublié. C'était à la galerie de Dundas Street, il y a une semaine ou deux. Nous nous sommes parlé.

— Oh, mais oui ! Je m'en souviens très bien, dit Angie, souriante. Tu sais bien, chéri, nous étions en train d'acheter ce tableau de... Comment il s'appelle déjà ?

— Cal... Cal...

Tom avait l'air très troublé. La malformation de sa bouche l'empêchait de prononcer correctement.

— Cadell ? suggéra Isabel.

— Oui, c'est ça, fit-il en regardant Isabel avec gratitude. C'est lui.

— C'est un de nos meilleurs peintres, dit Isabel. Mon père avait un de ses tableaux, mais il l'a donné, avant qu'ils ne prennent autant de valeur.

Je me demande parfois si je ne devrais pas le récupérer.

— Tom adore la peinture écossaise, poursuivit Angie. Et tout ce qui a trait à l'Écosse, d'ailleurs. Il est d'origine écossaise. Évidemment, avec ce nom. C'est un descendant de Robert Bruce.

— Nous n'en savons rien, corrigea Tom, visiblement embarrassé. C'est une possibilité que nous étudions. J'ai quelqu'un qui fait des recherches pour moi. Il me dit qu'il a trouvé des choses intéressantes. Ce serait la même famille. Mais je suis sûr que c'est très peu probable. Nous sommes originaires de l'est du Texas, voilà tout.

— Mais si c'était vrai, ce serait un lien avec une famille royale, dit Isabel. Vous imaginez ? Il n'y a plus de royaume d'Écosse depuis trois cents ans, et pourtant certains ne l'acceptent pas encore, vous savez.

Elle les guida vers le salon, où Jamie les attendait en discutant avec Joe. Mimi fit les présentations pendant qu'Isabel servait à boire.

— Puisque nous parlons de royauté écossaise, dit Isabel en tendant un verre de vin à Tom, notre ami Jamie a des sympathies jacobites.

Tom et Angie se tournèrent vers Jamie. Isabel remarqua que, contrairement à Tom, Angie gardait les yeux fixés sur Jamie, comme pour l'observer.

— Non, ce n'est pas vrai, protesta Jamie en levant la main.

— En tout cas je le soupçonne, poursuivit Isabel. Il en connaît un bout sur les Stuart. Il chante des mélodies jacobites.

— On ne croit pas forcément à tout ce qu'on chante, dit Jamie, cherchant un soutien du côté de Joe.

— Non, c'est vrai, opina celui-ci.

— Parfois, ce sont les causes perdues qui produisent les meilleures musiques, suggéra Isabel. Et aussi les meilleurs poètes. Prenez la guerre d'Espagne et Lorca. Les poètes étaient du côté des républicains.

— C'est quoi, les jacobites ? demanda Angie en se tournant vers Tom.

— Ce sont les fidèles des Stuart, répondit Isabel. *Jacobus* veut dire « Jacques » en latin. Beaucoup de Stuart ont été baptisés Jacques. Le prince Charlie était un Stuart.

— Tu te souviens, ma chérie, lança Tom en tapotant l'épaule d'Angie. La maison que nous habitons, je t'ai dit qu'elle était liée à la cause des jacobites. Il y a cette chambre.

— Ah oui, la chambre du prince, répondit Angie dont le visage s'éclaira.

— La légende veut que le prince Charlie y ait demeuré. Juste une nuit, paraît-il, et puis il a dû aller se cacher ailleurs. Nous avions pensé vous installer dans cette chambre, Mimi et vous, ajouta Tom en regardant Joe, quand vous viendrez nous voir.

— À condition que vous n'ayez pas peur des fantômes, déclara Angie avec un petit rire. J'ai cru le voir l'autre jour, c'était une espèce de forme blanche, légère...

Sans terminer sa phrase, elle se tourna vers Jamie.

— Et vous, Jamie, vous croyez aux fantômes ?

— J'avoue que je n'y pense pas beaucoup, dit Jamie avec un rire nerveux. Non, je crois que non. Je n'ai jamais vu de preuves, ni de fantômes d'ailleurs.

— C'est à Grace qu'il faut poser la question, fit Isabel en jetant un bref coup d'œil à Jamie. Mon employée de maison. Elle n'appelle pas ça des fantômes, elle parle de l'au-delà.

Elle non plus n'alla pas plus loin. En parlant ainsi de Grace, elle avait vaguement conscience de faire preuve d'une certaine déloyauté. Il était vrai que Grace assistait à des séances, ce qui lui avait toujours paru étonnant de la part d'une femme dotée d'un tel bon sens. Nous avons tous nos faiblesses, moi la première, songea-t-elle. Mais ce n'était pas le moment de s'analyser. Elle décida de changer de sujet de conversation. Elle se souvint alors qu'on appelait Mobile la cité des fantômes, ce qui l'avait toujours amusée.

— Il y a des fantômes à Mobile, non ?

— C'est ce qu'on dit, fit Mimi en levant la tête. Mais je ne vois pas pourquoi il y en aurait plus qu'ailleurs.

— Ils viennent du nord, observa Joe. Les gens vont passer leur retraite en Floride mais les fantômes vont à Mobile.

Joe était coutumier de cet humour à froid, qu'Isabel appréciait. Mais Angie avait l'air perplexe.

— Les fantômes voyagent ? demanda-t-elle.

— Ça, on ne sait pas, déclara Isabel.

Elle se tourna vers Tom : c'était très aimable à lui et Angie de l'avoir invitée, et elle le remerciait de cette attention. Pas du tout, répondit-il, c'était très gentil à Isabel et ses amis de remplir la maison. Ils allaient passer presque trois mois en Écosse, où ils ne connaissaient pratiquement personne. Ce serait un plaisir d'avoir de la compagnie. Mais vous êtes ensemble, se dit Isabel. N'est-ce pas assez ? Même quand on est amoureux, l'autre ne suffit pas toujours à vous stimuler. La présence réconfortante d'une seule personne peut éloigner le spectre de la solitude, mais trois mois, c'est long.

— Nous avons besoin de voir des gens, n'est-ce pas, Tom ? dit Angie, qui discutait avec Joe et Jamie. Parfois il faut que je sorte de la maison pour voir des gens, pas leur parler, juste les voir. Je vais faire un tour en voiture jusqu'aux petits commerces qui ne sont pas très loin. Je prends un café, comme ça je vois des gens.

— Oui, renchérit Tom. C'est pour ça que nous venons si souvent à Édimbourg. Je pensais que nous resterions cloîtrés à la maison, perdus dans la campagne, mais nous avons besoin de venir en ville.

Isabel hocha la tête. Pas étonnant quand on a choisi ce genre de retraite avec quelqu'un comme Angie. Elle, bien sûr, ne s'intéressait pas à la jeune femme, mais Tom devait bien lui trouver quelque chose. L'attirance sexuelle ? Étrange.

Elle l'examina furtivement, essayant d'imaginer à quoi ressemblait son visage avant d'être frappé par la paralysie de Bell. Il avait dû être beau, avec des traits forts, un nez bien droit, de beaux yeux. Seule la bouche était déformée, figée par la maladie dans une grimace permanente. Son physique était tout aussi impressionnant : la cinquantaine, mais pas un gramme de graisse, et bien bâti. Par-delà la déformation, c'était un bel homme. Angie l'avait peut-être pressenti, à moins qu'elle n'ait été attirée par autre chose : la maison de Preston Hollow, le personnel qui sans doute l'entourait, bonne mexicaine, jardinier, chauffeur. Tom interrompit sa rêverie en lui demandant sa profession. Il écouta attentivement les explications qu'Isabel lui donna sur la *Revue*. Il avait suivi plusieurs cours de philosophie à l'université de Dartmouth, et ils en discutèrent un moment. Puis Mimi croisa le regard d'Isabel et indiqua la direction de la cuisine. Il était temps de passer à la salle à manger.

Isabel avait laissé Mimi s'occuper du plan de table. Elle se retrouva assise à côté de Tom. En face d'elle, Jamie avait Angie pour voisine. Isabel passa la soirée à observer; chaque fois qu'elle regardait Angie, celle-ci était en pleine conversation avec Jamie. Il lui arrivait des bribes de ce qu'elle disait :

«Tom a été si gentil pour moi... On avait pensé à Paris, mais Tom est obsédé par l'Écosse... Vous ne connaissez pas Dallas ? Vous devriez... un jour... Et alors, vous n'allez pas me croire, elle l'a tué d'une balle de revolver. Tout le monde savait que ce n'était pas un accident. En tout cas, moi, je le savais...»

Isabel se demanda pourquoi elle l'avait tué, et qui était cette femme. Des femmes à bout de nerfs tirent sur des maris violents ou, par colère, sur des maris infidèles. Cela semblait peu probable, mais, après tout, cela se passait au Texas où, si scandaleux que cela paraisse, les armes font partie de la culture quotidienne. Cette fascination puérile et absurde pour les armes et ceux qui en font usage est bien la tare de la société américaine. Comment expliquer de tels errements ?

Le dîner se termina d'assez bonne heure, car Tom et Angie devaient rentrer en voiture à la maison qu'ils avaient louée, près de Peebles.

— Voyons, Jamie, dit Angie alors qu'ils étaient tous dans l'entrée. Tout le monde ici vient nous voir dans une semaine. On ne peut pas vous laisser tout seul à Édimbourg. Voulez-vous venir aussi ?

Tom leva la tête. Isabel pensa qu'il avait l'air surpris.

— Mais oui, pourquoi pas ? Cela nous ferait plaisir. Il y a assez de place.

— Ce serait parfait, dit Isabel en souriant à Jamie qui la regardait d'un air incertain.

— Merci, cela me plairait beaucoup.

Après le départ des invités, Isabel insista pour tout ranger, avec l'aide de Jamie, puisque Mimi avait préparé le repas. Une fois dans la cuisine avec lui, elle ferma la porte.

— Alors ? dit elle.

Jamie restait impassible.

— Alors ? répéta-t-elle. C'était Tom et Angie.

— Oui, répondit Jamie en mettant une assiette dans le lave-vaisselle.

— Oui.

Isabel passa derrière lui pour placer deux verres sur le plateau supérieur. Elle prit un autre verre, en vida le contenu.

— Tu avais l'air de bien t'entendre avec elle. Je n'ai pas pu m'empêcher d'écouter ce qu'elle disait. Au sujet d'une femme qui avait tué un homme. C'était quoi, cette histoire ?

— Un truc qui se passait à Dallas, dit Jamie en haussant les épaules. Quelqu'un qui avait épousé quelqu'un d'autre, un type dans le pétrole, et puis qui l'avait tué. C'est ce qu'elle a dit.

— Tué pour son pétrole. Il faut que Tom fasse attention, dit Isabel d'un air songeur.

Jamie resta un moment silencieux. Après avoir encastré quelques assiettes, il se retourna vers Isabel.

— Isabel, dit-il doucement.

L'espace d'une minute, Isabel crut qu'il allait la prendre dans ses bras. Le moment était bien choisi : ils étaient seuls, très proches l'un de l'autre. Son cœur se mit à battre à toute allure. Et puis elle vit qu'il levait le doigt, faisant semblant de la sermonner.

— Tu as une imagination débordante, ajouta-t-il.

Isabel se détourna. Elle était fatiguée, et il avait raison. Son imagination était excessive, de tous les points de vue. Elle ne s'étonnait pas qu'on puisse supprimer quelqu'un par intérêt. Elle se figurait que ce jeune homme, capable d'attirer n'importe quelle fille qui lui plaisait, allait la choisir, elle, une femme de quarante ans. Il lui fallait d'urgence brider son imagination et regarder la réalité en face, comme tout le monde. Je n'ai pas besoin de toutes les complications qu'entraînerait une intimité plus étroite avec Jamie, se dit-elle. Pourquoi galvauder une si belle amitié ? Une relation charnelle gâcherait immanquablement ses rapports avec Jamie, elle les entraînerait loin de leur innocence, dans un autre pays. Ils ne pourraient jamais revenir en arrière, aux jours de leur simple amitié.

Elle savait bien pourtant que nul n'est à l'abri. Incapables de résister aux appels de ce rivage fatal, tous viennent se fracasser sur son sable blanc.

11

Le lendemain, elle prit la décision d'aller voir Florence Macreadie. Ayant trouvé dans l'annuaire un numéro au nom de « F. Macreadie, St Stephen Street », elle passa un coup de fil pour entendre que cette dernière serait ravie de la recevoir chez elle à onze heures, « après les commissions ». Isabel, qui aimait cette expression un peu désuète, se sentit d'autant plus proche de Florence Macreadie. En Écosse, on ne va pas faire ses courses, on va aux commissions.

Pour se rendre à Stockbridge, elle prit son temps. Elle traversa les Meadows, descendit Howe Street, s'arrêtant pour regarder les vitrines, plongée dans ses pensées. Sur Howe Street, un magasin de tapis d'Orient annonçait des remises.

« Irrésistibles plaisirs d'Orient », disait la pancarte. Elle n'était déjà plus la même personne qui était passée devant cette vitrine, exactement une semaine auparavant, et avait jeté un rapide coup d'œil aux tapis exposés. Isabel Dalhousie, rédactrice en chef de la *Revue d'éthique appliquée*, domiciliée à Merchiston : aucune de ces marques extérieures d'identité n'avait changé. Pourtant elle s'était métamorphosée. Une semaine auparavant, elle considérait sa mère comme une sainte; elle savait aujourd'hui que les saints n'existent pas, que sa mère avait eu des faiblesses et un amant plus jeune. Une semaine auparavant, elle s'était crue capable de résister à la tentation; les événements avaient montré qu'elle ne l'était pas davantage que ses congénères. Ses yeux s'étaient dessillés, doublement, comme quand on grandit, qu'on commence à voir les choses d'un autre œil, à se transformer. Les révélations de Mimi sur le passé de sa mère avaient suscité chez elle des émotions contradictoires. Elle en avait voulu fugitivement à Mimi elle-même, la messagère. Pourtant elle ne lui avait guère laissé le choix; si quelqu'un méritait un reproche, c'était Isabel elle-même. Le respect le plus élémentaire de l'indépendance des autres nous interdit de les forcer à nous donner des informations, s'ils répugnent à le faire. Ce que nous savons, et ce que nous pensons, n'appartient qu'à nous, tant que nous n'avons pas fait le choix d'en parler à d'autres. Avoir des secrets peut sembler ridicule, voire injustifié, mais c'est un droit. Isabel repensait à cet auteur de romans historiques sur la marine anglaise qui considérait les questions que lui posaient les journalistes sur sa date de naissance comme une intrusion impardonnable dans sa vie privée. Elle avait trouvé cela absurde. Mais il avait sans doute des raisons d'être chatouilleux, s'étant lui-même inventé une jeunesse en Irlande purement fictive. Faut-il donc apprendre à se méfier des gens qui ne veulent pas donner leur âge et les soupçonner de mentir sur leur passé ?

Elle avait eu tort de forcer Mimi à lui dire la vérité. Non pas, d'ailleurs, que les informations fussent surprenantes : il y a beaucoup de mères adultères. Ce qui choquait surtout Isabel, ce qu'elle trouvait difficile à accepter et qui lui avait fait passer quelques nuits blanches, c'était d'apprendre que sa mère était exactement comme elle. Sa mère avait eu une liaison avec un homme plus jeune : précisément ce qu'Isabel se proposait de faire. *À cet égard, je suis comme ma mère. Ce comportement me vient d'elle.* L'idée que ce scénario était inscrit dans ses gènes et se répétait à la deuxième génération enlevait à son amitié pour Jamie toute individualité, toute singularité. Ce n'était plus un don qu'elle avait reçu, simplement le vulgaire effet d'un trait de caractère. Elle s'éloigna du magasin de tapis. À l'intérieur, le marchand, avide de clients, l'observait depuis un petit moment. Isabel avait croisé son regard à travers la vitre, par-dessus les piles de tapis. Elle était toujours sensible à ce genre de rencontres, qui, à son avis, n'avaient rien de fortuit. Quand on regarde un étranger dans les yeux, on établit une relation qui comporte des obligations morales, on reconnaît tacitement que l'on appartient à la même race, la race humaine, qu'on a des devoirs envers cette personne, si minimes soient-ils. Ainsi on n'oblige pas le bourreau à regarder sa victime dans les yeux. Posté derrière elle, il peut l'observer sans être vu ; il a le droit de porter un masque. S'il arrivait qu'il croise le regard de la victime, alors le lien moral serait noué, et ce lien lui interdirait de faire ce que lui demande l'État, tuer en son nom.

Ses pensées semblaient avoir dérivé bien loin de la vitrine du magasin de tapis. Les commerçants le savent pourtant : dès que ce rapport est noué avec un client potentiel, la probabilité que celui-ci se sente obligé d'acheter grandit d'autant. Les marchands de tapis d'Istanbul l'ont parfaitement compris ; le plateau de petites tasses de café à la turque, à moitié liquide, à moitié solide, que l'on vous offre n'est pas seulement un geste traditionnel d'hospitalité, mais aussi le symbole de ce lien entre vendeur et acheteur. Elle détourna les yeux et commença à s'éloigner de la vitrine, retenue par ce lien potentiel comme par un élastique sur le point de rompre. Enfin elle se retrouva libre, à proximité de St Stephen Street, avec seulement cinq minutes d'avance.

Quand Isabel frappa à sa porte, Florence rentrait à peine. Isabel remarqua le bord des manches élimé de l'imperméable bleu marine, de bonne coupe, et qui avait été à la mode autrefois ou du moins de bon goût.

— Je viens de rentrer. Je n'ai pas eu le temps de préparer du café ou autre chose.

— Je ne vous ai pas laissé le temps de vous retourner, s'excusa Isabel.

— Je n'ai pas l'habitude de faire de cérémonies, dit Florence en balayant du geste les excuses d'Isabel. On peut venir me voir quand on veut. Personne ne vient, évidemment. Mais c'est toujours possible.

Elle précéda Isabel à travers l'entrée et dans la cuisine. L'appartement était un peu plus en désordre que lors de sa première visite, mais il fallait alors faire bonne impression. Les agents immobiliers conseillent de présenter un cadre bien rangé ; l'idéal, c'est une odeur de pain tout juste sorti du four, censée mettre les acheteurs dans de bonnes dispositions.

Florence mit du café dans une cafetière à piston. À défaut de pain tout chaud, il y avait néanmoins l'arôme riche et appétissant des grains fraîchement moulus. Elle poussa une pile de papiers sur le bord de la table.

— Il faut que je fasse du tri, dit-elle, mais je repousse toujours à plus tard. On accumule tellement de choses et c'est si difficile de s'en séparer. Pour moi, en tout cas, c'est difficile. C'est comme de jeter son passé à la corbeille.

Isabel jeta un coup d'œil à la pile, qui lui semblait être surtout constituée de vieilles factures, de lettres commerciales, de circulaires. Pas de courrier personnel.

— C'est parfois salutaire pourtant, dit-elle. C'est cathartique de se débarrasser des choses.

Florence soupira.

— Et si ces vestiges étaient notre vraie vie ? Chacun est lié à un événement, heureux ou malheureux.

Elle s'interrompit et Isabel remarqua qu'elle avait les yeux d'un gris moucheté rare.

— J'ai été professeur d'anglais, vous savez, et quand j'exerçais, il m'arrivait de garder les essais de certains élèves. Je les ai encore. Je n'arrive pas à les jeter. Je les conserve en souvenir des jeunes qui les ont écrits. C'est tellement triste.

— Triste ? Mais pourquoi ?

— Quand on est professeur, on développe des liens affectifs très forts avec ces jeunes que l'on voit tous les jours. Comment pourrait-il en être autrement ? On apprend à les aimer ; quand ils partent pour vivre leur vie, ils nous manquent terriblement. Tout change. On a été pendant si longtemps un personnage important de leur vie et voilà que, tout à coup, ils n'ont plus besoin de vous. Cela m'a toujours attristée.

Elle regarda Isabel comme si elle guettait sa réponse. Isabel comprit qu'elle était en train de la jauger, comme on le fait quand on ne sait pas très bien si l'interlocuteur est capable de comprendre ou désireux d'aller plus loin.

— Je comprends, assura Isabel. Je comprends très bien.

— Dans ce métier, la chose la plus difficile, continua Florence, c'est de dire adieu à tous ces jeunes. Évidemment, il y a parfois des choses plus dramatiques.

Elle resta un moment silencieuse, plongée dans ses souvenirs, avant de continuer :

— J'ai eu un élève brillant, un très gentil garçon. Mais il avait un de ces cancers qui touchent les enfants. Malgré tous les traitements, on savait qu'il était perdu. Lui voulait aller de l'avant et faire les mêmes choses que ses camarades, sortir, faire du sport. Il y arrivait d'ailleurs en grande partie.

Isabel écoutait. À l'arrière-plan, la bouilloire arriva à ébullition, puis s'arrêta automatiquement. Florence n'y prêta pas attention.

— Il savait ce qui l'attendait, mais il n'en parlait pas. Nous respections son désir. Quand il a quitté l'école, je lui ai souhaité bonne chance, en essayant de retenir mes larmes. Je me souviens qu'il était là devant moi, souriant, et moi je lui exprimais tous mes vœux de réussite pour ses études. Il voulait aller à l'université, vous comprenez. Quand il est sorti, j'ai éclaté en sanglots. Nous faisons tous de notre mieux ; mis à part l'aumônier, nous avions beaucoup de mal. Je ne sais pas pourquoi je vous ennuie avec ça, dit-elle soudain.

— Cela ne m'ennuie pas du tout, au contraire.

— Un jour je suis entrée dans une salle de classe pour chercher quelque chose que j'avais oublié. Je croyais la salle vide et puis j'ai vu l'aumônier assis à côté de ce garçon, un bras autour de ses épaules. Manifestement, le jeune avait pleuré et il essayait de le réconforter. J'ai refermé la porte doucement. Je crois qu'ils ne m'ont pas vue. Voyez-vous, mademoiselle Dalhousie, je ne crois pas en Dieu. J'ai essayé de temps à autre, mais je n'y arrive pas. Mais qui trouvons-nous à nos côtés à chaque fois que nous avons besoin de réconfort ? Qui choisissons-nous pour nous aider à mourir ? Un athée ou un croyant ?

Il y a pourtant des athées qui sont tout à fait capables de faire acte de charité, pensait Isabel. En outre, il vaut peut-être mieux mourir sans être sûr de l'existence de Dieu si l'on a vécu ainsi toute sa vie.

— Je connais des athées qui sont très ouverts aux malheurs des autres. Il faut être juste.

— Peut-être, répondit Florence. Mais rien dans la doctrine de l'athée ne l'oblige à aimer son prochain, n'est-ce pas ?

— Mais au contraire ! répliqua Isabel, qui ne pouvait laisser passer de tels propos sans réagir. Même si on ne croit pas en Dieu, cela n'empêche pas de mettre au premier plan la générosité et le respect des autres. C'est le fondement de la morale.

Le regard de Florence s'éclaira.

— C'est vrai ! La morale de tous les jours dit qu'il ne faut pas faire de mal aux autres, mais elle n'exige pas qu'on aille plus loin et qu'on les aime. De toute façon, poursuivit-elle, les gens ne vont pas faire l'effort d'aimer leur prochain rien que pour obéir à une théorie. Pas moi, en tout cas. Ce sont des choses qu'il faut enseigner et rabâcher sans cesse.

— Les bonnes manières du cœur, murmura Isabel.

— C'est ça. Alors la religion est dans son élément, vous ne trouvez pas ?

Elle se retourna et versa l'eau chaude dans la cafetière.

— Je ne sais pas comment j'en suis arrivée à parler de tout ça. Vous n'êtes pas venue discuter de théologie, je suppose ?

— Pas vraiment, répondit Isabel en riant. Mais j'aime bien ce genre de sujets. Si je suis venue…

— C'est au sujet de l'appartement.

— Oui.

— Je présume que votre notaire a eu connaissance de ma proposition ? demanda Florence en servant à Isabel une tasse de café.

Isabel hocha la tête.

— En effet. C'est très généreux de votre part.

Florence alla s'asseoir en face d'Isabel et se réchauffa les mains autour de sa tasse.

— J'ai eu énormément de visites depuis que j'ai mis l'appartement en vente. Une trentaine, je crois.

Isabel compatit; elle imaginait quel dérangement cela pouvait causer.

— Certains n'ont pas du tout l'intention d'acheter, dit Florence en souriant. Vous savez qu'il y a des gens qui vont visiter tous les appartements à vendre? Ils regardent partout, c'est de la curiosité pure et simple. Ils ouvrent les placards, commentent la décoration, et ainsi de suite. On m'avait mise en garde, et je crois que j'en ai repéré quelques-uns. Il y a eu une femme de Clarence Street, tout près, qui ne s'est pas aperçue que je l'avais reconnue. Elle voulait savoir à quoi ressemblait la maison.

Isabel essaya d'imaginer une vie assez vide pour n'avoir que cela à faire, et le culot qu'il fallait pour s'introduire ainsi chez les autres. Puis elle repensa à la maison au bout de sa rue, dont elle avait toujours eu envie de voir l'intérieur. Si un jour elle se trouvait à vendre, résisterait-elle à la tentation?

— Je vous assure, dit-elle sur un ton léger, que je suis très intéressée.

— Oh, mais j'en suis sûre! Je n'en ai jamais douté, pas une seconde. Je l'ai tout de suite vu.

Isabel s'éclaircit la gorge.

— Il y a quelque chose que je voudrais mettre au point. Quand je suis venue l'autre jour...

— Je vous en prie, interrompit Florence en levant la main. Je n'aurais pas dû dire ce que j'ai dit. Depuis, je me sens gênée. Et maintenant elle me dit que vous n'avez pas l'intention d'habiter là avec... ce jeune homme.

— C'est vrai.

— Mais cela ne fait aucune différence, dit Florence. Ma proposition reste ouverte. Vous pouvez acheter l'appartement au prix que j'ai suggéré.

Elle avala une gorgée de café. Isabel s'aperçut qu'elle l'observait par-dessus le bord de la tasse, avec un mélange d'approbation et d'envie, comme une maîtresse d'école devant un élève qu'elle aime bien mais qui a un peu trop de personnalité.

— Puis-je savoir pourquoi vous voulez que je l'achète ? demanda Isabel. J'espère que ma question ne vous paraît pas grossière, mais je voudrais vraiment savoir.

— Parce que j'ai de la sympathie pour vous, mademoiselle Dalhousie, répondit Florence en reposant sa tasse. C'est une des raisons. C'est aussi simple que ça.

— Mais vous me connaissez à peine ! Je ne vois pas comment vous pouvez savoir à quoi vous en tenir sur moi après une seule rencontre. Quoi qu'il en soit, vous vous trompez sur ma situation. Ce jeune homme...

— Ce jeune homme n'est qu'un ami. J'ai bien pensé que c'était ça quand on m'a rapporté votre visite. La personne qui s'occupe de la vente a même dit... Pardonnez-moi de mentionner ça, mais elle m'a dit qu'elle ne croyait pas à cette histoire de liaison.

Ce n'est jamais agréable pour un menteur d'être démasqué. Isabel se mit à rougir, manifestation physique naturelle et brûlante de la honte qu'elle ressentait. Florence s'en aperçut et sembla craindre d'avoir été trop loin.

— Je suis désolée. Je n'aurais pas dû vous raconter ça. C'est donner trop d'importance à quelque chose qui n'en a pas. Je suis sûre qu'elle n'a pas compris. Vous n'avez pas cherché à lui mentir.

— Si, dit Isabel simplement. Je lui ai dit que Jamie et moi avions une relation. J'ai employé ces mots.

— Ah bon ?

— Je ne sais pas ce qui m'a pris. J'en avais peut-être assez de la condescendance des couples. Vous voyez ce que je veux dire ?

Florence posa la main sur le bras d'Isabel.

— Je suis célibataire. Je vois parfaitement ce que vous voulez dire.

Isabel baissa les yeux et s'absorba dans la contemplation de la toile cirée, qui semblait française ; de petites cornes d'abondance déversaient leur contenu devant des pique-niqueurs surpris. Une variation sur le motif du *Déjeuner sur l'herbe*.

— C'est ridicule. Il y a seulement une semaine, ma vie était un livre ouvert. Aujourd'hui, j'ai l'impression que je me suis fourrée dans un tissu de malentendus et de mensonges. Sans raison.

Florence se mit à rire et cela détendit l'atmosphère.

— Oublions tout ça. Ce qui compte, c'est qu'apparemment vous achetez cet appartement pour une personne qui travaille pour vous. C'est une bonne raison pour que je désire vous le vendre.

Isabel protesta, mais Florence n'en démordait pas.

— Si vous aviez vu certains de ces gens qui sont venus visiter depuis la mise en vente, vous comprendriez ce que je ressens. Quelques-uns étaient assez aimables, mais beaucoup étaient tout simplement insupportables. Matérialistes, mal élevés. Pas mal d'entre eux se sont même montrés très condescendants. Je voyais bien ce qu'ils pensaient de moi : une femme d'une soixantaine d'années, sans intérêt, sans importance, une quantité négligeable. Et puis vous êtes venue, avec votre jeune homme. Et je me suis dit tout à coup : Mais pourquoi est-ce que j'irais vendre à des gens que je n'aime pas ? Je n'ai pas besoin d'argent. Je suis à l'aise, avec ma retraite, l'héritage et la maison de Trinity. Je n'en veux pas davantage.

Elle s'interrompit pour boire son café. En face d'elle, Isabel regardait par la fenêtre, réfléchissant à ses paroles. Elle voyait bien la logique de sa décision. Il lui fallait dire oui : savoir accepter est aussi important que savoir donner.

— Vous êtes très généreuse, dit-elle en hésitant. J'ai les moyens de payer davantage, vous savez. Je ne suis pas à court d'argent.

Elle sentit peser sur elle la douceur du regard gris et intelligent de Florence.

— Je le sais.

Comment le savait-elle ? Isabel avait-elle l'air riche ? Il y a des gens dont on devine qu'ils sont riches, mais ce n'était sûrement pas son cas. C'est une sorte d'assurance qui vient de l'absence de toute inquiétude pour l'avenir, conjuguée à une présentation soignée. C'était facile à confondre avec l'arrogance.

— Restons-en là, suggéra Florence. Réfléchissez à ma proposition. D'ici deux jours, mettons, votre notaire nous contactera pour nous dire si vous acceptez. Cela vous conviendrait ?

Isabel fit un geste d'acceptation résignée. Florence sourit et se saisit de la cafetière pour la resservir.

— Vous avez de la chance d'avoir un ami comme ce jeune homme, dit-elle.

— Je sais.

— Vous l'aimez beaucoup, ça se voit. Et lui aussi d'ailleurs.

— Oui.

Florence posa sa tasse exactement au-dessus d'une corne d'abondance. Les convives, figés dans le temps, semblaient lilliputiens.

— Cela ne pourrait pas se transformer en histoire d'amour ? demanda Florence avec hésitation, guettant la réaction d'Isabel, prête à faire marche arrière.

Isabel, pourtant, ne se sentait pas offusquée par la question.

— C'est presque fait. Je crois que nous sommes à un tournant. C'est difficile à dire.

— Vous devriez vous lancer, dit Florence. Regardez-vous, vous êtes encore jeune par rapport à moi. Si lui en a envie, pourquoi vous priver ?

Ce n'est pas aussi simple que ça, se disait Isabel. Transformer une amitié en quelque chose de plus érotique était risqué. Cela ne se passe pas toujours très bien.

— Je ne peux pas m'en empêcher, dit-elle enfin, je pense toujours aux implications des choses. Je sais bien que c'est la meilleure façon de ne pas prendre de décision, mais je suis comme ça. Je ne peux pas agir spontanément.

La réponse de Florence fut brutale :

— Alors, quand vous aurez mon âge, il faudra vous tenir prête à verser des larmes et à regretter de n'avoir pas su saisir l'occasion qui se présentait. Autrefois quelqu'un m'a demandé de vivre avec... avec elle.

Elle n'avait eu qu'une très brève hésitation.

— Et j'ai dit non, à cause de ce que les gens pourraient penser. Ce serait différent maintenant, mais à l'époque c'était comme ça, et on se fichait pas mal du bonheur des gens. Je crois que nous aurions été très heureuses ensemble, comme amies, vous comprenez, pas davantage. Elle avait un appartement dans Dean Village, vous connaissez? Juste sous le pont qui donnait sur l'étang du moulin. C'était comme habiter un décor d'opéra. Nous aurions été heureuses.

— On devrait moins se soucier d'être désapprouvé, et pourtant personne n'aime ça.

Florence regardait par terre avec une expression de regret.

— Allez-y, dit-elle en levant les yeux, lancez-vous.

— Et si ça se passe mal?

— On ne pense pas à ça dans les débuts. Heureusement, parce que sinon…

— Vous avez sans doute raison.

Il y eut un silence. Isabel était arrivée à une décision, mais elle ne voulait pas en informer Florence. Elles avaient eu une conversation intime, échangé des confidences, mais elle gardait sa prudence naturelle. Elle n'était pas venue là pour parler de ses états d'âme; la façon dont cette femme l'avait encouragée la surprenait. Peut-être avait-elle une tendance marquée au romantisme? Certaines personnes passent leur temps à essayer de rapprocher des couples possibles, comme si l'idée d'apparier le monde entier était une sorte de catharsis. Ce n'était sans doute pas le cas de Florence. Le fait d'encourager cette liaison lui apportait peut-être une sorte de plaisir par procuration. Et puis il y a le plaisir que l'on éprouve parfois en observant les amours des autres. Dans la mesure où notre vie se passe à penser aux actions des autres, à les regarder vivre, à essayer de les émuler, cela n'avait rien d'étonnant.

— Il faut que j'y aille, dit-elle en se levant.

Florence resta assise.

— Je vous ai offensée, je le vois. Je me mêle de ce qui ne me regarde pas.

— Pas du tout, répondit Isabel en secouant la tête. Vous ne m'avez pas offensée, vous m'avez donné à réfléchir. Ce n'est pas pareil.

En redescendant, Isabel rencontra sur le palier le chat qu'elle avait vu lors de sa première visite. Assis sur une chaise, la queue pendant sous le siège, il la vit venir avec méfiance, leva la tête et soutint son regard un instant, avant de se retourner vers la balustrade pour fixer un objet invisible aux simples humains, et de fermer les yeux, comme pour la congédier. Elle s'éloigna. Dans le monde moderne, nombreux sont ceux qui voudraient afficher ce parfait contrôle de soi, et paieraient cher pour acquérir la magnifique indifférence et la nonchalance insouciante de ce chat. C'est voué à l'échec. Question d'espèce avant tout : les humains manquent de retenue et sont trop soumis à leurs émotions. La magistrale psychopathie du chat leur reste inaccessible.

12

Le week-end chez Tom et Angie approchait. Isabel avait très envie de vacances. Elle était restée en ville tout l'été, s'étant laissé surprendre par l'arrivée du mois de juin et du beau temps. Elle avait vaguement pensé partir deux semaines en Italie ou à Istanbul, sans rien organiser. D'ailleurs mieux vaut aller dans ces pays en septembre ou en octobre; il fait moins chaud et il y a moins de monde. Et puis… Mais non, Jamie ne pourrait pas s'absenter à ce moment-là, en pleine année scolaire, et abandonner ses cours de basson. Elle lui suggérerait un voyage plus court, un long week-end, dans une des Hébrides, Harris par exemple, et ses roches granitiques qui affleurent sous l'herbe, son horizon atlantique. Pendant que Jamie s'adonnerait à la pêche dans un des lochs, elle irait se promener le long de cette bande de côte où viennent se briser les vagues vertes et froides, où l'on imagine très bien ces saints écossais venus d'Irlande débarquer de leurs petits bateaux, leurs soutanes trempées. Mais à quoi bon y penser maintenant? Il fallait s'attaquer à la préparation du prochain numéro de la *Revue*, répondre aux critiques qu'un des auteurs avait émises au sujet de ses corrections. C'était un professeur d'éthique d'une université allemande, très fier de sa maîtrise de l'anglais, orgueil parfois justifié, mais pas toujours. Isabel avait essayé de lui faire comprendre qu'en anglais l'inversion est à utiliser avec beaucoup de parcimonie, sous peine de commettre un solécisme. Mettre le verbe en fin de phrase, sans être impossible, est rare. «Très sérieusement doit la question de l'imagination morale être abordée», écrivait-il. Très irrité des corrections opérées par Isabel sur les épreuves, il avait noté rageusement : «Faux, cela peut l'être, mais faux ici, cela ne l'est pas.» Isabel avait souligné le caractère archaïque et obscur d'une telle phrase, pourtant techniquement acceptable. À cela il avait rétorqué : «La philosophie doit-elle être facile? Pour qui écrivons-nous? Pour le philosophe ou pour quelqu'un qui vit dans la rue?» Il avait voulu dire «l'homme de la rue». Cette confusion supplémentaire avait fait sourire Isabel. Par définition, l'homme de la rue ne vit pas dans la rue.

Grace entra dans son bureau avec une tasse de café.

— Vous avez l'air épuisée, dit-elle en la posant devant Isabel. J'ai pensé que vous aviez bien besoin de ça.

— Bonne idée. Dites-moi, Grace, quand vous entendez «quelqu'un qui vit dans la rue», cela veut dire quoi pour vous?

— Oh là là, on en voit partout, répondit Grace en fronçant les sourcils. Vous vous êtes promenée du côté de Playfair Steps récemment? Il y en a plein dans ce coin-là.

— Des mendiants?

— Certains oui, pas tous, expliqua Grace d'un air désapprobateur. Il y en a qui vendent de la drogue.

— Et qui en consomment aussi.

— Bien sûr. Mais ce sont les mendiants que j'ai du mal à supporter. Autrefois, ils étaient vieux et ils avaient de la repartie. Je me souviens d'un type qu'on appelait le Vagabond de Glasgow Road. C'était un type extraordinaire. Il portait un vieux casque militaire; il disait à tout le monde qu'il venait d'arriver de Glasgow et qu'il avait besoin d'une bonne tasse de thé.

Isabel sourit à ce souvenir. Toute la ville l'aimait, tout le monde lui donnait de l'argent. Mais c'était un vrai vagabond, les chaussures renforcées par du papier journal, la démarche déterminée. L'essence même d'un vagabond, c'est d'être capable de vagabonder. Les shakers tremblent et les derviches tourneurs tournent.

— Mais les nouveaux, poursuivit Grace, ils ont dix-neuf, vingt ans. Ils restent là, vautrés, ils demandent de l'argent. Je ne leur donne jamais rien. Ils peuvent travailler. Dans cette ville, il n'y a pas vraiment de chômage. Partout on voit des offres d'emploi. Par exemple, dans tous les cafés on cherche des plongeurs.

Isabel écoutait poliment. Grace disait vrai, mais seulement dans une certaine mesure. Certains de ces jeunes avaient fui leur foyer à Dumfermline ou Airdrie, pour échapper aux mauvais traitements, à la tyrannie ou simplement au chaos : ils étaient vraiment sans abri. N'ayant aucune qualification, ils se retrouvaient dans la rue, c'était la voie de la facilité.

— Moi non plus, je ne donne pas d'argent, dit Isabel doucement. Mais il m'arrive de me sentir coupable.

— Et pourquoi donc ? grommela Grace. On sait très bien ce qu'ils vont faire de cet argent. Alors pourquoi se sentir coupable ?

Isabel ne répondit pas. C'était difficile de défendre les jeunes mendiants de Playfair Steps, même s'ils méritaient d'être défendus. Elle se souvenait d'un voyage en Inde, et du trajet depuis l'hôtel jusqu'à l'aéroport dans une Ambassador blanche, à travers la circulation indienne qui offre le spectacle d'une chorégraphie somme toute bien rodée, où se mêlent vaches et hommes dans un nuage de gaz d'échappement et sur laquelle veillent sans doute des dieux protecteurs. Terrifiée par l'imminence d'une collision, elle avait vu se précipiter vers la voiture une femme portant son tout petit bébé, une infime bribe d'humanité, enroulé dans un linge autour de sa taille. La femme griffait la vitre avec une main qui ressemblait plutôt à une serre humaine, sans doute à cause de la lèpre. Elle avait regardé cette femme avec une horreur intense que la surprise l'empêchait de dissimuler. Et puis elle avait détourné les yeux, tandis que la femme continuait à suivre la voiture qui roulait lentement, grattant toujours à la vitre avec des supplications désespérées. Il lui semblait que toute la misère du monde se trouvait là, de l'autre côté de la portière; si la voiture s'arrêtait, elle serait submergée, et elle-même engloutie. Une fois installée dans l'avion, disposant de toutes les ressources du carburant et de la technologie pour fuir un Bombay surpeuplé, elle pensait toujours à cette pauvre femme, sans doute affamée à cette heure, incapable de nourrir ce bébé minuscule. En entrouvrant sa vitre, en lui jetant quelques roupies, elle lui aurait rendu la vie supportable pendant quelques jours. Pourtant elle ne l'avait pas fait.

Pour elle, la façon de réagir à la mendicité était du domaine privé. Les questions qui nous rappellent que nous possédons une faculté morale, qui est notre conscience, ce n'est pas dans les amphithéâtres universitaires qu'elles se posent, mais dans la vie quotidienne : qu'est-ce que je dois à mes amis ? Dois-je faire preuve de plus de bonté ? Suis-je trop égoïste ? Est-ce que je dois vraiment déclarer cet argent au fisc ? Pour la plupart des gens, là s'arrête la philosophie morale.

Grace attendait toujours sa réponse.

— D'accord, il n'y a pas de raison. Vous savez bien que je pense trop à ces choses. Je sais que c'est un défaut, mais c'est plus fort que moi.

Grace l'observait silencieusement. Elle connaissait bien sa patronne, mieux sans doute qu'Isabel ne l'imaginait. Isabel ne se trompait pas en soulignant sa propension à mener de longs débats internes au lieu de prendre une décision et d'agir.

Ce n'est pas forcément un défaut. Quand Isabel parlait des principes éthiques qui s'appliquent à tous, Grace était d'accord avec elle. Isabel menait une vie irréprochable : elle était bonne, elle avait de la sympathie pour les gens. Dans son milieu, c'était assez rare. Dans certains domaines de la vie d'Isabel, pourtant, ce qu'il fallait, c'était plus d'actes et moins de paroles. Il fallait peut-être que Grace intervienne. De toute façon, elles s'étaient toujours parlé franchement...

— Je sais bien ce que vous pensez. Mais il y a des choses sur lesquelles il ne faut pas hésiter autant. Il faut décider ce qu'on va faire et se lancer.

— Le travail, par exemple, dit Isabel en montrant la pile de feuilles sur son bureau.

Grace eut un geste méprisant en direction de la corbeille à papier. Ce n'était pas ce qu'elle voulait dire. Elle pointa son cœur du doigt.

— Ce garçon.

Isabel resta parfaitement immobile, comme prise en flagrant délit. Seuls ses yeux bougeaient.

— Jamie ?

— Oui. Vous vous aimez, non ?

Isabel ne sut quoi dire. Non seulement elle était surprise que Grace ait d'elle-même abordé le sujet, et qu'elle ait deviné des sentiments qu'elle ne croyait pas si visibles, mais Grace avait dit « vous vous aimez ».

— Vous croyez ? dit-elle d'une petite voix. Vous croyez qu'il m'aime ? Lui aussi ? ajouta-t-elle, car elle n'avait plus rien à cacher à Grace maintenant.

— C'est évident, lança Grace sans hésitation. Il vous adore. Ça se voit.

Isabel, que l'angoisse rendait nerveuse, se détendit. Elle était reconnaissante à Grace de lui avoir dit ce qu'elle avait tellement envie d'entendre, sans oser espérer. Qu'en pensait Grace, au fond ? Elle n'avait pas exprimé d'opinion, mais pas de désapprobation non plus.

— Vous croyez que je devrais faire quelque chose ?

— Il ne fera jamais le premier pas, répondit Grace très vite. Il est plus jeune que vous, n'oubliez pas.

Comment pouvait-elle l'oublier ? C'était le cœur du problème.

— De toute façon, continua Grace comme si elle lisait dans ses pensées, cela n'a pas d'importance de nos jours.

— Vous croyez ?

— Bien sûr. Il y a une dame qui vient au cercle de spiritisme qui est mariée à un homme beaucoup plus jeune. Au début, je l'ai pris pour son fils. Quelqu'un a même fait la réflexion pendant une réunion, mais elle en a ri. Non, ce n'est pas le problème.

Isabel attendit ; si ce n'était pas la barrière de l'âge, qu'était-ce donc ?

— C'est Cat le problème.

— Mais je crois qu'il commence à se détacher, dit Isabel. Il a fini par comprendre qu'elle ne reviendrait jamais avec lui. Cela lui a pris du temps, mais je suis sûre que maintenant il a compris.

— Ce n'est pas lui qui m'inquiète, c'est elle. Si elle découvre que vous et Jamie, vous êtes... vous êtes ensemble, elle va être furieuse.

Cela sembla très injuste à Isabel, entre autres choses.

— Comment ? Mais elle a rejeté Jamie, elle a clamé partout qu'elle ne l'aimait pas et qu'elle ne l'aimerait jamais. Moi, je ne comprends pas ça, mais c'est ce qu'elle dit. Qu'est-ce que cela peut lui faire maintenant ?

Grace regarda Isabel avec une certaine pitié. Elle avait beau être philosophe, il y avait des évidences qui lui échappaient.

— Parce que vous êtes sa tante, dit Grace en parlant très distinctement. Sa tante. Je suis persuadée que beaucoup de femmes seraient jalouses que leur tante sorte avec un exfiancé. C'est comme ça.

Grace attendit, mais Isabel n'avait rien à dire. L'euphorie avait laissé la place au désespoir. C'était là une nouvelle complication, plus grave que les précédentes. Cat était sa nièce, sa parente la plus proche. Il leur était arrivé de se brouiller, mais elles s'étaient toujours réconciliées. Il n'en irait peut-être pas de même cette fois-ci, puisque on touchait à la jalousie sexuelle, cette zone sombre et primitive de l'âme humaine.

— Vous comprenez, conclut Grace, on sait que Cat va réagir de cette façon, parce que les gens sont humains. C'est ça que vous devriez écrire dans votre revue.

Elle fit un mouvement de la tête en direction de la pile de manuscrits.

— Les gens sont humains. Pensez-y.

13

Le solstice d'été tombait deux jours plus tard. Isabel avait toujours pensé que l'Écosse était bien mal pourvue du côté des solstices. Quand la troisième semaine de juin arrive, l'été vient à peine de commencer. Même si la différence est imperceptible, les jours se mettent déjà à raccourcir. Le solstice d'hiver aussi semble être une mauvaise plaisanterie, dans la mesure où le pire est encore à venir, alors que les jours sont censés rallonger. Aussi, quand Peter Stevenson lui déclara au téléphone qu'il avait décidé de faire quelque chose pour le solstice d'été, elle fut enthousiaste.

— Tu veux le reculer d'un mois ? Quelle bonne idée ! Mais comment vas-tu faire ? Je sais que tu es très influent, mais quand même…

— Non, non, dit Peter en riant, on organise une fête, tout à fait improvisée, comme tu peux voir, puisqu'on te prévient deux jours avant.

— Je suis toujours libre si longtemps à l'avance. Mais j'ai des invités chez moi, une cousine et son mari.

— Parfait, dit Peter. Ils seront les bienvenus.

Ces invitations impromptues étaient celles qu'Isabel préférait. Elle n'aimait pas les cocktails, sauf si elle était dans cet état d'esprit plutôt rare qui les rendait supportables, ou bien quand elle en était l'organisatrice. Elle pouvait alors s'absorber dans ses devoirs et ne pas se laisser coincer. Car c'était là l'inconvénient. Impossible naturellement de bavarder avec les mêmes personnes toute la soirée, mais comment s'échapper ? Annoncer « Je ne veux pas vous monopoliser » revient à dire « Allez donc parler à quelqu'un d'autre », et affirmer « Il faut que j'aille discuter avec un tel ou un tel » signifie « Moi, je peux aller d'un groupe à l'autre, mais vous, vous devez rester ici ». Dans les cas extrêmes, on peut déclarer que l'on va s'évanouir ; alors on vous suggère immédiatement d'aller vous asseoir, plus loin. Certes, cela permet de bouger, mais il ne faut pas en abuser, sinon on a vite fait d'acquérir la réputation de s'évanouir à la moindre occasion.

— En enfer, on est invité à des cocktails, prétendait un ami d'Isabel. Il y en a un tous les soirs. Je crois qu'il n'y a rien à boire, mais on est obligé d'y aller. Cela ne m'amuse pas, poursuivait-il d'un air sombre, vraiment pas du tout.

Isabel lui avait demandé comment il faisait pour ne pas se laisser piéger. Il avait réfléchi un moment.

— Un truc qui marche, c'est de parler de ses maladies contagieuses. Ça fait parfois bouger les gens. L'autre option, c'est de suggérer un vrai débat sur la religion. Ça marche bien aussi.

Il ne s'agissait pas ici d'un cocktail comme un autre. West Grange House, une demeure géorgienne entourée de murs, occupait le centre d'un vaste jardin, transformé pour l'occasion. Sous les deux grands chênes au milieu de la pelouse, on avait disposé de longues tables sur tréteaux, recouvertes de nappes blanches et flanquées de chaises en bois, au moins une quarantaine. Le couvert était mis, serviettes blanches, verres, argenterie. Au bord de la grande rocaille, une table accueillait le bar; dans une vieille baignoire en fer-blanc trônait un gros morceau de glace, qui semblait attendre le ciseau du sculpteur; les bouteilles avaient été mises à rafraîchir tout autour.

Isabel aimait cet endroit; sa tranquillité sereine, cette impression d'être loin de la mêlée lui semblaient essentielles dans une maison. Ici, tout avait été pensé, rien n'était laissé au hasard. Cette réception, décidée à peine deux ou trois jours auparavant, semblait avoir été planifiée depuis des semaines.

Joe et Mimi avaient été présentés à Peter et Susie, qui les avaient entraînés vers un autre convive. Isabel, un verre à la main, s'avança sur la pelouse, échangeant des signes de tête avec des connaissances çà et là dans des groupes d'invités. La soirée était chaude et le ciel dégagé, faisant mentir les appréhensions d'Isabel sur les caprices du climat écossais. C'était peut-être là le résultat du changement climatique, l'arrivée de conditions méditerranéennes, la migration des espèces vers les contrées nordiques : requins-marteaux en mer d'Irlande (incroyable !), scorpions dans les villages d'Angleterre. Hélas, elle se souvenait d'avoir lu que le réchauffement de la planète ne promettait à l'Écosse que plus de pluie et moins de soleil encore.

En levant les yeux, elle eut une impression de vertige, comme toujours quand elle contemplait un ciel vide ; l'œil cherche en vain un point où se raccrocher. Cela fait tourner la tête, mais rend aussi plus humble. Nos prétentions humaines, cette illusion que l'homme seul compte, tout cela est balayé par la contemplation du ciel et la perception de notre insignifiance. Les plus grandes villes, nos plus belles symphonies, l'*Encyclopaedia britannica*, les gadgets les plus perfectionnés ne sont rien en vérité que l'arrangement momentané d'un très petit nombre d'atomes sur la surface minuscule que nous occupons. Rien d'autre.

— Le désespoir des singes.

Isabel se retourna. Mimi arrivait, un verre de ce qui semblait du champagne à la main.

— Oui, dit Isabel en jetant un coup d'œil à l'arbre au fond du jardin. C'était très populaire à l'époque victorienne. Ils en mettaient partout.

— Vous avez de la chance d'avoir un sol comme celui-là, aussi riche, aussi fertile. À Dallas, la terre de mon jardin est argileuse, elle se dessèche tout de suite.

Isabel eut l'impression que Mimi se le reprochait.

— On ne peut pas faire grand-chose à la nature du sol, ni au climat.

Mimi admirait les massifs de rhododendrons en fleur, roses et rouges, étincelant sur le fond vert sombre des feuilles, qui bordaient un des murs du jardin.

— Quand même, dans une certaine mesure, on est responsable du sol qu'on a. Rappelle-toi les tempêtes de poussière des années trente et la soude épineuse ? C'était l'effet de la cupidité. On ne fait que répéter ce genre d'erreurs, hélas. Il n'y a qu'à aller à Las Vegas pour s'en rendre compte, si on en a le courage. Et il ne faut pas oublier que c'est en plein désert. On a réussi à édifier cette catastrophe écologique en plein désert.

— Je suppose que Las Vegas a des amateurs, dit Isabel.

Un oiseau sautillait dans les buissons, agitant les feuilles.

— Je te demande pardon, lança soudain Mimi. Je m'en veux de t'avoir raconté cette histoire sur ta mère.

— Je suis contente que tu m'aies mise au courant. Et c'est moi qui l'avais demandé. Si tu avais refusé, j'aurais su que tu me cachais quelque chose. Il vaut mieux être au courant de ce genre d'histoire.

— Tu crois ?

— Mieux vaut savoir que d'avoir des soupçons.

— Je ne suis pas sûre, dit Mimi, peu convaincue. Est-ce qu'on veut vraiment que les parents soient des êtres humains comme les autres ? Quelque part, on sait que c'est vrai, évidemment, mais pour moi ça reste très théorique, comme de savoir qu'on n'est pas immortels. Ce n'est pas vraiment un truc auquel on pense tout le temps. On relègue ça tout au fond de la conscience.

Isabel but une gorgée de vin. Elle n'avait pas réussi à repérer où se trouvait le champagne.

— Si on ne veut pas en savoir trop long sur ses parents, du moins sur leurs faiblesses, c'est qu'on se reconnaît dans leurs actes. Leurs défauts sont aussi les nôtres, qu'on ne s'avoue pas toujours.

— C'est peut-être vrai, dit Mimi en hochant la tête.

Isabel décida d'aller plus loin. Mimi était de la famille, mais c'était aussi une amie, on pouvait se confier à elle. Mimi comprenait les choses. Comment s'y prendre pour ne pas la choquer ? Elle dut se rappeler qu'objectivement il n'y avait là rien de choquant. Pourtant, parler de soi de façon aussi intime à une autre personne, c'est toujours une intrusion, quoi qu'on dise, et quel que soit le désir de franchise affiché à l'époque.

Elle se tourna vers Mimi. Encore une fois, elle vit son reflet dans les verres ovales de ses lunettes, comme dans un miroir.

— J'ai été surprise d'apprendre que ma mère avait eu une liaison, mais après tout ce n'est pas si rare. C'est surtout le fait que cet homme était plus jeune qu'elle, beaucoup plus jeune. Parce que c'est…

— Une marque de bon goût, de non-conformisme ? continua Mimi en souriant.

— Parce que c'est exactement ce que je suis sur le point de faire.

Voilà, elle l'avait dit, et cela semblait ridicule. Comment peut-on être « sur le point » d'avoir une liaison ? On a une liaison ou on n'en a pas. Elle avait pensé que Mimi manifesterait de la surprise, mais il n'en fut rien. Mimi la regardait, comme si elle attendait la suite.

— Mais je le savais, dit-elle enfin. Jamie. J'avais deviné.

C'était au tour d'Isabel d'être surprise.

— Je ne me rendais pas compte…

— Bien sûr, dit Mimi en lui posant la main sur le bras. On ne prend jamais mesure de sa transparence. Mais ça se devine. À ce dîner chez toi, c'était manifeste.

— Ton dîner.

— Si tu veux. Quand quelqu'un est amoureux, ça se voit. Il y a une espèce de complicité, ou de connivence. Non, ce n'est pas tout à fait ça. Enfin, disons qu'il y a quelque chose.

— Tu as remarqué quelque chose ?

— Évidemment.

Mimi lui tapota doucement le bras et la regarda droit dans les yeux. Voilà, se dit Isabel, c'est le moment des mises en garde : « Tu crois vraiment que… Je ne veux pas m'en mêler, mais… »

— C'est bien difficile de s'en empêcher.

— Pardon ?

— Comment ne pas l'aimer ? dit Mimi carrément. Si j'avais ton âge, ce qui n'est pas le cas, et si je n'étais pas mariée, je serais très attirée par ce genre d'homme.

C'était la troisième fois qu'elle constatait la même réaction, d'abord chez Florence Macreadie, puis chez Grace et maintenant chez Mimi. Personne ne semblait voir de problème. N'existait-il que dans son imagination ?

Isabel eut soudain envie de raconter à Mimi les heures d'angoisse que lui avaient causées ses sentiments pour Jamie, qui paraissaient bien inutiles aujourd'hui. Mais Mimi la devança :

— Un homme comme lui tourne la tête à plus d'une, évidemment. Il doit faire des conquêtes partout. En tout cas, il a fait celle d'Angie l'autre soir. Tu t'en es aperçue ?

Isabel eut un spasme d'anxiété. Elle les avait vus bavarder ensemble, et ils avaient l'air de bien s'entendre. Et puis Angie avait invité Jamie à venir les rejoindre à la campagne. Apparemment, rien de sérieux.

— Ils ont beaucoup parlé ensemble, c'est vrai. Tu crois que c'est plus que ça ?

— J'en suis certaine, dit Mimi en riant. Elle le dévorait des yeux. Elle est restée suspendue à ses moindres paroles pendant tout le repas. Ça m'a fait réfléchir.

— Tu avais déjà des doutes, fit Isabel en souriant. Sur les motivations d'Angie.

— Oui, mais ça m'a confirmé dans mes soupçons. Une femme qui vient de se fiancer à un homme qu'elle aime ne fait pas les yeux doux à un autre homme.

Mimi s'arrêta et regarda Isabel, comme si elle recherchait une confirmation.

— C'est un fait, non ? poursuivit-elle. On n'a pas besoin d'être très psychologue pour arriver à cette conclusion.

À l'autre extrémité de la pelouse, Susie tapa dans ses mains. Deux jeunes gens venaient d'apporter de longs plats de service sur la table à tréteaux. Le dîner était servi. Il y avait un siège pour presque tout le monde, annonça Susie. Pour ceux qui n'auraient pas trouvé de place à table, il y avait des chaises supplémentaires dans la cuisine.

Isabel se dirigea vers les tables avec Mimi. Susie entraîna cette dernière au centre de la plus grande table. Isabel s'éloigna, réfléchissant aux déclarations de Mimi. Ainsi Angie trouvait Jamie séduisant ? Ce n'était pas une surprise, aucune femme ne pouvait résister à son charme, Mimi l'avait dit elle-même. Si Angie ne s'intéressait qu'à la fortune de Tom, cela ne regardait personne, hormis sa famille à lui, qui défendait ses propres intérêts. Les femmes vénales ne sont pas rares ; dans des lieux comme Highland Park et University Park, ces banlieues huppées de la périphérie de Dallas, où vivaient les Hunt, les Perot et d'autres encore du même acabit, qui avaient fait fortune dans le pétrole et ailleurs, on savait sans doute se protéger. Si Angie avait pu pénétrer dans ces cercles très fermés et réussi à trouver cet homme encore jeune, prêt à partager ses millions, cela voulait dire qu'elle maîtrisait les règles du jeu au sein de cette riche société. Il n'y avait pas lieu de s'en étonner ou de s'en inquiéter. Elle, Isabel Dalhousie, resterait en dehors de tout cela. N'avait-elle pas décidé de ne plus se laisser empêtrer dans les affaires des autres ? Pourtant elle trouvait cette résolution difficile à suivre. Un principe, qu'elle nommait la proximité morale, lui interdisait de rester insensible aux besoins de ceux qu'elle rencontrait.

Elle trouva une place à un bout de table, près d'un homme au visage mince, doté de l'abondante chevelure sombre et du teint transparent caractéristiques de certains types celtes. Ils se serrèrent la main et échangèrent les présentations. Il s'appelait Seamus. Le nom allait avec le reste. De l'autre côté se trouvait une grande et jolie jeune fille d'une vingtaine d'années, au large sourire et à l'accent australien, prénommée Miranda. Elle était venue avec un autre invité, ne connaissant à Édimbourg que les gens chez qui elle habitait.

— Il faut que je trouve du travail, dit-elle, souriant toujours, sinon, je vais mourir de faim.

— Je pourrais peut-être vous aider, répondit Isabel de façon presque automatique.

Elle jeta un œil à l'assiette de Miranda, pleine à ras bord. Et si c'était son premier vrai repas depuis des jours ? Non, elle avait dit qu'elle habitait chez des gens, qui la nourrissaient sans doute. À moins qu'il n'y ait une catégorie d'invités que l'on n'a pas l'obligation de nourrir. L'idée fit sourire Isabel :

« Je vous invite chez moi, mais je ne pourrai pas vous nourrir, j'espère que ça ne pose pas de problème... »

— Vraiment ? dit Miranda avidement. Vous pourriez ?

Isabel, qui avait parlé sans réfléchir, se rendit compte qu'elle ne savait pas quoi répondre. Comment trouver un emploi à quelqu'un ? Encore une fois, c'était un exemple de proximité morale. Quand on est assis à côté d'une personne, le moins qu'on puisse faire, c'est d'essayer de l'aider à trouver du travail. On ne peut pas la laisser mourir de faim.

— Je ne sais pas au juste, dit Isabel en hésitant.

La déception était si visible sur le visage de Miranda qu'Isabel se laissa fléchir.

— Qu'est-ce que vous savez faire ?

— Tout. Je peux faire n'importe quoi. Je ne suis pas difficile, vous voyez. Pas de problèmes.

Elle se mit à rire.

— Et je sais aussi faire la cuisine ; pas de problèmes là non plus.

Isabel réfléchit un instant, essayant d'imaginer le monde simple de Miranda. Un monde sans problèmes, comme elle l'avait dit, à deux reprises. Elle remarqua les taches de rousseur sur le visage de la jeune fille, le nez fortement aquilin; et, sur l'avant-bras bronzé, le bracelet de poils d'éléphant tressés qu'on trouve dans des endroits comme Nairobi ou au Cap. Levant une seconde les yeux vers le ciel, il lui sembla, par un effet de lumière sur le vide, voir osciller le bleu profond. Elle pensa brusquement à Jamie et formula en silence une courte prière : Bénissez-le, protégez-le. Elle ne savait pas au juste à quels dieux elle s'adressait. Les dieux de ce ciel vide, des grands espaces sidéraux, maîtres des tempêtes ou du beau temps, exauçant ou ignorant les vœux des marins et des femmes à l'imagination fertile.

À nouveau elle regarda Miranda, qui lui souriait en attendant sa réponse. Cat lui avait dit qu'elle aurait besoin de quelqu'un pendant les vacances, dans l'éventualité où Eddie prendrait des congés. Il n'en avait pas pris l'année d'avant, mais il parlait maintenant d'un voyage en France avec quelqu'un dont Cat ne connaissait ni le nom, ni le sexe. Cat l'encourageait toujours à faire tout ce qui pouvait lui donner confiance en lui. S'il partait, elle aurait besoin de personnel, surtout pendant le festival, période pendant laquelle le nombre des clients intéressés par les produits du magasin semblait doubler. Miranda offrait une solution. Isabel lui donna son numéro de téléphone et lui suggéra de l'appeler le lendemain. Au cours du repas, elle bavarda avec Seamus et Miranda, et ils discutèrent entre eux par-dessus sa tête, pendant qu'elle parlait avec la dame assise en face d'elle. L'ambiance était détendue et sympathique; le temps s'était maintenu au beau.

À la fin du repas, les convives furent invités à se diriger vers la cuisine pour le café. Isabel abandonna Seamus et Miranda au milieu d'une conversation qui les absorbait tous les deux. Seamus avait visité Perth et souhaitait y retourner. Miranda y avait habité quelque temps. Ils s'étaient découvert des amis communs dont les exploits, racontés par Seamus, provoquaient chez eux une grande hilarité. Voilà, elle connaissait déjà quelqu'un : demain peut-être, elle aurait du travail. Elle chercha du regard Mimi et Joe. Ils étaient à l'autre bout de la table, avec Malcolm et Nicky Wood, chanteurs tous les deux. Nul besoin de se faire du souci pour eux : elle était sûre que la conversation, déjà animée, portait sur la musique chorale. Mimi était membre de la chorale d'une église épiscopalienne traditionnelle de Dallas, qui affirmait détenir une relique sacrée, un fragment de la vraie croix. Isabel restait dubitative. Pourtant les gens sont prêts à croire des choses plus improbables encore. C'est déprimant de voir combien d'Américains sont persuadés d'avoir été enlevés par des extraterrestres. Le comble, c'est que ceux-ci les relâchent toujours. Ce n'est peut-être pas le genre d'humains qu'ils recherchent ?

Isabel traversa la pelouse en direction de la cuisine, derrière la maison. L'air devenait frais, pas suffisamment pour gâcher la soirée, mais signe que la nuit approchait. Une nuit blanche, comme ces nuits de juin à Saint-Pétersbourg, où il ne fait jamais complètement noir. Il n'y avait pas le moindre souffle de vent.

Une petite cour pavée la séparait de la cuisine. Devant elle se trouvaient plusieurs invités : un homme vêtu d'une veste en lin couleur moutarde, une femme en robe trop habillée, une étole sur l'épaule. Un jeune homme au teint fleuri racontait une anecdote. L'homme en lin croisa son regard. Elle le connaissait, mais ne put se rappeler ni son nom ni ce qu'il faisait. Il semblait partager son incertitude et lui sourit brièvement avant de se retourner vers ses compagnons. Dans la cuisine se trouvaient encore d'autres invités, tasse de café à la main.

Isabel se servit et s'apprêtait à retourner dehors. Peter et Susie avaient prévu un concert et elle entendit, à l'intérieur, les premières notes d'une mélodie au violon. Elle rebroussa chemin et emprunta un couloir qui menait à l'entrée et à l'escalier. La musique venait d'une pièce sur la droite, une de ces mélodies écossaises très cadencées qui commémorent le retour de quelqu'un, ou bien le départ d'Islay ou de Skye, ou bien encore une bataille d'autrefois. C'était peut-être la *Complainte de Neil Gow sur sa seconde épouse*, si curieusement nommée. Elle s'arrêta pour écouter. Cette musique ne manquait jamais de l'affecter profondément : était-ce parce qu'elle était unique ? C'était la musique de l'Écosse, qui lui parlait du pays qu'elle aimait. Elle ferma les yeux. Que représentait l'Écosse pour elle ? Le pays natal, certes, dont il est normal que la nostalgie vous consume, sur-tout quand il est aussi beau. Hugh McDiarmid l'avait écrit :

« Je ne veux pas des roses qui viennent du monde entier, je ne veux pour ma part que la petite rose blanche d'Écosse, dont le parfum vif et doux brise le cœur. »

Sentant une présence derrière elle, elle ouvrit les yeux. C'était une femme.

— Cette mélodie…, commença Isabel, avant de sursauter légèrement en la reconnaissant.

— Oui, nous nous sommes déjà rencontrées, n'est-ce pas ? Cynthia Vaughan.

— Bien sûr, dit Isabel en la saluant. Je suis désolée, je n'avais pas réfléchi. Je vous ai vue dehors, à l'autre bout de la table, mais…

Cynthia l'interrompit en levant la main :

— Moi non plus, je n'étais pas sûre. Quelqu'un m'a dit que c'était vous. Je ne sais plus où nous nous sommes croisées. N'était-ce pas dans ce comité au sujet de l'hôpital ?

Elles éclaircirent les circonstances de leur rencontre avant de discuter brièvement du destin de ce comité. C'était donc elle la mère de Patrick, se dit Isabel. La mère possessive. Grande, semblable à la figure de proue d'un navire, elle avait en tout cas un physique de matrone. Et puis elle portait sur son visage cette expression qu'Isabel associait aux femmes politiques, la ferme détermination de faire appliquer l'ordre du jour.

Elles se tenaient devant la porte de la grande salle à manger, d'où venait la musique.

— Nous gênons, dit Cynthia en guidant doucement Isabel vers un sofa. Asseyons-nous ici.

Isabel n'appréciait pas d'être ainsi entraînée contre son gré et obligée de s'asseoir. Et si elle préférait rester debout ? Mais c'était caractéristique d'une femme de ce genre que de dire aux gens ce qu'ils avaient à faire. Finalement c'était assez drôle. Cynthia avait manifestement à lui faire part de quelque chose, ce qui aiguisait sa curiosité. Cela concernait peut-être Cat, si elle était au courant de ses liens de famille avec elle.

— Il y a un sujet qui nous occupe toutes les deux, je crois, déclara Cynthia.

— Oui, répondit-elle, se disant qu'elle ne perdait pas de temps. Vous êtes la mère de…

— De Patrick. C'est ça, et vous êtes la tante de Cat. Vous avez l'air un peu jeune.

Isabel sourit. Pas de déclaration de guerre encore, mais cela n'allait pas tarder, du moins indirectement. Regardant le nez hautain et le pli déterminé de la bouche, elle se dit que ce ne serait peut-être pas si indirect que ça.

— Cat est née quand mon frère était encore très jeune. Cela fait de moi une tante assez jeune, dit Isabel sur un ton aimable. Patrick est venu dîner chez moi. Je l'ai trouvé très sympathique.

Elle avait menti sans même réfléchir. Comme il est facile de mentir en société !

Heureusement qu'elle n'avait pas cherché à faire impression sur Cynthia ou à s'attirer ses bonnes grâces. Cynthia but une gorgée de café, les yeux baissés, comme si le compliment était si évident qu'elle n'avait pas besoin d'en accuser réception.

— Patrick réussit très bien dans son travail. Il était au cabinet Dickson et Minto. Bruce Minto, je ne sais pas si vous le connaissez, un des avocats les plus réputés du pays, c'est lui qui l'a formé. Personnellement. Et puis on a offert ce poste à Patrick et il a accepté, avec la bénédiction de Bruce.

— C'est bien mieux comme ça, dit Isabel.

Encore une fois, elle n'obtint pas de réponse. Elle était gênée. Jusqu'ici, elle n'avait émis que des platitudes, et se sentait bête et mal à l'aise, comme toujours dans une conversation où c'est l'autre qui a l'avantage. Il n'y avait aucune raison de se sentir inférieure : intellectuellement, elle était au moins l'égale de cette femme politique. C'était simplement une question de comportement. Ce que l'on appelle aujourd'hui le comportement alpha. Isabel ne savait pas très bien en quoi cela consistait, sinon que cela impliquait le désir de dominer les autres. On parle d'hommes alpha. S'il y avait des femmes alpha, Cynthia en aurait certainement fait partie.

Cynthia, qui n'avait pas encore regardé Isabel, tourna vers elle de grands yeux bruns.

— C'est difficile aujourd'hui. Il y a tellement de concurrence. Même pour des gens comme Patrick, qui sont, disons, compétents. Il faut travailler sans compter, avec toutes ces transactions, toutes ces affaires qu'ils ont à mener.

Elle s'arrêta et Isabel sentit qu'il lui incombait de dire une banalité.

— Bien sûr, comment font-ils…

— Patrick m'en parlait l'autre jour, coupa Cynthia. Il me racontait que pour une de leurs affaires, ils doivent dormir au bureau. Ils travaillent jusqu'à trois heures du matin et ils recommencent à sept heures. Les avocats dorment sur des lits de camp.

C'est ridicule, se dit Isabel. Un pompier ou un médecin, soit, mais un avocat ? C'est pourtant vrai. La culture du travail est devenue si dominante que les gens se sentent obligés d'en passer par là. Il leur reste donc bien peu de temps pour vivre leur vie, aller se promener, prendre un verre dans un café, lire un livre. Le travail occupe tout leur temps.

— Pourquoi doivent-ils travailler autant ? Vous trouvez que c'est normal de travailler dix heures par jour, tous les jours ? Sommes-nous faits pour ça ? Je me le demande.

Cynthia fronça le sourcil, manifestement agacée par cette remarque, comme si Isabel avait interrompu ses pensées avec une question oiseuse.

— C'est comme ça, dit-elle. C'est à cause de la Chine et de l'Inde, non ? Ils sont prêts à travailler pour presque rien, et ici il faut courir pour simplement ne pas voir se creuser l'écart. Personne ne peut faire concurrence aux ateliers clandestins où les ouvriers sont exploités.

Isabel était bien d'accord. C'est se leurrer que de croire que nous sommes assez malins pour survivre sans rien produire. Mais cela s'appliquait-il aux avocats ?

— Non, dit-elle simplement.

— Non, répéta Cynthia en écho. Mais je dois reconnaître que cela ne lui coûte pas. Patrick réussit très bien, comme je vous l'ai dit. Sa carrière compte beaucoup pour lui.

— Je n'en doute pas, répondit Isabel.

Cynthia ramassa sur un coussin une petite plume qu'elle se mit à tordre entre ses doigts.

— Ce n'est pas le bon moment pour lui de se créer des attaches sentimentales, dit-elle lentement. Les quelques années qui viennent vont être cruciales en termes de carrière. Je suppose qu'on va lui proposer de devenir associé dans peu de temps. S'il continue aussi bien.

Isabel essayait de ne pas sourire. Ainsi l'attaque était venue. Elle admirait l'effronterie de Cynthia. Non seulement le raisonnement l'étonnait, mais c'était encore plus étonnant qu'elle ose aborder ce sujet. Isabel devina que Cynthia allait lui demander d'intervenir.

— C'est tout à fait naturel d'avoir des attaches sentimentales.

— Ils ne se conviennent pas, siffla Cynthia. Désolée d'avoir à le dire, mais c'est ce que je pense.

— C'est difficile de juger, répliqua Isabel calmement. Des gens très différents, ou qui nous semblent très différents, arrivent à très bien s'entendre. C'est une sorte d'alchimie, vous ne croyez pas ?

— Je connais mon fils, lança Cynthia en la regardant encore une fois dans les yeux. Je sais comment il réagit.

— J'en suis persuadée. Mais quand il s'agit de choses très intimes, comme les relations sexuelles, on ne peut jamais prévoir ce qui va se passer entre deux personnes. En tout cas, moi, j'en suis incapable.

— Ce n'est pas ce que je veux dire, fit Cynthia en se raidissant. Je ne crois pas qu'il soit question de ça ici.

Isabel ne répondit rien. Manifestement, la mère de Patrick ne connaissait pas Cat, à qui Isabel avait dit un jour qu'elle voyait le monde à travers le prisme du sexe. Cat avait répondu en riant que c'était justement la seule façon d'interpréter le monde.

— Je ne vous connais pas bien, continua Cynthia, voyant qu'Isabel ne disait rien. Mais je suis sûre que nous avons toutes les deux à cœur les intérêts de Patrick et de Kate.

— Cat.

— Cat, pardon. Nous avons leurs intérêts à cœur. Il suffirait que vous disiez un mot à votre nièce pour lui faire comprendre que ce n'est pas forcément la meilleure chose pour eux. Vous ne croyez pas ?

— Non, je ne crois pas.

Cynthia se leva brusquement.

— Je regrette d'avoir soulevé le sujet. Je pensais que nous verrions les choses de la même façon, mais manifestement ce n'est pas le cas.

— Vous ne croyez pas, dit Isabel en se levant aussi, qu'il vaut mieux ne pas s'en mêler ? Après tout, cela les regarde.

Elle avait envie d'ajouter : « Il est temps de laisser votre fils voler de ses propres ailes », mais il était trop cruel de souligner ainsi une évidence.

Plus tard, en rentrant chez elle avec Joe et Mimi, elle leur raconta la conversation.

— Tu as eu raison de ne rien ajouter. La pauvre femme ! Elle n'a que lui, c'est triste, non ? Les gens s'accrochent. Ce n'est pas la meilleure façon de faire, mais on peut les comprendre. Isabel se sentit fautive. On ne doit pas traiter à la légère les besoins des autres, même s'ils sont irrationnels. C'est de la compassion que je devrais éprouver pour elle, et non de l'irritation. Pour autant, il ne faut pas s'accrocher à quelqu'un au-delà du raisonnable. À l'âge de Patrick, sa mère devait accepter de le laisser partir.

Tout cela l'amena immanquablement à penser à Jamie.

14

Le lendemain matin à neuf heures, Isabel était confortablement installée dans son petit salon, entre son café et les mots croisés du *Scotsman*, en compagnie de Mimi, plongée en face d'elle dans la lecture du *Times*, quand elle reçut un coup de téléphone de Miranda, l'Australienne qu'elle avait rencontrée chez les Stevenson ; Isabel se souvint alors qu'elle avait promis de demander à Cat si elle était susceptible de l'employer. Elle fut surprise que Miranda l'appelle à cette heure-là, et si peu de temps après sa proposition. C'est parfois irritant d'avoir à tenir ses promesses, mais Isabel ne s'en formalisa pas : c'était pour Miranda une question vitale. Et puis, à dix-neuf ou vingt ans, on a moins de patience qu'à trente ou quarante. Isabel s'engagea à parler à Cat sur-le-champ et à la tenir au courant.

— J'espère que je n'exagère pas en vous rappelant comme ça tout de suite. Mais vous aviez dit…

— Non, non, vous avez eu raison, répondit Isabel, je vous promets de faire de mon mieux.

Isabel, pensant qu'il serait plus facile d'en discuter avec Cat de vive voix, partit vers Bruntsfield une heure ou deux plus tard. Quand elle arriva, Eddie était à la porte. Il se tourna vers elle, l'air exaspéré.

— Ils ont encore volé du café, siffla-t-il avant de proférer un juron explicite et grossier.

Les lèvres tremblantes et le visage rouge de colère, il regardait au loin dans la rue, comme si quelqu'un venait de se sauver. Il lui arrivait souvent d'être au bord des larmes, comme écrasé par l'injustice des choses. Pour Isabel, c'était la conséquence de ce traumatisme ancien qui demeurait mystérieux. Cette fois, la cause était plus immédiate.

— On a volé du café ?

— C'est tout le temps comme ça, dit Eddie en se tournant vers elle. Ils ne piquent pas n'importe quoi. Neuf fois sur dix, c'est du café.

La rue était très calme en ce début de matinée. Les uns avaient déjà embarqué à bord de bus poussifs pour aller travailler, les autres n'étaient pas encore sortis faire leurs courses. Un homme passa avec un chien en laisse, un petit terrier d'Écosse. Pour lever tous les doutes, les clous du collier avaient été disposés de façon à former le mot « chien ». Le maître leur jeta un coup d'œil et sourit. Isabel dénombra une passante portant un lourd cabas, deux jeunes de quatorze ou quinze ans, dégingandés, en jean noir traînant par terre et tee-shirt trop grand, plongés dans le type de conversation caractéristique de leur tribu. Il n'y avait à l'horizon aucun voleur à la tire s'enfuyant à toutes jambes.

Elle entra dans le magasin à la suite d'Eddie et se retrouva dans une atmosphère bien différente. Mêlé aux effluves des fromages qui maturaient lentement et à l'odeur âcre des légumes secs, l'arôme du café avait peut-être tenté les voleurs. Pour Isabel, c'était là la senteur authentique de la nourriture, et non les relents de produits chimiques, de détergents et de cellophane qui flottent dans les supermarchés. Eddie, d'habitude peu bavard, était très loquace :

— Je ne sais pas pourquoi c'est ça qu'ils choisissent. Ils se bourrent les poches de paquets de café du Kenya, ceux qui ont la jolie illustration. Et ils partent en courant.

Cela méritait réflexion. Peu de temps auparavant, quand Cat était allée à un mariage en Italie, elle avait géré le magasin pendant une semaine. Il n'y avait eu aucun vol. Ou bien elle n'avait rien vu. Elle fouilla dans sa mémoire et se revit en train d'arranger le rayon café : effectivement, certains paquets étaient joliment illustrés. Elle était partie du principe que tous les clients étaient honnêtes, parce que c'était dans sa nature.

Eddie, encore tremblant de rage, était en train de compter les paquets restants.

— C'est sûrement naïf de ma part, mais je crois toujours que les gens sont honnêtes, dit Isabel.

— Ils ne sont pas honnêtes, marmonna Eddie.

— J'ai sans doute tort de faire confiance, continua Isabel.

— Il ne faut jamais faire confiance aux gens, rétorqua Eddie. Jamais.

Elle se dirigea vers le rayon des journaux. Les épreuves qu'Eddie avait subies avant de venir travailler dans ce magasin avaient probablement détruit toute foi en l'humanité. Isabel ignorait encore la nature de ce traumatisme. Elle devinait pourtant qu'Eddie s'était confié à Cat, en lui demandant le secret; celle-ci n'en avait jamais parlé à Isabel, qui soupçonnait quelque événement sinistre. Elle n'avait d'ailleurs pas particulièrement envie de connaître les détails. Néanmoins, sans vouloir réveiller ses démons intérieurs, elle se devait de réagir à une affirmation aussi radicale.

Elle prit un journal et retourna près d'Eddie.

— Il ne faut pas dire ça, Eddie. Il faut bien faire confiance à quelqu'un.

Le jeune homme s'arrêta de compter. Il ne la regardait pas, gardant les yeux fixés sur les paquets de café, la main sur le rayonnage. Isabel se rendit compte qu'il haletait, comme s'il avait fait un effort.

— Moi, je ne peux pas, murmura-t-il dans un souffle. Je ne peux pas.

— C'est à cause de ce qui t'est arrivé ? demanda Isabel sans réfléchir.

Toujours immobile, il ne répondit rien. Isabel décida qu'il valait mieux changer de conversation au plus vite.

— Bon, n'en parlons plus. Mais, tu sais, il y a des gens à qui on peut faire confiance. Moi, par exemple, ou Cat. Tu peux nous faire confiance, Eddie. Et puis tu sais bien que tous les gens qui entrent dans le magasin ne sont pas des voleurs.

Elle alla reposer le journal. Cat venait de rentrer, portant un cabas. Isabel, laissant Eddie à ses pensées, alla l'embrasser.

— Il y a eu des vols, dit-elle à voix basse. Eddie est furieux.

Cat jeta un coup d'œil à Eddie en soupirant. Elle fit discrètement signe à Isabel de la suivre dans le bureau, au fond du magasin.

— Chaque fois que ça arrive, ça le met dans tous ses états, dit Cat dès qu'elles furent suffisamment à l'écart. C'est une des choses qui déclenchent chez lui de mauvais souvenirs. Ça finit toujours par passer, mais dans ces moments-là il me fait vraiment pitié.

— Il m'a dit qu'il ne faisait confiance à personne, dit Isabel. Cat ouvrit son cabas et en sortit un petit flacon de vernis à ongles, qu'elle approcha de ses mains pour comparer la couleur.

— C'est vrai. Pauvre Eddie. Il ne fait confiance à personne, même pas à lui-même.

L'idée sembla étrange à Isabel. Si triste que ce soit, on peut imaginer n'avoir confiance en personne, mais se défier de soi-même est irrationnel.

Cat reposa le flacon.

— Pourtant, dit-elle, c'est bien ce qui se passe. Quand on est victime de choses horribles, on se méfie de ses propres réactions. On se dit qu'on l'a peut-être cherché, que c'était mérité, et ainsi de suite. Et on perd confiance en soi.

Isabel devait reconnaître que Cat avait raison. Quand John Liamor l'avait quittée, elle avait pensé que c'était sa faute, à elle. Pendant quelque temps, elle s'était sentie responsable de ses infidélités répétées : il avait cherché dans les bras des autres ce bonheur qu'elle avait échoué à lui donner. C'était ridicule, mais c'était ce qu'elle croyait à l'époque.

— Laisse-le, dit Cat en haussant les épaules. Malgré tout, il fait des progrès. Ne lui en parle pas.

— Entendu. Cat, j'ai quelque chose à te demander. Est-ce que tu penses toujours à embaucher quelqu'un ?

Cat répondit que c'était le cas.

— J'ai rencontré une Australienne qui cherche quelque chose. Elle m'a fait très bonne impression. Elle est libre immédiatement.

— Tu penses qu'elle serait susceptible de bien s'entendre avec Eddie ? demanda Cat, intéressée. Tu sais qu'il a peur des étrangers.

Isabel ne sut que répondre. À vrai dire, elle ne savait rien ou presque de Miranda, sauf qu'elle venait d'Australie et qu'elle cherchait du travail. Pouvait-on lui faire confiance ? Sans doute, à condition que l'on puisse faire confiance à quelqu'un sans connaître son passé. Quant à son présent, il se résumait à des taches de rousseur, un joli sourire et un caractère apparemment optimiste. Même dans un monde où existent des êtres capables de détruire sans le moindre scrupule le fragile sentiment d'identité d'un jeune homme comme Eddie, pourquoi ne pas édifier la confiance sur ces bases-là, après tout ?

— Elle a l'air très sympathique, répondit Isabel.

« Sympathique ». Ce malheureux mot était vraiment mis à toutes les sauces.

— Je vais essayer tout de suite, dit Cat en prenant le papier sur lequel Isabel avait noté le numéro de Miranda.

Isabel quitta le bureau et s'arrêta près d'Eddie avant de sortir. Devant la vitrine, le jeune homme regardait dans le vide d'un air malheureux. Elle lui prit la main, qui lui sembla un peu moite.

— Nous, on t'aime bien, tu sais, murmura-t-elle. Cat et moi. On t'aime beaucoup.

Elle lui serra la main. Après un instant, lui aussi lui serra la main : une pression faible, certes, mais indéniable.

Quand Isabel rentra chez elle, elle vit par la fenêtre de la cuisine que Mimi était dans le jardin. Isabel alla la rejoindre, près d'un massif d'azalées, à côté de la petite gloriette en bois.

— Regarde ! Un animal a dû venir gratter ici, dit Mimi en montrant le sol à ses pieds. C'est une taupe, tu crois ?

Isabel examina les traces sur la pelouse. Des projections de terre noire jonchaient une petite surface ; un bulbe, déterré de la plate-bande, reposait contre une motte. Elle chercha des indices possibles, plume, fragment d'os de campagnol ou de musaraigne, patte de poulet volée dans la poubelle. Mais elle ne vit rien.

— Frère Renard, dit-elle enfin. C'est son territoire.

Mimi regarda Isabel d'un air interrogateur ; la gloriette se reflétait dans ses lunettes.

— Frère Renard ?

— C'est notre renard des villes. On l'appelle « Frère Renard » : il faut bien qu'il ait un nom, après tout. Grace et moi, on le connaît bien, c'est pour ça qu'on a choisi « Frère Renard ». Ça nous faisait penser à saint François d'Assise. Tu trouves ça étrange ?

— Absolument pas. C'est un de mes saints favoris. Tu te rappelles ce tableau, celui de Florence ? Le saint a les bras étendus et tous les oiseaux sont à ses pieds. Ils sont peints d'une façon bizarre, très naïve, on dirait des petites boîtes couvertes de plumes. J'aimerais bien le voir. Tu crois qu'il va daigner apparaître ?

— Il est imprévisible, répondit Isabel en observant le jardin. Parfois, j'ai l'impression qu'il me guette, je t'assure.

— Tu le crois vraiment ?

Isabel sentit bien que cela semblait improbable, mais c'était pourtant vrai.

— Oui. C'est arrivé plusieurs fois. Je suis dans mon bureau en train de travailler et je sens qu'on me regarde de l'extérieur. Quand je lève les yeux, je le vois dans le jardin, ou bien une espèce d'éclair cuivré, et c'est lui. Il est très beau, tu vois, il a une fourrure d'or roux vraiment splendide.

Isabel caressa une des fleurs d'azalée. La nature est si ensorcelante sous tous ses aspects, surtout dans les petits détails, la couleur des azalées, l'or roux de la fourrure du renard. Pourquoi serions-nous les seuls à apprécier la beauté de la nature ? Et si Frère Renard aimait et reconnaissait la beauté, lui aussi, comme les humains ? Non, c'est une erreur de tomber dans l'anthropomorphisme. Pour lui, la vie se résume à la quête continuelle de nourriture, la lutte pour la survie de l'espèce face aux gènes concurrents : un combat sans fin. L'ennemi, c'est nous, qui les chassons avec nos chiens, qui empoisonnons leurs terriers. Son lot, c'est la terreur et la souffrance. Pourtant Frère Renard ne la craignait pas. Il l'observait prudemment, mais n'avait pas peur d'elle.

Isabel caressa délicatement le mahonia aux fleurs jaunes et aux feuilles hérissées de pointes, qui contrastait si fort avec le massif d'azalées voisin. Cela lui rappelait le houx, mais en plus beau.

— Je rêve parfois de Frère Renard, avoua-t-elle. Quand je le vois en rêve, il parle. Cela paraît très étrange, mais en fait, dans ce contexte, c'est normal. Il a une voix haut perchée et s'exprime dans un écossais plutôt châtié. Une fois, il a même parlé en français, j'étais surprise. Il utilisait le subjonctif et je me souviens d'avoir trouvé extraordinaire qu'un animal possède le subjonctif.

Elle avait utilisé l'expression « posséder le subjonctif » sans penser que Mimi trouverait cela curieux. Lorsqu'un Écossais dit : « Je possède le gaélique », cela signifie qu'il le parle.

— Et de quoi parle-t-il ? demanda Mimi en riant. De la pluie et du beau temps ?

Isabel fouilla dans ses souvenirs. Les rêves sont en général stockés dans un recoin de la mémoire destiné au court terme, mais ils étaient si étranges qu'elle avait fait l'effort de les mémoriser. Le sujet de sa dernière conversation avec Frère Renard tournait autour de la façon dont nous contrôlons notre vie, et la part de contingence dans notre personnalité. Isabel avait déclaré : « Vous êtes un renard. » Il le reconnaissait. Elle avait ajouté : « Le cours de votre vie de renard est entièrement déterminé par la biologie. » Il avait rétorqué qu'il en allait de même pour elle. Ce déni de son libre arbitre l'avait indignée. Ils avaient arrêté là la discussion, avec une politesse distante, ce qu'Isabel regrettait, car elle s'était sentie privilégiée de converser avec un renard. Elle raconta tout cela à Mimi.

— Il avait raison, non ? Ou, plutôt, c'est toi qui as raison. Est-ce que tu crois que les conversations qu'on a en rêve sont en fait des conversations avec soi-même ?

— C'est certain. C'est de la rhétorique interne, diraient les philosophes.

Elle se piqua légèrement le doigt à une feuille de mahonia et pensa : Je dois faire attention aux objets pointus. La rhétorique interne ?

— Quand même, on n'est pas obligé d'être d'accord avec les interlocuteurs qu'on rencontre en rêve. On leur fait dire des choses, c'est certain, puisqu'on est le réalisateur en quelque sorte…

— Et le producteur, glissa Mimi.

— Et le producteur aussi. Mais ce qu'ils disent, c'est peut-être tout bêtement ce que nous jugeons le plus plausible. Ce n'est pas parce qu'on a écrit les dialogues qu'on est d'accord avec les sentiments exprimés.

Mimi se rendit compte qu'elle avait besoin de réfléchir. Elle avait toujours cru que la philosophie était avant tout une affaire de bon sens : il faut trouver les termes justes pour décrire ce qui *est*, et parfois ce qui *devrait être*. Ce qu'Isabel venait de dire n'était pas vraiment compliqué. À l'évidence, le dramaturge ou le romancier ne souscrivent pas aux déclarations de leurs personnages. D'où vient alors l'inspiration? Chaque mot de Shakespeare est du Shakespeare. Ce qui jaillit du cerveau de l'écrivain y était en germe. Les recherches des psychologues ont montré que les discours des gens portent sur ce qui les intéresse, ce qu'ils croient, même s'ils protestent du contraire. On critique parfois chez d'autres des traits que l'on aimerait exhiber, si on l'osait. Impossible dès lors de croire l'écrivain qui clame que ses écrits n'ont rien à voir avec sa vie. C'est peut-être tout le contraire.

Une connaissance de Mimi évoquait souvent une de leurs amies communes qui avait facilement recours à la chirurgie esthétique.

— Quel acharnement à se conserver! disait la première de la seconde. Elle mérite une médaille.

Mimi avait un jour suggéré, poliment, que cette critique cachait peut-être le secret désir de l'imiter. Sa remarque avait été mal accueillie, sans doute parce que c'était la vérité. Du moins les attaques avaient-elles cessé.

— On fait parfois des choses qui sont..., lança Mimi.

Mais Isabel, sans l'entendre, avait également commencé à parler :

— Je sais que les rêves des autres sont terriblement ennuyeux, dit-elle, et je ne veux pas t'assommer avec ça. mais j'ai fait un rêve très étrange la nuit dernière.

— Sur Frère Renard ?

— Non, sur Tom et Angie, tes amis.

— Tu as dû penser à eux pendant la journée, suggéra Mimi. Je m'aperçois que mes rêves reflètent très souvent mes préoccupations de la journée.

Isabel se détourna du mahonia pour regarder Mimi.

— C'est très étrange, déconcertant.

— Ne te cherche pas midi à quatorze heures, dit Mimi d'un ton rassurant. On fait parfois des choses bizarres en rêve.

— Non, non, je me tenais bien, répondit Isabel. Je n'avais pas grand-chose à dire ou à faire d'ailleurs. J'étais là parce que je voyais ce qui se passait, mais je n'ai rien fait. Je suis restée plantée là, un peu choquée.

Mimi leva un sourcil inquisiteur.

— On était dans l'ouest de l'Écosse, poursuivit Isabel, vers le Mull of Kintyre, ou un endroit comme ça. Une maison au bord de la mer. Il y avait une pièce pleine de vitrines abritant des animaux empaillés, habillés, en train de faire de la bicyclette ou de jouer au croquet. Tu as déjà vu ces choses étranges ? Les Victoriens en raffolaient. Ils asphyxiaient les chatons au gaz et les envoyaient chez le taxidermiste pour composer une sorte de tableau vivant, ou plutôt de tableau mort. Un tribunal avec des chatons costumés en jurés et en avocats.

Mimi fit la grimace, car elle aimait les chats. Elle avait élevé toute une dynastie de félins au pedigree d'exception. Une place de choix revenait à Arthur Brown, énorme boule de poils d'une grande dignité, fort admiré dans ce quartier de Dallas, mort subitement d'une crise cardiaque dans la cuisine, comme ces hommes d'affaires stressés qui s'effondrent en jouant au golf.

— Je trouve ça répugnant.

— Moi aussi, répliqua Isabel. Bref, il y avait une de ces vitrines dans la pièce. Tom et Angie sont entrés, ont jeté un coup d'œil et sont ressortis. Puis Angie est revenue seule et s'est installée sur le sofa pour lire le *Scotsman*. C'est alors qu'elle s'est tournée vers moi et m'a dit : «Vous savez, j'ai tué Tom.» Voilà.

— Quelle imagination ! s'exclama Mimi en riant.

— J'étais très triste en me réveillant.

— Pas étonnant. Il doit y avoir un mobile, je suppose ? Elle serait plus riche, et l'université y perdrait beaucoup.

Isabel ne comprenait pas l'allusion à l'université Southern Methodist.

— Il y a des années, expliqua Mimi, Tom a annoncé qu'il allait faire don de sommes importantes à l'université, et plus particulièrement à la faculté de droit et à l'école d'arts graphiques. Seulement, quand Angie est apparue, il n'en a plus parlé. Joe était très déçu. Il a cru qu'elle l'avait dissuadé d'une façon ou d'une autre. Au bout du compte, les responsables de la faculté de droit se sont résolus à jouer le long terme. Ils se disent qu'Angie ne sera pas là éternellement ; une fois qu'elle aura obtenu le magot qu'elle désire, Tom reviendra à son idée première. Joe espère aussi que ce sera le cas, mais il a l'impression qu'Angie est là pour un bout de temps. Pour lui, c'est Tom qui rompra le premier. Voilà l'histoire.

— Donc, dit Isabel sur un ton ironique, il y a un mobile pour se débarrasser d'elle, plutôt que de Tom.

— Peut-être. Seulement n'oublie pas que les bénéficiaires potentiels sont des gens respectables. Jamais ils n'imagineraient une chose pareille.

En rêve peut-être, mais pas de sang-froid. Isabel comprenait ce qu'elle voulait dire.

— Bien sûr que non, dit Isabel. Je dois avouer pourtant que je vois très bien Angie faire ce que je l'ai vue faire en rêve. C'est une possibilité, non ?

— Non, elle n'a pas l'imagination nécessaire.

Elle s'arrêta et regarda sa montre.

— De toute façon, ça n'arrive que dans les romans.

— Et les romans n'ont rien à voir avec la vraie vie ?

— Pas grand-chose en tout cas, rétorqua Mimi. C'est ça l'intérêt.

15

Le vendredi où ils devaient se rendre chez Tom et Angie, Joe et Mimi se mirent en route dès le matin, car ils souhaitaient auparavant visiter Traquair

House, la plus vieille maison habitée d'Écosse. Mimi annonça d'emblée qu'ils n'essaieraient pas le labyrinthe, où Joe risquait de se perdre. Par contre, il passerait sans doute tout son temps dans la bibliothèque. Ils comptaient aussi voir le berceau sculpté où le futur Jacques Ier d'Angleterre, fils de Marie Stuart, dormait enfant.

— Quand même, quel horrible destin ! dit Mimi. Entre les complots et les intrigues, l'époque devait être rude…

Isabel ne partageait ce sentiment de pitié que jusqu'à un certain point. C'était certes très triste d'être décapitée sur les ordres d'une cousine méfiante et rusée. Toutefois, Marie elle-même ne s'était pas privée d'ourdir des intrigues.

— Elle a comploté, elle aussi, répliqua-t-elle. Et puis tous ces hommes…

Elle savait bien qu'il n'y avait aucun rapport, pourtant cela semblait ajouter au pathétique. Mimi ne voulut pas laisser passer l'allusion sans répondre :

— Elle n'a jamais eu le choix. On l'a fiancée au dauphin à six ans, à peu près. Elle avait quinze ans quand elle l'a épousé, je crois. Aujourd'hui on appellerait cela de la maltraitance.

— Le dauphin, ce n'est pas le problème. Ce sont plutôt ses successeurs…

Mimi leva le doigt, cherchant à se souvenir des vers du poème écrit par Marie à la mort de François II. Autrefois, elle aurait été capable de citer de mémoire. En dépit de tous les efforts que l'on fait pour mémoriser les poèmes, on les oublie. « Le jour, la nuit, je pense à lui », voilà tout ce dont elle se souvenait. Le petit garçon l'adorait et elle aussi l'avait aimé, comme une sœur; ils avaient formé dès l'enfance un couple de petits fiancés.

On décelait un réel chagrin dans l'élégie qu'elle lui avait consacrée.

— Il ne faut pas oublier Darnley, dit Isabel.

— Tu sais, ça me surprend toujours, soupira Mimi. Personne ne comprend pourquoi elle a choisi Darnley. Pour moi, c'est très clair. Darnley était beau, il était le seul homme de son entourage qui soit plus grand qu'elle. Il aimait s'amuser.

— Ce sont de bonnes raisons. Les femmes s'entichent d'hommes beaux qui savent s'amuser. C'est plus tard qu'elles se rendent compte de leur erreur.

— Exactement, dit Mimi. C'est très dangereux de s'attacher à quelqu'un à cause de sa beauté.

— Pourtant, c'est bien ce qui se passe souvent. Encore un exemple de la faiblesse humaine.

Isabel se demandait avec une certaine inquiétude si ses sentiments pour Jamie étaient influencés par sa beauté. L'aurait-elle aimé petit, ou gros, dépourvu de ce profil parfait ? Avec ses cheveux noirs qui vont si bien aux Irlandais, ses traits ciselés, John Liamor était beau, et savait en jouer. C'était pour cela qu'elle en était tombée amoureuse. Yeats, dans son poème à Anne Gregory, l'avait bien dit : Dieu seul aurait été capable de l'aimer pour elle-même et non pour ses cheveux blonds.

Elle savait bien que la beauté de Jamie entrait pour beaucoup dans son amour pour lui. C'était démoralisant de constater que seul l'amour de la beauté, telle qu'elle s'incarnait dans la personne aimée, était ici en jeu. L'affection, cette loyauté solide et naturelle que l'on ressent pour les familiers et les proches sur qui l'on peut compter, est bien différente de l'amour, ou du moins de la conception romantique de l'amour. C'est un compromis, un ersatz. Mimi coupa court à ses réflexions :

— D'accord, elle a commis des erreurs, mais elle a montré beaucoup de courage. Tu as lu sa dernière lettre, celle qu'elle a écrite à Henri III ? C'est très émouvant.

Effectivement, la dignité avec laquelle Marie décrit le comportement méprisable de ceux qui l'ont condamnée à mort avait frappé Isabel. Son confesseur n'a pas été admis auprès d'elle pour lui donner l'absolution et lui administrer les derniers sacrements. Elle envoie à Henri deux pierres précieuses, talismans contre la maladie. Et puis cette ultime phrase, dans toute son horreur : « Mercredi, à deux heures du matin. » La lecture en est presque insoutenable. Plus triste encore, le témoignage que Robert Wynkfielde a laissé de son supplice, subi avec courage et dignité. Sans parler de la loyauté canine : le petit chien de Marie, incapable de quitter sa maîtresse, se cache dans les jupes et on le retrouve couvert de sang. Voilà comment les choses se terminent en Écosse : malgré une histoire passionnante, romancée à outrance, tout finit dans le sang.

Elle se promit d'emmener Mimi voir son amie Rosalind Marshall, qui écrivait des livres sur les reines d'Écosse. S'étant rencontrées récemment au supermarché de Morningside, lieu hautement improbable, elles en étaient arrivées à parler de Darnley, dont Isabel venait de lire la biographie.

— Il ne faut pas oublier qu'il était très jeune, avait répondu Rosalind quand Isabel lui avait demandé son opinion. Cela explique beaucoup de choses. De nos jours, un jeune homme comme lui fréquenterait les bars et les night-clubs.

— Au lieu d'épouser Marie Stuart…, avait suggéré Isabel, songeuse.

— Exactement, avait conclu Rosalind en attrapant sur le rayon un paquet de riz Arborio.

Après le départ de Joe et Mimi, Isabel passa plusieurs heures dans son bureau. Ce matin-là, Grace était de mauvaise humeur ; elles ne s'étaient pas beaucoup parlé. Isabel avait appris à ne pas poser de questions, car elle n'obtenait habituellement en réponse qu'une violente diatribe sur tel ou tel sujet. Elle préférait attendre avec tact que l'indignation ou la colère fussent retombées. Cette fois-ci, elle devinait des raisons politiques. Cela avait été le cas, quelques jours auparavant, quand le journal du matin avait annoncé la nomination de trois nouveaux hauts-commissaires, en charge respectivement de l'obésité, des droits des enfants et de l'accès aux arts. Un seul aurait suffi à fortement indisposer Grace ; trois, c'était plus qu'elle n'en pouvait supporter.

— Tout ce qu'ils veulent, c'est nous enrégimenter encore davantage. Moi, je dis qu'ils n'ont pas à se mêler de notre vie. Si on veut être obèse, ça nous regarde. Et puis c'est bien beau de parler des droits des enfants. Et leurs devoirs alors ?

La conversation s'était arrêtée à cette question rhétorique. Isabel, sur le point de répliquer, s'était ravisée. Il ne fallait pas espérer avoir le dessus avec Grace ; même un haut-commissaire s'y serait cassé les dents.

Elle termina son travail, une courte préface pour un supplément à la *Revue*, consacré à la connaissance de soi. La rédaction n'en avait pas été facile. Sans s'expliquer pourquoi, elle avait l'impression d'avoir écrit de façon trop subjective, comme s'il s'était agi de sa propre quête. Elle imprima son travail pour le relire. Elle avait choisi de commencer par Alasdair McIntyre. Celui-ci suggère que l'unicité du moi se fonde sur l'unicité d'une trame narrative qui commence à la naissance et s'achève à la mort. En d'autres termes, on se construit soi-même une histoire cohérente, qui permet d'atteindre la connaissance de soi. Toutefois, la cohérence n'est pas forcément une fin en soi. Pour celui qui persiste à viser des objectifs douteux, pour l'égocentrique invétéré, cette forme de connaissance de soi a-t-elle réellement une utilité? Selon Isabel, la capacité à comprendre une trame narrative ne suffit pas, car celle-ci dépend de traits de la personnalité qu'il faut savoir analyser. On peut ainsi essayer de se forger son propre caractère et devenir meilleur, parce que l'on connaît ses défauts.

Elle reposa les feuilles en soupirant : était-ce là la meilleure façon de gagner sa vie? Elle doutait que l'une de ses réflexions soit susceptible d'avoir le moindre effet. Personne n'aurait d'illumination soudaine en lisant l'avant-propos. Pour atteindre ce but, rien de moins efficace que la philosophie professionnelle. Pour changer le monde et la perception que les gens en ont, mieux vaut être journaliste, parce qu'on est lu, présentateur à la télévision, car on a la possibilité de glisser quelques conseils, ou encore professeur, quand on peut apporter la connaissance à des élèves avides d'apprendre. Journaliste, présentateur et professeur seraient pourtant sans doute tout prêts à changer de place avec elle.

L'esprit encore occupé par ce sujet, elle prépara distraitement sa valise. Comment s'habiller? Il y aurait sans doute des promenades, donc il fallait des vêtements imperméables. Elle aurait besoin de quelque chose de plus habillé pour le soir. Il était tout à fait possible que le dîner soit assez formel ; elle se rappelait que Dallas est une ville où l'on s'habille avec élégance. Angie, qui n'était pas du genre discret, exhiberait robe de cocktail et bijoux. Elle éprouva un bref sentiment de désespoir en ouvrant sa penderie. Certaines personnes s'intéressent aux idées et aux mots, d'autres aux vêtements et à la mode : sans doute possible, elle se rangeait dans la première catégorie.

Une heure plus tard, sa petite valise à l'arrière de la voiture suédoise verte, Isabel traversait la ville en direction de Stockbridge pour prendre Jamie, qui donnait des cours cet après-midi-là. Comme Isabel arrivait, le dernier élève émergeait de la porte qui menait à l'escalier commun. Il balançait son instrument le cœur léger, manifestement content que la leçon soit finie. Il remarqua la voiture d'Isabel et croisa son regard. Elle l'avait déjà vu quand elle était venue voir Jamie à la fin de ses cours ; il la reconnut, mais détourna rapidement les yeux, ce qui fit sourire Isabel. Tout adolescent mâle passe par une période où la vie quotidienne est une source constante de frustration, qui se traduit par rejet, grognements et silences hargneux. Ce monde qui ne le reconnaît pas à sa juste valeur lui paraît hostile.

Elle sortit son téléphone pour prévenir Jamie. Il arrivait. Effectivement, deux minutes plus tard il était là.

— J'ai reconnu ton élève, dit Isabel en démarrant. Je l'ai déjà vu.

— Il était sans doute plus aimable à l'époque, répondit Jamie. Je ne sais pas ce qui lui est arrivé. Sa musique en souffre.

— C'est la puberté, avança Isabel.

— Heureusement que ça passe, dit Jamie en riant. L'année dernière, j'avais un élève insupportable, qui est tout à coup redevenu humain. Plus d'excuses pour ne pas s'exercer, plus de mine renfrognée. Fini.

Isabel tourna dans Henderson Row, se sentant soudain pleine de joie de vivre. C'était vendredi après-midi, elle allait à la campagne avec Jamie. Elle resterait en sa compagnie jusqu'au dimanche soir. Ils n'avaient jamais passé autant de temps ensemble. C'était aussi la première fois qu'ils partaient ainsi. Cela ajoutait à l'excitation du moment.

— J'attendais ce week-end avec impatience, dit-elle. Je n'avais plus d'entrain. Je ne suis pas sortie d'Édimbourg depuis une éternité.

Jamie se tourna à demi pour lui sourire. Il lui vint à l'esprit l'expression écossaise « Un sourire comme celui-là ferait fondre tous les cœurs ».

— J'y ai pensé aussi toute la matinée. J'ai eu une répétition très ennuyeuse au Queen's Hall. J'avais envie de partir d'ici, de ne plus voir ni chef d'orchestre, ni musiciens.

— Ils vont te demander de chanter, dit Isabel pour le mettre en garde. Il y a un piano, je crois. J'ai apporté des partitions.

— Chanter avec toi, ce n'est pas pareil, fit Jamie. C'est informel, j'aime ça.

Isabel, les yeux fixés sur la circulation, peu dense pour un vendredi après-midi, ne répondit rien. Il arrivait qu'on soit pris dans les embouteillages autour de George Street ou en montant au Mound ; mais ce jour-là tout était fluide. Il ne leur faudrait guère plus d'une heure pour arriver à destination, peut-être moins. Ils se dirigeaient vers Peebles, au sud d'Édimbourg, à peu près la même direction que Mimi et Joe avaient suivie le matin. Tom et Angie avaient loué un manoir situé sur un *glen* un peu plus à l'ouest, à l'écart des circuits touristiques habituels. Isabel en avait entendu parler. Un ami à elle connaissait les propriétaires, qui vivaient dans un dénuement distingué. D'après son ami, les rideaux et les tapis étaient usés jusqu'à la corde; tout était passé et vieillissait dans l'ombre. Apparemment, les choses avaient changé récemment : un décorateur d'Édimbourg avait apporté des touches de couleur et rénové l'intérieur. L'âme de la maison avait-elle été détruite par l'argent et la recherche du confort? Elle n'imaginait pas Angie tolérer un campement sommaire. Jamie partageait cette opinion.

— Non, déclara-t-il. Elle coûte cher à entretenir, comme on dit.

— Elle a des goûts de luxe.

— Sans doute. Mais lui est riche, non? Donc cela n'a pas d'importance.

— Tu crois qu'elle l'aime?

Jamie regarda par la fenêtre. Ils allaient bientôt sortir de la ville; les collines de Pentland se dressaient devant eux. Derrière, au-dessus de la mer du Nord, le ciel était nuageux et la pluie tombait en rafales obliques. Au-delà des collines, le ciel était dégagé et lumineux, plein de promesses.

Il tripotait un bouton de sa veste, qui ne tenait plus que par un fil. Il avait eu l'intention de le recoudre, mais n'avait pas trouvé le temps.

— Je ne sais pas. Je ne me suis pas posé la question, répondit-il simplement. Et je crois que tu ferais bien de m'imiter.

Isabel ne voulait pas paraître s'intéresser trop à la question.

— Ne t'inquiète pas, lança-t-elle. Je n'ai pas l'intention de m'en mêler.

— Tu es sûre ? demanda Jamie d'un ton dubitatif.

À plusieurs occasions, il avait été témoin des interventions d'Isabel. Pour lui, quand elles avaient été couronnées de succès, ou tout au moins si le pire avait été évité, c'était surtout une question de chance.

— Soit, j'avoue que ça m'intéresse. C'est naturel, je trouve. Un type très riche, qui ne passe pas inaperçu, doté d'une fiancée qui n'a pas grand-chose dans le cerveau, ça fait réfléchir.

— S'il préfère quelqu'un comme elle, c'est son affaire, dit Jamie. Il n'est pas le seul. Ils seront probablement très heureux, ajouta-t-il.

Isabel voulait bien en convenir, dans la mesure où ils trouvaient dans cette relation ce qu'ils recherchaient l'un et l'autre. Mais pourrait-il vraiment être heureux s'il s'apercevait qu'elle ne s'intéressait qu'à son argent ? Elle posa la question à Jamie.

— Pourquoi pas ? Un homme comme lui ne doit pas se faire trop d'illusions. Il sait sûrement à quoi s'en tenir, et ça lui est égal qu'elle ne l'aime pas. Lui est l'époux d'une jeune femme belle et séduisante. Alors, tant qu'elle se conduit bien…

— C'est là le problème, répliqua Isabel vivement. Et si elle est attirée par d'autres hommes ?

— Elle serait bien bête, dit Jamie en haussant les épaules.

Isabel pianota sur le volant. Jamie faisait-il partie des gens qui ne comprennent pas le flux et le reflux de la passion, et croient qu'en amour on raisonne en termes d'avantages et de désavantages ? Rien n'est plus faux. Dans ces circonstances, au contraire, on se comporte de façon irrationnelle, comme en proie à l'ivresse. C'était peut-être ce qui avait poussé Marie Stuart à épouser Darnley, allant ainsi contre ses intérêts bien compris. Elle ne souhaitait pas poursuivre cette discussion, qui avait pris un tour incompatible avec une virée romantique à la campagne, si on pouvait parler ainsi. Elle fut soudain consciente de la présence physique de Jamie à côté d'elle, de l'angle de ses jambes, de son bras droit qui touchait presque le sien, de ses cheveux que dérangeait le vent s'engouffrant par la vitre à moitié ouverte. Une expression particulièrement appropriée lui vint à l'esprit : «cette beauté humaine ordinaire». Une beauté ordinaire car elle ne requérait aucun ornement, aucun ajout superflu : une beauté supérieure à toutes les autres.

— Regarde ces moutons, dit-il brusquement.

Ils suivaient la route qui monte à partir d'Auchendinny. À droite, un vallonnement de champs et des bois descendait jusqu'à la rivière. Les moutons étaient regroupés autour d'une auge qu'un fermier était en train de remplir de nourriture. De petits tourbillons de poudre, les miettes du mangeoire des moutons, étaient entraînés par le vent.

— C'est leur déjeuner, dit Isabel.

Cela les fit rire; il n'y avait rien de particulièrement drôle, mais il leur sembla qu'ils avaient partagé quelque chose d'important. Quand on est avec la personne aimée, les détails les plus minimes prennent du poids, la moindre chose suscite l'hilarité, parce que l'amour transforme le monde. Elle se demandait si c'était effectivement le cas. Un souvenir lui revint soudain en mémoire.

— Je vais te raconter quelque chose. La dernière fois que je suis venue ici, l'Union soviétique existait encore, c'était juste avant la chute. L'Académie des sciences avait envoyé ici une philosophe russe et j'étais chargée de m'occuper d'elle pendant quelques jours. Elle voulait surtout faire les magasins, acheter des choses dont elle avait besoin, à cause de la pénurie en URSS. Mais je l'ai emmenée à Peebles pour déjeuner. Quand elle a vu les moutons dans les champs, elle s'est écriée :

« Regardez ces moutons, regardez tous ces moutons ! » Elle avait ensuite ajouté : « Dans mon pays, on ne sait plus s'occuper des animaux. »

— Et elle n'avait jamais vu ça ? demanda Jamie doucement.

— Elle n'avait jamais vu ça. En Russie, apparemment, la campagne est presque vide. Dans les kolkhozes, on n'élève pas d'animaux. Le lien entre les gens, la terre et les animaux a été rompu.

Isabel se souvenait d'une autre anecdote.

— Ce n'est pas tout. Un séminaire avait été organisé à la Royal Society d'Édimbourg, autour de la philosophie politique. Elle était venue y assister avec deux collègues russes. Comme ils ne parlaient que le russe, il y avait un interprète. Elle n'avait pas oublié l'interprète, un type au teint cireux, qui devait sortir de la salle plusieurs fois par heure pour fumer une cigarette.

— Le séminaire était ouvert au public, mais il n'y avait presque personne. Un type de plus de soixante-dix ans, assez mince et très élégant, a posé une question après les interventions de nos invités russes. Il parlait russe, et j'ai vu ces derniers se tourner vers lui et le regarder avec stupéfaction. J'ai regardé la femme et je me suis aperçue qu'elle avait les larmes aux yeux. Quand je lui ai demandé ce qu'il avait dit, elle a simplement secoué la tête en confiant qu'elle n'avait jamais entendu personne parler sa langue de façon aussi belle. Absolument jamais. En fait, il parlait le russe d'avant la révolution. Son père s'était exilé, et il avait appris le russe en France. Nos visiteurs étaient habitués à la brutalité du russe moderne, laid, grossier et jargonneux. Elle entendait enfin une langue pure et authentique, et cela la touchait aux larmes.

Tom avait trouvé Tarwhinn House par l'intermédiaire d'un ami vivant à Austin, qui avait lui-même loué le manoir quelques années auparavant. Cela faisait presque trois siècles que cette demeure était dans la famille, prétendaient les propriétaires. Construite au dix-septième par un notable du coin, elle s'était transmise d'héritier en héritier jusqu'à un choix politique malheureux en faveur du prince Charlie, lors du soulèvement de 1745. Le chef de famille avait été déclaré hors-la-loi et pourchassé ignominieusement jusque sur la jetée d'où il avait embarqué pour la France, quittant le sol natal. Ses propriétés avaient été confisquées. C'est à cette période que de nouveaux propriétaires en avaient fait l'acquisition, en soudoyant à droite et à gauche, prenant la place du malheureux proscrit, pour finalement emprunter son nom et ses armoiries. Quand Isabel avait entendu l'histoire, elle s'était dit que c'était là un cas précoce de vol d'identité.

La génération actuelle ne ressentait pas le besoin de manifester de la contrition quant aux conditions de cette transmission de patrimoine, et souscrivait de bon cœur à tout le romantisme associé à cette demeure. Seulement, elle avait d'autres chats à fouetter ; maison et domaine avaient été négligés. Un beau jour, les réparations étaient devenues inévitables, le toit en particulier souffrant de ce que les couvreurs appellent la maladie des clous : les trous percés dans les ardoises s'élargissent, les clous faiblissent et les ardoises tombent. Les propriétaires avaient fait venir entrepreneurs et décorateurs ; l'atmosphère humide et moisie qui régnait dans la maison avait cédé la place à la chaleur et la lumière. Mais cela coûtait cher : les locations de longue durée pendant la saison d'été étaient d'autant plus vitales. Tom, prêt à louer le manoir pour deux ou trois mois, était un locataire idéal.

— On arrive, dit Isabel. Tu la vois ? Par là.

Dans la direction qu'indiquait Isabel, on distinguait au-dessus des arbres le toit et les fenêtres de l'étage supérieur. Pour le reste, les arbres faisaient écran ; il ne vit que les pins d'Écosse et la colline qui s'élevait raide derrière le manoir.

— C'est un de ces manoirs étroits et tout en hauteur ? demanda Jamie.

— Je ne l'ai vu qu'une fois, répondit Isabel, et je ne m'en souviens pas bien. La propriété avait été ouverte au public à l'occasion d'un festival des Jardins d'Écosse. Mais je ne suis pas allée à l'intérieur.

Ils quittèrent la route pour emprunter un chemin dont l'entrée était signalée par un modeste écriteau où on lisait « Tarwhinn House ». Ils se trouvaient maintenant dans l'allée menant au manoir, un chemin de terre recouvert çà et là d'un peu de gravier, creusé de nids-de-poule encore remplis de l'eau de la dernière pluie. Isabel dut ralentir pour les éviter. Après avoir contourné un massif de rhododendrons, ils arrivèrent en vue du manoir. Quatre étages, les petites fenêtres caractéristiques des maisons fortifiées qu'on bâtissait à l'époque. De forme rectangulaire, comme une boîte de carton posée sur la tranche, elle était belle par sa simplicité. Les murs étaient recouverts d'un crépi moucheté, d'une discrète couleur terre cuite avec une touche de rose, qui donnait à la bâtisse une sorte de douce luminosité qu'exaltait le pâle soleil de cette fin d'après-midi.

— J'adore cet endroit, dit Jamie impulsivement. J'adore. Deux voitures étaient garées au bord du large cercle gravillonné devant la maison : la petite voiture rouge cabossée à l'arrière que Joe et Mimi avaient louée, et la grosse voiture qu'Isabel se rappelait avoir vue à Édimbourg lors de sa première rencontre avec Tom et Angie. Elle se gara soigneusement derrière la petite voiture et arrêta le moteur.

— Oui, c'est exactement ça, dit Jamie en se tournant vers elle.

— Quoi ? demanda Isabel.

— C'est exactement ce que j'avais imaginé pour ce week-end.

— Très bien, dit Isabel, qui ne savait quoi répondre.

— Tu comprends, expliqua Jamie en détachant sa ceinture de sécurité, je n'ai jamais été invité à passer tout un week-end dans une maison comme ça. Pas une seule fois. Il y a quelques années, j'ai failli aller à Aviemore, où des amis avaient loué un cottage. Seulement ils avaient mal calculé, et deux d'entre nous ont dû abandonner. On ne pouvait pas dépasser un certain nombre de personnes, donc je n'y suis pas allé. Voilà mon seul week-end à la campagne.

Cela fit rire Isabel. C'était là qu'on voyait la différence d'âge entre eux. Lui était tout excité ; pour elle ce genre d'invitations n'avait plus l'attrait de la nouveauté. Pourtant elle ressentait une sorte de frisson d'anticipation, parce qu'il avait dit que c'était une occasion très spéciale pour lui, de se trouver ici, et avec elle. Oserait-elle le croire ?

Ils descendirent de voiture. Jamie sortit la valise d'Isabel et son modeste sac de voyage personnel, et ils se dirigèrent vers l'entrée. La maison semblait beaucoup plus haute quand on s'en approchait. Ces vieilles bâtisses écossaises sont en fait de petits châteaux forts, qui devaient paraître imprenables aux attaquants éventuels. Néanmoins, en cas de siège, des murailles épaisses de presque un mètre n'empêchent pas de mourir de faim. Et que dire des incendies, de la maladie et des autres dangers qu'on courait à cette époque sans lois si l'on avait quelque chose à défendre ?

Tom apparut alors qu'ils arrivaient sur le seuil.

— Je vous ai vus arriver par une meurtrière, dit-il. Elles sont très utiles. Je peux surveiller toute l'allée pour voir qui vient m'assiéger.

Isabel sourit. *Mais la menace venait peut-être de l'intérieur*. Tom remarqua qu'elle avait subitement changé d'expression.

— Tout va bien ? demanda-t-il.

— Tout va très bien, répondit-elle vivement.

Ils se trouvaient maintenant dans le vestibule. Il regarda pardessus son épaule en direction d'une porte au fond.

— Il y a une personne qui s'occupe de tout, Mrs Paterson. C'est compris dans le contrat. Elle a préparé vos chambres et elle va vous conduire.

La porte du fond s'ouvrit et Mrs Paterson apparut. C'était une femme d'un certain âge, au visage large et au teint hâlé par les éléments, ce teint que l'on ne voit plus dans les villes, où la pâleur domine. Elle salua Isabel et Jamie courtoisement et leur enjoignit de la suivre au premier étage. Elle avait l'accent de la région des Borders.

Une fois dans le couloir, elle leur demanda si c'était leur première visite.

— J'ai déjà visité le jardin, répondit Isabel, il y a quelques années. Mais je ne connais pas la maison elle-même.

— Ah oui, je me souviens. Des tas de gens ont fait le détour depuis Peebles pour voir les jardins. Il faudrait recommencer. Mais les gens qui louent la maison n'apprécieraient peut-être pas. Ils veulent être tranquilles et on les comprend.

— C'est juste, dit Isabel. Je n'aimerais pas qu'on vienne déambuler dans mon jardin, même s'il est bien modeste.

Mrs Paterson semblait d'accord. Le couloir qui courait tout le long de la maison n'était pas particulièrement long, en raison de la forme carrée de celle-ci. Au bout du couloir, Mrs Paterson poussa la porte en pin naturel.

— Vous êtes ici, dit-elle à Isabel.

Celle-ci entra, mais Jamie resta dans le couloir.

— Vous pouvez entrer aussi, dit Mrs Paterson à Jamie en montrant une porte. Vos chambres communiquent.

Isabel vit l'air embarrassé de Jamie et se détourna pour examiner la vaste chambre. Des murs lambrissés, deux fenêtres, des tapis d'Orient aux couleurs passées disposés çà et là sur le parquet ancien aux larges lattes. Contre le mur du fond se dressait une armoire très ancienne en chêne. En face, une sorte de commode. Aux murs, de petits tableaux à l'huile noircis représentaient des scènes de campagne : un lièvre à la lisière d'un bois, des meules dans un champ, un paysage hivernal. Il y avait un grand lit.

— J'espère que vous avez tout ce qu'il vous faut, dit Mrs Paterson. Si vous voulez vous faire du café ou du thé, la cuisine donne dans le vestibule par lequel vous êtes entrés. Vous trouverez tout ce dont vous avez besoin, même si je ne suis pas là. La salle de bains est deux portes plus loin dans le couloir, nous sommes passés devant. Les canalisations sont bruyantes, mais il y a autant d'eau chaude que l'on veut.

Elle quitta la pièce avec un bref sourire à Isabel, qui posa sa valise. Jamie, qui était passé dans la chambre attenante pour y laisser son sac, réapparut. Il se dirigea vers la fenêtre et regarda dehors.

— Il y a un nid de corneilles dans cet arbre, viens voir.

— Il semble que nous allons partager la même salle de bains, dit Isabel en jetant un coup d'œil dehors.

— Pas de problèmes, fit Jamie en tournant la tête. C'est incroyable, ajouta-t-il en reprenant sa contemplation, on se croirait très loin d'Édimbourg, on se croirait à Argyll. À quarante-cinq minutes du centre-ville.

Elle le rejoignit à la fenêtre. Derrière les arbres, la colline s'élevait abruptement, verte dans ses contrebas et puis rouge et violette à mesure que la bruyère gagnait du terrain. *Sub specie aeternitatis.* Si l'on regarde le monde dans la perspective de l'éternité, ceci n'est rien. Nos petites affaires humaines, nos angoisses et nos doutes sont des choses insignifiantes. Comme Ronsard l'a prescrit, et Herrick après lui, il faut cueillir dès aujourd'hui les roses de la vie, car on n'a aucune preuve de l'existence d'une vie après la mort. L'essentiel, c'est de saisir le bonheur et l'amour quand ils sont, fugitivement, à notre portée, avant l'anéantissement auquel nous sommes condamnés, comme le soleil lui-même, dont la destruction est programmée, sonnant ainsi le glas de toute existence terrestre.

Elle savait pourtant qu'on ne peut pas mener sa vie comme si rien n'avait d'importance. Nos préoccupations, pour insignifiantes qu'elles paraissent, sont vitales. Écraser un nid de fourmis nous semble sans conséquence; pour les fourmis c'est un cataclysme majeur, une cité en ruine, un continent dévasté. Un monde en contient beaucoup d'autres, chacun avec ses valeurs et sa signification propres. Le monde est indifférent à mon bonheur ou à ma tristesse, mais pour moi c'est important, et c'est cela qui compte.

Mais le lieu où elle se trouvait semblait si éloigné des préoccupations philosophiques qu'elle décida d'arrêter là cette réflexion sur les rapports entre sens et philosophie.

16

Mimi et Joe restèrent invisibles jusqu'à ce qu'ils se retrouvent tous pour le dîner dans le salon du rez-de-chaussée. La pièce qui en faisait fonction était orientée au nord; elle avait été choisie sans tenir compte de l'exposition, mais les bûches qui flambaient dans la cheminée réchauffaient les épais murs de pierre. Elle formait un carré parfait. Le plafond mouluré s'ornait d'une corne d'abondance à chaque coin et de quatre têtes d'angelots en son centre. Le mobilier correspondait parfaitement au style de la maison : sans être somptueux, il avait un raffinement qu'on n'aurait pas trouvé dans une grande ferme, même prospère. Les porcelaines dans la vitrine, la bibliothèque tournante, le bureau en noyer aux pieds fragiles, les divans confortables, les coussins recouverts de soie à motif chinois, les tableaux de chevaux et de chiens : rien ne manquait à ce cadre typique de la petite noblesse écossaise. Une banquette accueillante courait le long du mur du fond, sous ce qui devait être la plus grande fenêtre de la maison, à proximité d'une table basse recouverte de magazines de luxe, *Country Life*, *Scottish Field*, *Horse & Hound*.

Isabel n'avait aucun mal à imaginer avec quelle facilité on pouvait s'adapter à ce mode de vie, se contenter d'une agréable routine, libéré des difficultés et des angoisses du monde extérieur, et y trouver le bonheur. D'ailleurs, beaucoup se laissaient séduire. Un peu comme Horace quittant Rome pour le réconfort de sa propriété de Sabine et ses plaisirs : la culture de la vigne, la poésie, la préparation de la moisson. Certes, en se retrouvant totalement coupé de la plupart de ses semblables, on échappe à leurs préoccupations quotidiennes, la criminalité, le manque d'argent, les nuisances du voisinage. Mais il vaut mieux, somme toute, faire partie du monde plutôt que d'en être détaché.

Elle jeta un coup d'œil à Tom, qui discutait avec Joe près de la table roulante où se trouvaient les apéritifs ; absorbé par la conversation, il avait oublié de servir à Angie et Mimi leurs Martini.

Pourquoi avaient-ils choisi de se retrouver là, si loin de Dallas ? Même si l'été texan était très chaud, le monde dans lequel ils évoluaient était évidemment climatisé. D'un autre côté, on pouvait comprendre qu'ils ne désirent pas rester cloîtrés chez eux. Et puis l'Écosse offrait le charme romantique et la douceur enchanteresse de ses paysages aux tons pastel vert et bleu, son air vivifiant. Voilà ce qui les avait attirés, lui du moins ; l'Écosse n'était pas tout à fait le meilleur cadre pour Angie. On l'imaginait mieux dans les quartiers chics de Londres, à Bond Street ou Mayfair.

Tom s'arracha à la compagnie de Joe en lui montrant la desserte. Tout comme Isabel, il avait remarqué la mimique d'Angie, qui faisait ostensiblement le geste de porter un verre à ses lèvres. C'était moins discret que les signaux que la reine, dit-on, envoie à son personnel. Dans le système de communication élaboré, policé, qui sous-tend la vie matérielle de la souveraine, un léger mouvement de la main suffit à produire un gin tonic. Elle avait aussi entendu dire que la reine aime les sandwiches à la banane et que le personnel est formé pour les préparer de la bonne manière. Il y a quelque chose d'attendrissant dans cette touche de simple humanité au milieu de l'apparat de la vie publique.

Tom apporta son verre à Isabel et resta bavarder avec elle. Elle avait trouvé un moyen d'éviter de se laisser distraire par le visage affreusement déformé et le rictus caractéristique de la paralysie de Bell. En le regardant dans les yeux, ou juste au-dessus, le reste du visage prenait moins d'importance.

— Pardonnez-moi mon visage, dit-il soudain. Je sais que c'est difficile pour les gens.

Isabel ouvrit la bouche pour protester, mais il continua :

— Vous savez, ça donne l'impression d'être très douloureux, mais en réalité ça ne l'est pas. Je suis conscient d'une petite tension musculaire, mais on s'y habitue vite. J'ai de la chance, ça pourrait être pire.

— Bien sûr, dit-elle très vite. Vraiment, ce n'est rien…

— Non, ce n'est pas rien, répondit-il en riant. Je n'irais pas jusque-là. Ce qui est curieux, c'est que je ne peux pas regarder mes photos. Je me dis : Non, ce n'est pas possible, ce n'est pas moi. Je ne peux pas être aussi affreux que ça. Mais je crois qu'il y a quantité de gens qui ne veulent pas se voir en photo, qui ne veulent pas être photographiés. C'est sans doute la majorité, d'ailleurs.

— C'est mon cas, fit Isabel.

— Vous ? Mais…, dit Tom, l'air étonné. Au contraire, vous devriez être très fière de votre apparence. Vraiment, vous n'avez pas de souci à vous faire.

— C'est très gentil de dire ça. D'abord, je me suis toujours trouvée trop grande.

— C'est idiot. Les femmes grandes sont très séduisantes. Moi, je préfère les grandes.

Isabel ne put s'empêcher de jeter un bref regard en direction d'Angie, avant de revenir à Tom, se rendant compte qu'elle s'était trahie. Angie n'était pas grande. Si Tom avait remarqué le mouvement de ses yeux, il était trop bien élevé pour le laisser paraître.

— Dites-moi, demanda-t-il, vous aimez Édimbourg ?

Isabel ressentit une irritation passagère. Voilà bien une question qu'on ne devrait jamais poser : c'est soit terriblement banal, soit un manque de tact. Si les gens ne sont pas heureux là où ils vivent, cela signifie qu'ils sont prisonniers, parce qu'ils sont mariés ou en raison d'autres contraintes domestiques, à cause de leur emploi ou par apathie pure et simple. Quoi qu'il en soit, répondre « non » implique le regret.

Ce n'était pas tout. Elle avait déjà remarqué la tendance qu'ont certains Américains à penser que tout le monde, au fond, a envie d'aller vivre en Amérique. Ils ont du mal à comprendre que les personnes qui le pourraient ne saisissent pas l'opportunité. Isabel, étant à moitié américaine, aurait pu choisir l'Amérique, et pourtant elle vivait en Écosse. Tom s'en étonnait-il ?

— Bien sûr, dit-elle.

À son léger mouvement de recul, elle comprit qu'elle n'avait pas réussi à dissimuler son irritation. Elle lui posa la main sur le bras.

— Je vous demande pardon. J'ai l'air d'être sur la défensive. J'aime vivre ici. Mais je suis sûre que je serais aussi très heureuse ailleurs, à New York, ou encore à Charlottesville, en Virginie, pour ne citer que ces deux endroits. Très heureuse.

Sa réponse eut l'effet désiré :

— Détrompez-vous. Je ne trouve pas étrange d'habiter Édimbourg, dit-il. C'est tout le contraire. J'adorerais vivre ici.

— Alors, c'est à mon tour de vous demander si vous êtes heureux d'habiter Dallas et pourquoi vous le faites.

— Parce que j'y suis né, dit-il simplement. C'est la raison la plus courante, non ? Partout dans le monde.

— Certainement. La plupart des gens n'ont pas le choix. Ils sont là où ils sont, c'est tout. Mais vous n'avez pas répondu à mon autre question. Vous êtes heureux à Dallas ?

Les yeux plongés au fond de son verre, il prit son temps pour répondre. Isabel, qui regrettait sa question, prit les devants :

— Je suis sûre que vous l'êtes, et il y a de quoi. C'est le confort, c'est la sécurité. Vous y avez des activités, tous vos amis.

Elle savait bien pourtant que ces éléments, par ailleurs importants, étaient secondaires. Ce qui le retenait à Dallas, ce n'était pas cette raison banale, une vie de couple ratée; il s'agissait de quelque chose de plus original : des fiançailles peu satisfaisantes.

Ils changèrent de sujet. Il lui posa des questions sur l'Écosse et son histoire. Il avait lu beaucoup de choses, plus qu'elle peut-être. On ne peut pas tout faire, se dit-elle pour se justifier. C'était suffisamment difficile de se tenir au courant des publications dans son domaine de recherche philosophique, pour n'avoir pas en plus à s'occuper d'autres sujets.

Joe et Mimi, Angie et Jamie étaient rassemblés à l'autre bout de la pièce. Mimi parlait à Angie. Joe, trop poli pour montrer qu'il s'ennuyait, faisait mine d'étudier le tableau accroché au-dessus de la cheminée. Isabel ne put retenir un sourire en reconnaissant l'air un peu effaré qu'il prenait quand il aurait préféré être ailleurs. Il avait pourtant l'habitude de ces conversations d'avant dîner avec les hôtesses de Dallas. Isabel savait qu'il ne se départait jamais d'une politesse sans failles.

Pendant que Mimi parlait, Angie examinait son verre. Isabel la vit jeter furtivement un regard de côté à Jamie, sans que Mimi s'en aperçoive.

— Voilà, conclut Tom. Qu'est-ce que vous en pensez? Cela m'intéresse de le savoir, puisque vous vivez ici.

— Veuillez m'excuser, répondit Isabel, qui n'avait pas entendu. J'étais avec les fées.

— Pardon ?

— Excusez-moi, c'est une expression écossaise : j'étais ailleurs. Autrefois on parlait beaucoup des fées en Écosse, surtout dans les Highlands. Je comprends que vous soyez surpris.

La bouche de Tom fit une grimace presque douloureuse, mais elle vit à ses yeux qu'il souriait.

— Chez nous, il faudrait faire attention. Ça pourrait être mal compris. On utilise ce terme pour les homosexuels.

— C'est vrai, reconnut Isabel. Deux pays séparés par une langue commune.

Ils restèrent silencieux. Quand elle prit conscience qu'il la regardait attentivement, comme pour l'étudier, Isabel, gênée, détourna le regard. Joe parlait à Mimi. Angie levait les yeux vers Jamie et il était impossible de se méprendre sur cette admiration manifeste. Une vague de jalousie intense et primitive la submergea. Puis elle se raisonna : aucune femme ne pouvait s'empêcher de l'admirer. Aucune n'était à l'abri, encore moins quelqu'un comme Angie, qui s'intéressait aux hommes et ne pouvait manquer d'apprécier la beauté masculine. En outre, elle n'avait sans doute jamais rencontré quelqu'un comme Jamie, doté de cette gentillesse spécifiquement écossaise. Au Texas, la plupart des hommes sont bien différents. Néanmoins... Elle essaya de s'imaginer disant à Angie :

« Désolée, il est à moi, il n'est pas disponible. »

Angie, jetant un coup d'œil à sa montre, annonça soudain qu'il fallait passer à table sous peine de laisser le dîner se gâter.

Tom posa son verre, fit un signe de tête à Isabel et traversa la pièce pour dire un mot à l'oreille d'Angie. Isabel essaya d'analyser les diverses expressions qui se succédaient sur le visage de celle-ci : ennui, poids des obligations, frustration. Manifestement, il y avait aussi de la rancœur : ce n'était pas Tom qu'elle aurait souhaité avoir à son côté.

Isabel eut pitié d'elle, passagèrement. C'était là le lot de tant de femmes, et d'hommes aussi, qui regretteraient toujours de n'avoir pas trouvé l'âme sœur. Par loyauté, pour des questions d'argent ou tout simplement par apathie affective, on ne se sépare pas. La différence, c'est qu'au début on est soutenu par l'amour, l'optimisme et la confiance dans l'avenir. Dans le cas d'Angie, il s'agissait de cupidité et d'arrivisme ; cela ne méritait pas beaucoup de pitié. Il suffisait à Angie de rompre, de reconnaître honnêtement ses motivations, de dire adieu à Tom et d'abandonner ses ambitions d'ascension sociale. Elle n'en a sans doute pas la moindre envie, songea Isabel, elle a bien autre chose en tête.

Après le dîner, ils retournèrent au salon. Quelqu'un, la gouvernante peut-être, avait remis des bûches sur le feu, et les flammes dansaient gaiement, se reflétant dans la couleur sombre du tapis du Béloutchistan étalé devant la cheminée. De petits gobelets de porcelaine étaient disposés sur le plateau à café, flanqués de chocolats à la menthe.

On parla de choses et d'autres, puis Isabel et Jamie se dirigèrent vers le piano.

— Je vous en prie, jouez-nous de la musique écossaise ! supplia Tom.

Isabel acquiesça d'un signe de tête, s'assit sur le tabouret de piano et se tourna vers Jamie.

— Il nous faut payer tribut, dit-elle.

— On n'y coupera pas, marmonna Jamie.

Pourtant, incapable de faire quelque chose de mauvaise grâce, il attendit avec le sourire qu'elle ait disposé les partitions de chants écossais. Elle lui indiqua un morceau.

— Tout à fait approprié, dit-il.

— *The Bonnie Earl of Moray*, annonça Isabel. Le sujet n'est pas très gai, mais il a quelque chose de fascinant. C'est une complainte, comme beaucoup d'autres morceaux de musique écossaise qui déplorent des événements tragiques et le sort contraire qui s'acharne sur les héros.

— C'est comme la musique *country*, non? demanda Mimi en riant. Femmes volages et chiens fidèles.

— Peut-être, répondit Isabel.

Après avoir plaqué quelques accords, elle regarda Jamie. Celui-ci, à sa place près du piano, fit un signe de tête. Quand ils arrivèrent au bout du premier morceau et que les dernières notes se furent éteintes, Mimi joignit les mains comme pour applaudir, mais aucun des autres ne réagit. Angie fixait Jamie; Tom, qui avait surtout observé les mains d'Isabel sur le clavier, tourna les yeux vers Angie. Joe, les mains croisées sur les genoux, était plongé dans la contemplation d'une corne d'abondance au plafond.

— Hélas, le beau comte de Moray a été assassiné, lança Isabel pour rompre le silence. Assassiné par le comte de Huntly. On l'a ensuite étendu sur l'herbe, comme le dit la chanson.

— C'est très triste, fit Angie à mi-voix. Enfin, je veux dire, pour sa famille.

Jamie échangea un regard avec Isabel, la défiant de rire, mais elle baissa les yeux sur le clavier et frappa sur le *si* bémol, trop doucement pour produire un son.

— C'est vrai, dit Isabel. Il était très aimé, je crois. Il y a un vers étrange : « Il était beau et courageux, et il jouait au gant. » Ce qui veut dire, apparemment, qu'il jouait au tennis, pas le tennis sur herbe, mais le jeu de paume, le vrai tennis, qu'on joue avec des espèces de raquettes étranges et où il faut faire rebondir la balle sur le toit. Au début on jouait à main nue, et ensuite on est passé au gant. La raquette n'est venue que beaucoup plus tard. Il y a encore un vrai jeu de paume au château de Falkland.

— On y est passés, tu te souviens, Angie ? dit Tom. En allant à St Andrews. Le château de Falkland. Il y a un verger, tu vois ce dont je parle ? C'est là que Jacques V est mort, juste après la naissance de Marie Stuart. Il s'est retiré dans sa chambre et il s'est laissé mourir de désespoir après la défaite écossaise de Solway Moss. C'est cette dame qui nous l'a raconté, tu sais, celle qui nous a fait visiter.

— Quelle dame ? demanda Angie en fronçant les sourcils, l'air perplexe.

— J'aimerais chanter autre chose, déclara Jamie, venant à son secours. C'est ce poème de Robert Burns que vous connaissez tous, *La Rose rouge*.

— Oui, c'est magnifique, dit Tom pendant qu'Isabel cherchait la partition.

En jouant les premières mesures de l'introduction, son attention partagée entre la musique et la scène qu'elle observait, elle vit Tom prendre la main d'Angie dans la sienne. Peut-être savait-il à quoi s'en tenir sur les motivations d'Angie, comptant qu'elle apprendrait à l'aimer. Car l'amour peut naître quand on y croit et qu'on se comporte comme s'il était présent. C'était bien le cas pour le libre arbitre, et d'ailleurs pour la foi religieuse, quel que soit son objet. L'amour a bien des points communs avec la foi.

Mais un regard à Angie la fit à nouveau changer d'avis. Elle préférerait qu'il ne soit pas là. Alors elle pourrait l'aimer. Elle l'aimerait beaucoup plus s'il n'était pas là, à côté d'elle.

17

Quand elle se réveilla, en pleine nuit, il était à peine trois heures ; elle l'entendit respirer à côté d'elle, ce bruit si léger, si fragile, si humain. Son oreiller avait glissé par terre et sa tête reposait sur un drap froissé. Elle lui tournait le dos, ainsi qu'à la faible clarté qui filtrait par les rideaux mal fermés ; il ne faisait jamais vraiment nuit pendant les mois d'été. Bien réveillée, l'esprit clair, elle ferma néanmoins les yeux et remonta le drap sur elle. Il faisait chaud, il n'y avait pas de vent : pas besoin de couvertures.

Elle se remémora les événements. Après la musique, on s'était séparé. Fatiguée, Mimi avait annoncé qu'elle et Joe montaient se coucher. Angie avait regardé sa montre et déclaré qu'elle aussi avait sommeil.

— Je vais faire un tour dehors. Tu veux venir avec moi, Isabel ? avait proposé Jamie.

Tom n'était pas inclus dans l'invitation, ce qui avait embarrassé Isabel. Mais Tom devait se considérer engagé par le fait qu'Angie avait choisi de monter se coucher. Quand Isabel avait souhaité bonne nuit à Angie, le regard de celle-ci était passé de Jamie à elle, et elle avait souri. Isabel s'était demandé si elle avait deviné ses sentiments. Mimi s'en était bien aperçue. Peut-être cela crevait-il les yeux, qui sait?

Jamie et elle étaient sortis. À dix heures du soir, il faisait encore assez clair pour voir distinctement les arbres qui s'accrochaient aux flancs de la colline. Ils distinguaient aussi les moutons qui continuaient à paître près du muret de pierres sèches qui traversait le champ au pied de la pente. Ils avaient emprunté le sentier de gravier, jonché de petites branches, d'aiguilles et de pommes de pin qui partait de l'allée de rhododendrons. Jamie marchait devant.

Si elle avait frissonné, ce n'était pas à cause du froid. Il faisait doux et elle n'avait nul besoin de se couvrir. Mais il lui fallait absolument parler à Jamie, sans attendre que les choses aillent plus loin. Il était impossible qu'il ait oublié la disposition de leurs chambres. Avait-il pensé à ce qui pouvait se passer?

— Jamie.

Il marchait devant elle sur le chemin. On entendait non loin l'eau d'un torrent qui descendait la colline. Il se retourna et lui sourit.

— Quelle étrange soirée, dit-il.

Elle leva les yeux vers lui. Certes, c'était différent des soirées qu'ils avaient passées ensemble à Édimbourg, mais pas si étrange que ça.

— Il faut qu'on parle, tu ne crois pas?

La nervosité troublait son élocution. Quel ton désagréable! se dit-elle. À la campagne, on n'a pas besoin de parler, et philosopher est déplacé.

— Mais on a bavardé toute la soirée ! répondit Jamie d'un ton surpris.

Il eut un sourire conspirateur, comme s'il allait confesser un secret.

— En tout cas, c'est vrai pour Angie. Tu l'as entendue, d'où tu étais assise ? Cette femme pourrait parler pendant des heures. Je n'ai pas eu à ouvrir la bouche.

— Ce n'est pas ce que je veux dire. Je faisais allusion à ce qui semble être en train de se passer entre nous.

Il se tenait tout près d'un pin qui poussait au milieu du sentier et bouchait presque le passage. Une branche avait été brisée et les morceaux jonchaient le bord du sentier. Brusquement, il leva le bras et cassa une brindille, pour occuper ses mains, pour masquer l'inconfort de la situation. Il ne répondit pas tout de suite.

— Je ne sais pas s'il se passe quelque chose entre nous, dit-il enfin. Je ne sais pas si quelque chose a changé.

Il semblait chercher sur le visage d'Isabel une indication. Fugitivement, Isabel s'en irrita ; il n'avait plus seize ans, il en aurait bientôt trente. Il avait suffisamment d'expérience.

— Écoute, tu dois m'excuser si je dis les choses très simplement. Tu veux qu'on soit amants ?

Il gardait les yeux baissés sur les pommes de pin éparpillées dans le sentier. Leur odeur piquante flottait dans l'air, comme les mots d'Isabel et le bruit du torrent tout proche. Je l'ai choqué, se dit-elle, secrètement consternée.

Il haussa les épaules, incapable de trouver les mots qu'il fallait.

— Ce n'est pas une obligation, dit-elle.

— Mais si, si.

— C'est ce que tu veux?

— Oui, je t'ai dit oui. La réponse est oui.

Ils revinrent vers la maison.

Comme il est beau, étendu sur ce lit ! se dit-elle. Je n'ai jamais rien vu d'aussi beau que cet homme, sa peau lisse, la forme des côtes, qu'on devine juste. Je pourrais poser ma main sur sa poitrine et sentir son cœur battre.

Il ouvrit les yeux.

— Tu es réveillé aussi.

Elle effleura de la main la joue de Jamie. À ce moment précis, tu es à moi, complètement à moi, mais cela ne durera pas ; parce que tu ne m'appartiens pas. Ô mon amour, combien je voudrais que tu m'appartiennes, mais c'est impossible, encore plus qu'avant.

— Oh ! dit-il.

Ce fut tout. « Oh ! »

— Je suis désolé, Isabel, fit-il, tournant la tête pour la regarder.

— Désolé? répéta Isabel en caressant sa joue à nouveau. Pourquoi? Pourquoi serais-tu désolé?

— C'était un peu précipité. Tu ne voulais peut-être pas…

Surprise, elle retint son souffle. Précipité? Il s'accouda et reposa sa tête sur sa main.

— Je t'ai choquée?

— Bien sûr que non, Jamie, tu ne m'as pas choquée du tout. Cher Jamie. Absolument pas.

— Alors, c'est…

Elle ne pouvait s'empêcher de contempler avec avidité la perfection absolue du corps mince d'adolescent, sans un gramme superflu.

— Mais oui, murmura-t-elle. Ne sois pas idiot. J'espérais que… Oui, j'espérais que cela arriverait.

Il réfléchit.

— Je t'aime beaucoup, dit-il enfin.

— Je sais.

Il se rallongea, les yeux au plafond.

— Je n'oublierai jamais ce qui s'est passé, dit-il. Jamais.

— Moi non plus, je n'oublierai jamais. « Que pas un baiser et un regard ne soient perdus. »

— Encore Auden ?

— Encore Auden. C'est ce poème dont je t'ai déjà parlé, le plus beau et grave.

Elle non plus n'oublierait rien. Chaque souvenir serait soigneusement préservé, comme un vêtement précieux.

18

Isabel ne s'était pas trompée sur le compte de Tom en escomptant qu'il n'était pas du genre à rester lire à l'intérieur. L'étiquette réclamait que les invités ne soient pas obligés de participer à des activités pour lesquelles ils avaient peu de goût. Après le petit déjeuner, quelqu'un suggéra une promenade.

— Mais ne vous gênez pas si vous voulez faire quelque chose de tout à fait différent, déclara Tom immédiatement, sans préciser.

Qu'est-ce qui peut être tout à fait différent d'une promenade si ce n'est une immobilité prolongée ?

Or une immobilité prolongée n'est pas une activité, c'est un état. Elle croisa le regard de Jamie, assis en face d'elle à table. Le petit déjeuner constitue l'ultime épreuve, le cadre qui favorise le regret, la honte, le désir d'oublier. Mais rien de tout cela ne s'était produit, même si la situation entre elle et Jamie était différente. Une chaude tendresse, un sentiment d'euphorie, voilà ce que ressentait Isabel.

— Je vais grimper tout en haut de la colline, annonça Tom en montrant le ciel sans nuages. C'est à peu près deux heures aller et retour.

— Il y a une vue superbe de là-haut, ajouta Angie. On peut voir jusqu'à…

Elle n'acheva pas sa phrase.

— On arrive peut-être à voir les collines volcaniques des Eildons au loin ? demanda Jamie.

— Oui, dit Tom. Tout le pays de Walter Scott. Et même Édimbourg, une espèce de tache indistincte.

— Édimbourg n'est pas une tache indistincte ! s'exclama Isabel.

— Non, bien sûr, se reprit Tom en souriant et s'inclinant. Pardonnez ma grossièreté.

— Je marcherai demain, dit Angie en regardant sa montre. J'ai envie d'aller à Peebles.

Tom la regarda. Il n'avait pas l'air déçu. Une promenade, ce n'est pas très important après tout.

— Et vous, Isabel, vous voulez vous promener ? Jamie ?

— Cela vous ennuie si je dis non ? répondit Jamie sans quitter Isabel des yeux.

Il ne donna pas d'explication.

— Pourquoi ne pas m'accompagner à Peebles ? fit Angie immédiatement. J'ai besoin d'aide pour porter des choses très lourdes. Enfin, si cela ne vous ennuie pas trop…

— Mais ça ne m'ennuie pas du tout, répondit Jamie en souriant.

Tom se retourna brusquement. Il avait semblé sur le point de protester, puis s'était ravisé. Isabel se demanda s'il était contrarié par la frénésie d'achats d'Angie. Des choses très lourdes ? Cela semblait inquiétant. Un nouveau pur-sang ? Un grand buste en bronze trouvé chez un antiquaire ? Elle imagina Jamie suivant Angie comme un petit chien dans les rues de Peebles, croulant sous le poids d'un buste de Sir Walter Scott. Ce n'était peut-être pas la boulimie d'achats qui contrariait Tom, mais bien plutôt de n'avoir pas l'exclusivité de son temps et de sa compagnie. Elle avait refusé d'aller se promener avec lui et s'était précipitée pour inviter Jamie à l'accompagner en ville. Aucun homme ne saurait apprécier de voir sa fiancée prendre un plaisir aussi visible à la société d'un beau jeune homme, à moins évidemment que cet homme ait assez confiance en sa fiancée pour ne voir là qu'un plaisir bien innocent.

Joe et Mimi avaient fait des plans de leur côté. Guidé par un instinct infaillible, Joe avait déniché dans le voisinage un magasin de livres anciens : ils comptaient s'y rendre et déjeuner à l'hôtel Hydro de Peebles, un grand édifice datant de l'époque édouardienne, avec vue sur la Tweed. Ne restaient donc comme candidats à la promenade qu'Isabel et Tom.

— Ce n'est pas une obligation, dit celui-ci. Vraiment, ne vous sentez pas obligée de grimper là-haut si vous préférez rester ici.

— Mais cela me fait plaisir, répondit-elle.

C'était vrai. Si Angie n'était pas d'un commerce intéressant, on ne pouvait pas en dire autant de Tom. Il intriguait Isabel. La principale question était de comprendre ce qui l'avait poussé à se lier à Angie. Difficile d'aborder ce sujet de conversation, mais elle en apprendrait davantage sur lui au cours de la promenade. En outre, à sa façon de la regarder, Isabel pressentait qu'il avait envie de lui parler en privé, de se confier à elle. Que seraient ces confidences ? Assez, se dit-elle. Encore une fois, elle avait laissé vagabonder son imagination.

Jamie monta au premier, en promettant de rejoindre Angie dans le vestibule dans un quart d'heure. Isabel le suivit un peu plus tard et le trouva aux prises avec la fermeture Éclair de son anorak léger.

— Il risque de pleuvoir, dit-il en regardant par la fenêtre du côté de la colline. N'oublie pas de prendre quelque chose pour te couvrir. On peut passer très rapidement de l'été à une température glaciale là-haut. Notre merveilleux climat écossais.

Elle s'avança pour l'aider et parvint à débloquer ce qui faisait obstruction. Elle laissa sa main reposer doucement sur le vêtement, contre sa poitrine, et le regarda dans les yeux. Ils étaient pleins de lumière. Elle ne désirait qu'une chose : le prendre dans ses bras. Elle ne voulait pas qu'il parte, qu'il la quitte. Elle voulait rester à côté de lui en permanence, tant le bonheur qu'elle ressentait était profond, total, et mystérieux. Mieux, c'était l'incarnation même de l'amour, la vision d'Éros.

Il se pencha.

— Ma beauté, dit-elle dans un souffle.

— Isabel.

— Ma beauté. Protège-toi de la pluie.

— Toi aussi.

— Tout le monde ne comprend pas, déclara Tom quand ils s'arrêtèrent à mi-chemin pour faire une pause. Tout le monde ne comprend pas pourquoi j'ai des sentiments si forts pour ce pays. J'ai un frère qui ne s'intéresse pas, mais alors pas du tout, à l'Écosse. Quand je lui montre les documents qui prouvent l'origine écossaise de notre famille, les noms, les lieux où ils habitaient, il hausse les épaules et dit que tout ça, c'est le passé, et que maintenant nous sommes tous américains. Comment peut-on être si indifférent au passé ?

— Tout dépend du passé. Parfois, c'est trop douloureux. Imaginez que votre passé soit rempli de malheur et de honte, que votre famille vienne de Russie ou de Pologne, ayant subi l'oppression et les pogroms. Vous auriez vraiment envie de célébrer ce passé-là ? Ce n'est pas sûr.

Avec le bout de son bâton, Tom débarrassa une chaussure d'un morceau de boue séchée.

— Soit. Mais on peut aussi penser que passer sous silence, oublier les horreurs que ces gens ont subies, c'est faire preuve de déloyauté envers eux. De toute façon, il n'y a rien eu de tel en Écosse. Nos ancêtres n'étaient pas malheureux.

Isabel le regarda, incrédule. En dépit de la réputation de réalisme des Texans, Tom semblait avoir une vision bien édulcorée de la réalité historique. Après avoir lu tous ces ouvrages sur l'histoire de l'Écosse, comment pouvait-il rester aussi naïf ? Il continuait à nettoyer ses bottes avec le bâton qu'il essuyait ensuite sur une touffe de bruyère au bord du sentier.

— Je ne voudrais pas détruire vos illusions, mais ces ancêtres distingués que vous avez dénichés n'étaient pas vraiment des anges, vous savez. C'était impossible quand on avait un certain rang.

Les meilleures familles écossaises sans exception n'étaient qu'un ramassis de bandits. Ils passaient leur temps à conspirer, à piller, à s'exterminer sans aucune retenue, sans aucun scrupule. Ils auraient pu en remontrer à la Mafia.

Tom la regardait fixement, et Isabel regretta sa franchise. Confronté à la froide réalité d'une vie éphémère, on a besoin de croire à quelque chose; on se sent moins désarmé si on peut se convaincre de la noblesse du pays natal ou du berceau de ses ancêtres. Les gens ont besoin de donner du sens à leur vie : laissons-les donc se raccrocher à ces lambeaux d'identité, qu'elle soit irlandaise, écossaise ou juive.

— Il ne faut pas non plus exagérer. Tout le monde n'était pas sans pitié. Il y a eu des saints, et beaucoup. Seulement, presque tous les personnages ayant marqué l'histoire écossaise ont du sang sur les mains. Vous avez parlé de Marie Stuart, la reine d'Écosse.

— On l'a calomniée, protesta Tom immédiatement. Elle n'a pas tué son mari.

— Darnley ? Effectivement, rien ne prouve qu'elle soit responsable de l'explosion où il a trouvé la mort. De toute façon, il ne faut pas oublier qu'il était lui-même un assassin, et l'un des conspirateurs qui ont tué le secrétaire italien de Marie. Quand ses amis sont entrés, c'est lui qui a immobilisé Marie pendant que les autres traînaient Rizzio à l'écart. Les témoignages concordent et font de lui aussi un meurtrier.

À l'occasion d'un des dîners les plus désastreux jamais donnés à Édimbourg, Marie avait réuni quelques hôtes dans une pièce attenante à sa chambre du château de Holyrood. Les invités étaient peu nombreux : son frère illégitime, Lord Robert

Stuart, ainsi que sa femme, le seigneur de Creich, Sir Arthur Erskine. Rizzio, assis en face d'elle à table, était vêtu d'un manteau de damas bordé de fourrure, un pourpoint de satin et des chausses en velours. Avec l'autorisation spéciale de la reine il avait gardé sa toque, indisposant les autres convives qui tous, à l'exception de Darnley, son mari, devaient ôter leurs couvre-chefs en présence du monarque. Ces brutes de seigneurs écossais, faisant irruption dans la pièce, s'étaient saisies de Rizzio, qui avait poussé des cris, d'abord en italien puis, en désespoir de cause, en français : « *Giustizia ! Giustizia !* Madame, sauvez ma vie ! » Reine à moitié française d'une nation prompte à la violence, elle était impuissante. Il fut criblé de coups de poignard.

Tom fit un geste en direction du sommet, qui semblait encore lointain. Il leur fallait maintenant quitter le chemin, qui n'était qu'un sentier de moutons car il suivait le flanc de la colline, et gravir la côte au jugé. Ils se mirent en route à travers la bruyère basse. Une grouse femelle détala soudain en caquetant de peur, la tête baissée, cherchant à échapper à ce qu'elle prenait pour ses assassins. Isabel la considéra avec pitié, et même un certain attendrissement, effet de l'amour qui remplissait son cœur. L'amour colore le monde, rend visibles sa beauté, sa fragilité, son prix. Quand on a le cœur plein d'amour, on ne peut ni haïr, ni détruire ; il n'y a plus de place pour de tels sentiments. Elle eut un moment de vertige et ferma les yeux, se retrouvant dans cette chambre, avec Jamie auprès d'elle, dans la demi-clarté d'un ciel d'été, le cœur débordant d'amour.

— Ça va ? demanda Tom qui s'était arrêté et la regardait avec inquiétude. Si vous trouvez que ça monte trop, dites-le-moi.

Elle le rassura : plongée dans ses pensées, elle avait fermé les yeux un instant, c'était tout.

— Ce n'est pas trop dur. En ville, je marche beaucoup, vous savez. Je suis plutôt en forme.

— Grimper comme ça, ce n'est pas donné à tout le monde. On a tellement l'habitude de la voiture. On en arrive à oublier comment utiliser ses jambes. Enfin, du moins c'est comme ça à Dallas. J'essaie de marcher autant que je peux. J'ai une propriété assez grande près de Tyler. Je n'ai jamais réussi à l'arranger comme je le voudrais. Elle est mal placée; j'aimerais bien la démolir et la reconstruire à un autre endroit, mais je ne suis pas libre de le faire. Elle a été léguée conjointement à ma sœur et à moi, et son mari ne veut pas qu'elle me donne l'autorisation.

— Et Angie ? Elle marche beaucoup ?

Ce nom n'avait pas encore été prononcé; c'était l'occasion de parler d'elle.

— Elle préfère conduire, dit Tom. Mais elle joue au tennis de temps en temps. Elle en fera davantage quand nous serons mariés.

— Je vois, fit Isabel en regardant le ciel.

La pluie ne menaçait plus, mais elle était toujours là au loin, sous la forme de ces nuages violets au-dessus d'East Lothian et de la mer du Nord.

— Vous la connaissez depuis longtemps ?

La question était innocente, voire banale; c'était le genre de propos un peu superficiels qu'échangent deux connaissances qui voudraient en savoir plus l'une sur l'autre. Tom sembla réfléchir.

— Un an, dit-il, ou peut-être un peu moins.

On a souvent tendance à en rajouter pour que les choses aient meilleure allure.

— Vous devez avoir beaucoup de choses en commun. Tom ne répondit pas tout de suite.

— Quelques-unes.

— Eh bien, c'est un début, dit Isabel, désireuse de dédramatiser. Vous allez vous trouver des activités communes, j'en suis sûre ; c'est tellement important dans un couple. Si l'on n'a pas de points communs, je dois dire que je ne vois pas au juste où est l'intérêt.

Inutile d'aller plus loin, c'était peut-être déjà trop. Tom hocha la tête en silence.

Du sommet, la vue était telle que Tom l'avait décrite. Au loin, les collines bleues des Borders ; dans la direction opposée, au nord-ouest, les collines de Pentland ; et, au-delà, Édimbourg et le siège d'Arthur. Ils s'assirent pour reprendre leur souffle. Isabel s'allongea et contempla le ciel vide. Elle pensait à la théorie bouddhiste qui veut que le monde soit dans un état perpétuel de flux et de reflux. Elle imaginait les vagues de particules en suspension dans l'air, les vents changeant brusquement de direction. Rien n'est vraiment vide, ce n'est qu'une apparence. Je connais une parfaite félicité, se dit-elle soudain. Je suis à nouveau amoureuse. Enfin.

Jamie avait rapporté à Isabel un pot de miel, son seul achat à Peebles. Il lui mit entre les mains avec un sourire.

— Fabriqué par les abeilles, dit-il.

Angie observait la scène, le visage impassible. Chez un antiquaire elle avait acheté une petite table française au plateau de marbre, que Jamie avait portée jusqu'à la voiture sans se plaindre, malgré son poids, ainsi qu'une vieille bouteille de l'ère victorienne remplie de sable de différentes couleurs.

— Ça sert à quoi ? avait demandé Jamie.

— À rien, avait répondu Angie. C'est une bouteille avec du sable dedans.

Tom posa quelques questions polies au sujet des achats d'Angie, mais il était visible que cela ne l'intéressait pas.

— Nous allons envoyer tout un tas de choses aux États-Unis à la fin de l'été, dit-il. Angie va refaire la décoration de la maison.

Angie fixa Isabel, comme si elle craignait la contradiction.

— Ce sera sûrement charmant, dit Isabel. Surtout si vous choisissez vous-même les objets. Il y a des gens…

Elle avait failli dire « des gens riches », mais s'était arrêtée à temps.

— Il y a des gens qui font tout choisir par les décorateurs, le mobilier, les tableaux, tout l'ensemble.

— Moi, le goût des autres, ça ne me plairait pas, déclara Angie.

Isabel se demanda si elle comptait se débarrasser de tout ce qui appartenait à Tom le jour où elle emménagerait chez lui. Tom pensait peut-être la même chose ; il avait commencé à répondre quand Mimi l'interrompit pour lui poser une question sur un habitant de Dallas qui avait passé un an et dépensé une fortune à traquer des objets anciens jetés par erreur. Il avait fini par les trouver et les rapporter chez lui.

— C'est formidable d'être fidèle comme ça, dit Mimi. C'est comme retrouver des amis d'autrefois.

La conversation passa à d'autres sujets. Ils étaient tous rassemblés dans le salon pour prendre le thé, que Mrs Paterson avait préparé dans la cuisine. Tout en disposant le plateau sur un buffet, celle-ci s'était tournée vers Isabel.

— Est-ce que je pourrais vous parler quelques minutes, s'il vous plaît ? dit-elle à voix basse en indiquant la cuisine d'un signe de tête.

Quand elle fut sortie, Isabel, après avoir bu quelques gorgées de thé, reposa tasse et soucoupe, et la suivit.

Le vestibule était vide, mais la porte menant au couloir de la cuisine était ouverte. Isabel emprunta le couloir, où étaient entreposés un cheval à bascule et une petite voiture d'enfant à pédales, démodée. Le cheval avait la crinière emmêlée et sa peinture blanc cassé avait souffert. La voiture vert foncé avait des sièges en cuir rouge. Cheval et voiture étaient couverts de poussière, comme s'ils avaient été abandonnés depuis longtemps par les enfants qui les avaient aimés jadis. Comme les chats, les enfants transforment le caractère d'une maison, et les traces de leur passage sont lentes à s'effacer.

Près de la grande fenêtre, Mrs Paterson s'essuyait les mains avec un torchon. Elle se retourna.

— Merci, mademoiselle Dalhousie, dit-elle. Je ne pouvais pas vous parler au salon. Et quand je vous ai cherchée ce matin, vous étiez déjà partie.

— Tom et moi sommes allés faire une promenade. On a une vue merveilleuse de là-haut, à des kilomètres à la ronde.

— Willy aimait ça, répondit Mrs Paterson en hochant la tête. Mon défunt mari. Il était régisseur ici lorsque le domaine était exploité en tant que tel. Enfin, dire qu'il était régisseur, c'est un peu pompeux; il n'y avait qu'un autre employé ici, celui qui s'occupait des moutons. Willy s'occupait aussi des bois, car tout était mal entretenu. Quand il est mort, ils ont tout arrêté. Ils ont loué la terre à l'éleveur de moutons un peu plus loin. Moi, je m'occupe de la maison.

— Et très bien à ce que je vois, dit Isabel qui admirait la cuisine bien rangée, la série de casseroles en cuivre étincelantes, les poêlons de fonte.

— Je fais de mon mieux. Mais c'est dur quand on a des locations de courte durée. Avec les Bruce, c'est différent, ils restent longtemps. Et ils sont très faciles à vivre.

— Vous vouliez me dire quelque chose ?

— Je suis très embarrassée, fit Mrs Paterson en posant le torchon. Vous comprenez, Angie m'a demandé ce matin si j'avais mis des bouteilles d'eau dans vos chambres. Elle m'a dit que je devais en mettre une dans votre chambre et une dans celle de ce jeune homme. Jamie, c'est bien ça ? Alors, sans réfléchir, j'ai dit que vous partagiez la même chambre. C'est sorti comme ça. Elle a été très surprise. J'ai pensé que j'avais eu tort. Vous comprenez, quand j'ai fait les chambres...

— Ne vous faites pas de souci, dit Isabel en secouant la tête. Cela n'a aucune importance. D'ailleurs, ajouta-t-elle après une pause, c'était vraiment très commode d'avoir des chambres communicantes.

— Ah ?

Mrs Paterson avait levé les yeux, interloquée. Isabel haussa les épaules. Trop tard maintenant pour reculer.

— C'est la vérité. Il faut toujours dire la vérité. Je pourrais vous mentir et faire semblant d'être gênée, mais ce ne serait pas vrai. C'est ce qui nous a rapprochés, vous comprenez ? Et il est resté dans ma chambre. C'était la première fois que nous étions ensemble.

Mrs Paterson fit un geste qu'Isabel ne sut pas interpréter. Était-elle choquée ? Désapprobatrice ? Il y a des choses qu'on accepte plus facilement à Édimbourg que dans la campagne écossaise.

Mrs Paterson jugeait peut-être répréhensible de prendre un amant plus jeune.

La gouvernante regarda un moment par la fenêtre, puis se retourna vers Isabel.

— Je suis désolée, dit-elle enfin. Votre vie privée ne me regarde pas.

— Mais c'est moi qui vous en ai parlé.

— Oui, c'est vrai. Est-ce que je peux vous demander quelque chose, mademoiselle Dalhousie ? Si cela ne vous ennuie pas trop ?

Que voulait-elle savoir ? L'âge de Jamie ?

— Bien sûr. Vous pouvez me demander ce que vous voulez.

— Je sais que je suis plus vieille que vous, commença Mrs Paterson. Mais si j'allais à Édimbourg, est-ce que je pourrais trouver un jeune homme comme lui ? Vous croyez que c'est possible ?

— Vous voulez que je vous aide ? lança Isabel en éclatant de rire.

L'autre femme se mit à rire aussi. Ce n'était qu'une plaisanterie, elles le savaient toutes les deux. Pourtant Isabel s'interrogeait : Si, après tout, Mrs Paterson disait oui, comment m'y prendrais-je ? Elle se demanda alors comment diable elle avait fait pour trouver Jamie. Comment cet événement merveilleux et improbable était-il arrivé ? Elle avait eu de la chance. C'était du même ordre que de gagner le gros lot, ou de vivre un événement si exceptionnel que l'on en vient à croire à la Providence.

Elle retourna au salon. Joe et Mimi étaient montés se reposer avant le dîner; l'air de la campagne donnait à Mimi envie de dormir. En observant le ciel du haut de la colline, Isabel aussi avait eu envie de dormir. Cela lui était arrivé autrefois, un soir d'été en Irlande, au terme d'une longue promenade avec John Liamor. Épuisés, ils s'étaient allongés dans un champ. Quand ils s'étaient réveillés, il faisait nuit et le ciel était constellé d'étoiles. Ils avaient été si frappés par la beauté de cette vision qu'ils n'en avaient pas parlé. Étrangement, ce souvenir de John n'avait pas fait naître en elle l'amertume coutumière.

Jamie feuilletait un magazine. Tom et Angie étaient assis sur le sofa.

— Bon, dit Jamie en reposant le magazine, je vais monter. Comme Angie l'observait, Isabel ne put le suivre immédiatement.

— Le dîner est à sept heures trente, dit Angie en posant son regard sur Jamie. Apéritif à sept heures.

Jamie hocha la tête. Isabel s'était servi une seconde tasse de thé et tripotait sa petite cuillère.

— Tout va bien là-haut ? Vous avez tout le nécessaire ? demanda soudain Angie.

Jamie était sur le point de sortir de la pièce et s'arrêta.

— Mais oui, pas de problème, dit-il.

— Je ferais mieux d'aller vérifier, annonça Angie. J'avais laissé ce soin à Mrs Paterson, mais il faut que je m'en assure par moi-même.

Jamie lança un regard à Isabel, qui le fixa, impuissante.

— Ne vous inquiétez pas, dit Jamie. Tout va bien. Mrs Paterson s'occupe très bien de nous.

— Oui, ajouta Isabel. Très bien. Vous avez de la chance de l'avoir.

Angie ne jeta qu'un bref coup d'œil à Isabel, comme si son intervention ne méritait pas d'être prise en compte. Posant sa tasse, elle se leva.

— Je monte avec vous, dit-elle.

— Vous connaissez les chutes de Clyde ? demanda Tom, qui avait donné l'impression de ne pas s'intéresser à la conversation.

— Les chutes de Clyde ?

Qu'allait faire Angie là-haut? On venait de lui dire que deux de ses invités, qu'elle croyait bons amis, partageaient en fait la même chambre. Mais quelle importance cela pouvait-il avoir pour elle? Elle n'avait pas à s'en mêler. D'ailleurs, se dit Isabel, cela ne lui ferait pas de mal, dans la mesure où elle cesserait peut-être de manifester son intérêt évident pour Jamie. Tom n'avait-il vraiment rien remarqué?

Jamie sortit, suivi d'Angie. Pauvre Jamie! pensa Isabel, il est très embarrassé. Moi, je n'ai aucune raison de l'être, mais pour lui c'est différent. Elle chercha à comprendre pourquoi. Quand on considère ces choses de l'extérieur, on a toujours l'impression que l'homme plus jeune est exploité. C'est immanquablement la conclusion que tirent les gens. Mais ce n'était pas le cas. Il n'était pas question pour elle de s'accrocher à lui. Il viendrait un temps où l'un des deux aurait besoin de partir. Ce serait lui, bien sûr. Elle le laisserait totalement libre. Mais ce moment n'était pas arrivé. Peu lui importait ce que les gens pensaient d'elle. Si cela les amusait d'insinuer qu'elle prenait ses amants au berceau, ça lui était bien égal.

19

Le lundi suivant, de retour à Édimbourg, après avoir passé trois heures à son bureau, la pile de manuscrits avait bien diminué. En outre, un membre du comité de rédaction lui avait envoyé une lettre où il déplorait ce qui lui semblait être une orientation nouvelle de la *Revue*. La situation était délicate; il lui fallut presque une heure pour formuler une réponse. Depuis qu'il avait été coopté, ce jeune professeur de l'université de Colombie britannique avait écrit quatre fois à Isabel. En principe, elle recevait peu de courrier de la part des membres du comité. Elle soupçonnait d'ailleurs certains d'entre eux d'avoir pratiquement oublié qu'ils en faisaient partie; en tout cas, ils ne soulevaient jamais aucune objection. L'exception à la règle était cet universitaire, qui prenait son rôle très au sérieux et traquait sans pitié tout ce qui lui semblait s'écarter de la principale mission de la *Revue*. «Nous sommes une revue d'éthique appliquée, écrivait-il. Il y a beaucoup d'autres publications qui s'intéressent aux théories de la morale. Notre travail consiste à étudier l'application de principes éthiques à des situations concrètes, les vrais problèmes de vraies personnes qui ont un vrai travail.»

À sa suggestion, la *Revue* avait consacré tout un numéro à l'éthique du canot de sauvetage. Le débat tournait autour de la question suivante : si le nombre de places est limité, quelle procédure adopter pour décider que tel ou tel sera sauvé et que d'autres seront condamnés à couler avec le bateau? Ensuite, une fois le canot à flot, comment sélectionner ceux qu'on doit jeter par-dessus bord si le canot est surchargé? Doit-on d'abord sacrifier les plus vieux? Faut-il préférer le médecin dévoué à ses malades à l'oisif? Si la nourriture vient à manquer, qui sera mangé le premier?

Un autre membre du comité avait fait remarquer à Isabel que cette hypothèse était peu plausible. Ne valait-il pas mieux s'intéresser aux problèmes du monde réel ?

« Je suis désolée de vous contredire, avait répondu Isabel, mais ce sont bien là des problèmes qui se posent réellement. Il y a suffisamment de témoignages sur le cas de la *Mignonnette* ; c'est un exemple parmi d'autres. En 1884, après le naufrage d'un yacht, quelques membres de l'équipage se sont retrouvés dans un canot avec le garçon de cabine. Ils ont dérivé longtemps, de plus en plus tenaillés par la faim. En fin de compte, dans cette situation désespérée, deux d'entre eux ont décidé de tuer et de manger le garçon de cabine. Par chance, ils furent ensuite secourus. Les marins furent rapatriés en Angleterre et accusés d'assassinat. Ils ont plaidé qu'ils avaient été poussés par la force des circonstances. Les tribunaux ont rejeté cette thèse et ils ont été jugés coupables et condamnés à mort. Ils ont heureusement échappé à la pendaison et n'ont eu à purger que des peines légères. Ce sont des choses qui arrivent vraiment. »

La réponse ne s'était pas fait attendre : « Vous dites "heureusement" ? N'est-ce pas là justifier le meurtre ? Qu'est-ce qui me donne le droit de tuer un innocent pour sauver ma propre vie ? »

« Je n'ai pas dit cela, avait répliqué Isabel. J'ai dit : "Ils ont heureusement échappé à la pendaison", parce que je suis catégoriquement opposée à la peine de mort. Je trouve barbare d'infliger la peine de mort comme châtiment, c'est tout. Et puis cela montre une absence de miséricorde. C'est pour cela que j'ai employé le terme "heureusement". »

Encore une fois, la riposte avait été rapide : «J'avais mal compris. Néanmoins, la question demeure : peut-on tuer pour sauver sa vie si la victime potentielle n'est pas responsable de la situation ? C'est là le vrai problème.»

Le débat s'était amplifié, jusqu'à occuper deux numéros de la *Revue*. On était passé du canot de sauvetage, qui, fort heureusement, est du ressort des marins et non des philosophes, au problème plus vaste de la planète, qui, d'une certaine façon, est aussi un canot de sauvetage. Là, il ne faisait plus de doute qu'on quittait l'hypothèse pour la triste réalité. Les gens meurent tous les jours en grand nombre, parce que les ressources du canot de sauvetage ne sont pas équitablement distribuées. On peut avoir des scrupules à jeter par-dessus bord une personne en chair et en os ; mais on ne s'interroge pas sur des actes qui ont exactement le même effet, concernant des gens lointains que l'on ne connaît pas, que l'on ne peut même pas identifier. À y bien réfléchir, c'est la plupart du temps au prix de la souffrance et des privations d'autrui, selon un processus à la fois implacable et déchirant, que nous pouvons jouir de notre luxe.

Elle s'arrêta à midi. La maison était tranquille. Grace ne travaillait pas ce jour-là. Joe et Mimi avaient passé une nuit de plus à Tarwhinn House ; ils rentreraient dans la soirée. Isabel était revenue avec Jamie la veille en fin d'après-midi. Le trajet s'était fait en silence. Ce n'était pas un silence gêné ; simplement, aucun des deux ne ressentait le besoin de parler. Jamie avait légèrement effleuré son bras en souriant, elle lui avait rendu son sourire. Tout ayant déjà été dit au cours du weekend, ils avaient un sentiment de plénitude.

Isabel n'avait pourtant pas l'esprit en repos. Elle n'avait pas envie de déjeuner en tête à tête avec elle-même. Elle aurait voulu téléphoner à Jamie, juste pour entendre sa voix. Mais il était en répétition toute la journée. De toute façon, il valait peut-être mieux ne pas se faire trop pressante. L'idée la fit sourire. La dernière fois qu'elle avait raisonné de la sorte, elle devait avoir quinze ou seize ans, l'âge où l'on passe des heures à étudier la meilleure tactique pour impressionner les garçons. Aujourd'hui, les choses étaient différentes. Il s'agissait de réalisme et de maturité. Jamie n'aimerait pas se sentir envahi, et elle avait la ferme intention de respecter ce désir.

Elle décida d'aller déjeuner à l'épicerie de Cat, sachant que c'était plus calme le lundi midi et qu'elle trouverait une table. Elle proposerait à Cat de la remplacer en début d'après-midi si celle-ci voulait respirer un peu. Lorsque Cat était allée en Italie, elle s'était occupée de l'épicerie, et elle y avait pris goût. Elle aimait bien donner un coup de main quand elle avait le temps. Mais Cat avait maintenant une nouvelle employée, Miranda, et n'aurait sans doute pas besoin d'elle.

Effectivement, Miranda était là, derrière le comptoir, en train de servir un client, pendant qu'Eddie découpait un jambon avec la trancheuse électrique. Il leva les yeux. Le sang d'Isabel ne fit qu'un tour devant cet appareil détesté, qui provoquait toujours chez elle un mouvement de recul. Le crissement de la lame circulaire produisait sur elle le même effet désagréable que sur d'autres la craie sur un tableau noir, ou la pierre ponce sur la paroi de la baignoire. Un son qui glace, qui met les nerfs à fleur de peau. Même si le système de sécurité empêchait qu'on s'arrache un doigt entier,

Eddie n'aurait vraiment pas dû quitter l'appareil des yeux, car il arrivait qu'on se coupe quand même, si on relâchait son attention. Elle fit la grimace. Quand elle était enfant, il y avait dans Morningside Road un boucher à qui il manquait deux doigts, chose fort courante à l'époque. Il s'amusait souvent à placer le moignon dans son oreille ou dans sa narine : les garçons étaient transportés de joie, les filles poussaient des cris d'horreur et de dégoût. Des bouchers comme celui-là, il n'y en avait plus. On avait fait des progrès ; l'État était intervenu.

« Attention ! » mima Isabel en désignant la trancheuse.

Eddie sourit et retourna à son travail. De minces copeaux de jambon de parme tombaient sur le papier sulfurisé. Le client suivait l'opération avec beaucoup d'attention.

Quand elle eut fini de servir, Miranda s'approcha de la table où s'était installée Isabel et la salua chaleureusement :

— Ça fait déjà deux jours que je travaille ici, dit-elle. C'est formidable. Cat est très sympa comme patronne, et Eddie est adorable. Au début, ajouta-t-elle en baissant la voix, j'ai vraiment cru qu'il y avait quelque chose qui ne tournait pas rond chez lui. Il a finalement dû comprendre que je n'allais pas le manger et il est devenu très gentil. Il m'a tout montré. Bref, il m'a vraiment bien aidée.

— Il est timide, mais on l'aime bien.

— Est-ce qu'il a une petite amie ?

La question surprit Isabel : Miranda était-elle par hasard intéressée par Eddie ? Cela semblait peu probable. Elle avait du mal à se figurer Eddie sortant avec cette Australienne exubérante. Eddie avait peut-être justement besoin qu'une fille fasse les premiers pas. Impossible de l'imaginer prenant l'initiative, dans ce domaine ou dans tout autre. Mais après tout, la question en cachait peut-être une autre, celle de savoir si Eddie s'intéressait aux femmes en général.

Isabel jeta un coup d'œil à l'autre bout de la pièce. Eddie avait fini de couper le jambon et remplissait une petite barquette blanche d'olives noires. Après avoir travaillé au magasin, elle avait cru le connaître mieux. Elle s'en rendait compte maintenant, cela se résumait à bien peu de chose : elle ne savait rien ni de ses loisirs, ni de ses amis. Il avait fait allusion au cinéma de Lothian Road, et puis à un groupe qu'il aimait écouter, dont Isabel avait oublié le nom, les Truc-Machin. C'était tout. Et aussi le fait qu'il avait subi un grave traumatisme autrefois. Mais cela ne regardait pas Miranda, elle ne lui en parlerait pas.

— Je ne sais pas s'il a une petite amie, dit-elle doucement. Il n'évoque jamais sa vie privée. Je crois qu'il n'aime pas qu'on lui en parle.

— C'est peut-être ça qu'il lui faut, dit Miranda, songeuse. Il a besoin d'une petite amie pour prendre confiance en lui.

— Ce n'est peut-être pas aussi simple que ça.

Miranda regarda par-dessus son épaule pour vérifier que personne n'attendait à la caisse.

— Tout le monde a besoin d'une petite amie, ou d'un petit ami, ça dépend.

— C'est important d'avoir quelqu'un, acquiesça Isabel.

L'optimisme se lisait sur le visage frais et ouvert de Miranda. Voilà ce qu'elle aimait chez les Australiens : pas d'angoisse, pas de lamentations, une joie de vivre manifeste. Et puis tant de cordialité, incarnée par cet idéal de camaraderie un peu fruste dont ils étaient si fiers. Même la *Revue philosophique australienne* en avait parlé, dans un article intitulé « Qu'est-ce que la camaraderie ? », qui avait intrigué Isabel. C'était apparemment une philosophie de la solidarité, du partage de l'adversité. Son premier mouvement avait été que les Australiens n'en avaient pas le monopole. Pourtant elle avait lu nombre de témoignages sur l'importance de ce trait de caractère national, qui semblait avoir sauvé des vies pendant la Seconde Guerre mondiale : les prisonniers de guerre australiens supportaient beaucoup plus facilement les privations des camps, parce que les officiers partageaient la vie des simples soldats et s'intéressaient davantage à leur condition que les officiers britanniques, qui préféraient garder leurs privilèges. Ces derniers trouveraient peut-être à redire à cette théorie, mais c'était intéressant. Bien sûr, cette camaraderie peut avoir un côté négatif si on va jusqu'à prendre systématiquement le parti de ses camarades en cas de conflit avec les autorités, ce qui est signe d'immaturité. Elle avait toujours du mal à comprendre pourquoi il est si difficile de reconnaître les erreurs de ses amis. Moi, je me trompe souvent, se disait-elle, et je pense que c'est aussi le cas de mes amis. Elle s'aperçut que Miranda la regardait avec curiosité.

— Vous êtes philosophe, c'est ça ? C'est Eddie qui me l'a dit.

— Oui, c'est mon métier.

— J'aurais dû deviner, dit Miranda. Vous avez l'air de toujours réfléchir très profondément aux choses. À l'instant, par exemple, vous étiez en train de penser à quelque chose de bien précis, non ?

— C'est vrai, avoua Isabel en riant. On me dit des choses, et ça provoque chez moi, de fil en aiguille, toute une série de réflexions.

— On vous paie pour ça ?

— Pas beaucoup. La philosophie ne paie pas, hélas !

— Mais Eddie dit que vous êtes riche, répliqua Miranda d'un air perplexe. Il m'a dit que vous habitiez dans une grande maison, et que vous aviez quelqu'un qui s'occupe de tout.

La remarque était faite en toute innocence, et Isabel ne se formalisa pas.

— J'ai beaucoup de chance, je suis à l'aise financièrement, parce que j'ai hérité l'argent de mes parents. Mais, croyez-moi, j'essaie de ne pas le gaspiller. Je vis très simplement.

— Dommage. Moi, si j'avais de l'argent, je vivrais dans le luxe.

— Comment savoir ? Vous vous apercevriez peut-être que l'argent ne fait pas de différence. Et c'est vrai, vous savez. Du moment qu'on en a assez pour s'assurer un confort raisonnable, cela ne sert à rien d'en avoir davantage.

Il était visible que Miranda n'en croyait rien, mais Cat arrivait, ce qui mit fin à la conversation.

— La patronne, dit Miranda. Quand Cat n'est pas là, les souris dansent. Il faut que je retourne travailler. J'ai été contente de bavarder avec vous, Isabel. Merci encore de m'avoir trouvé ce boulot.

Cat se dirigea vers le comptoir pour dire quelque chose à Eddie avant de venir à sa table. Elle s'installa en face d'elle. Isabel vit tout de suite que quelque chose n'allait pas. Cat était tendue et son attitude envers elle presque froide. Sans doute des problèmes avec Patrick. Quand Cat traversait des complications sentimentales, c'était toujours la même chose. Isabel avait connu cela avec Toby et les autres. Ça ne durait jamais longtemps, mais c'était désagréable pour tout le monde.

— Tu as passé un bon week-end? demanda Cat.

— Mais... oui, répondit Isabel en hésitant.

— Je viens de voir Mimi, dit Cat. Je l'ai rencontrée par hasard à la poste.

Jamie, se dit Isabel soudain, avec un sentiment de panique. Elle n'avait pas pensé à cette hypothèse, c'était une erreur.

— Je croyais qu'ils ne rentraient que plus tard, dit-elle. Nous avons passé le week-end dans les Borders, dans une maison près de Peebles.

— C'est ce qu'elle m'a dit. Tu t'es bien amusée?

Le ton sarcastique ne laissait plus de place au doute : Cat savait tout.

— Cat, j'allais justement t'en parler. J'avais l'intention de...

Cat se pencha légèrement et baissa la voix.

— Comment est-ce que tu as pu faire une chose pareille? siffla-t-elle.

— Qu'est-ce que Mimi t'a dit? demanda Isabel en reculant légèrement.

— Que Jamie était là.

Isabel se demanda si elle devait nier ce que Cat laissait entendre. Il était impossible que Mimi ait fait des révélations; et, de toute façon, elle n'avait parlé de rien à Mimi. Pour cette dernière, Isabel et Jamie n'étaient encore que des amis. Seulement, nier serait mentir et il ne fallait jamais mentir.

— C'est vrai, Jamie était là.

Elle n'en dit pas plus. Elle n'avait pas de comptes à rendre à Cat, même si Jamie avait autrefois été son fiancé. Cat l'avait rejeté une bonne fois pour toutes. Dans ces circonstances, ce n'était pas raisonnable de se plaindre que Jamie s'intéressât à quelqu'un d'autre. Évidemment, ce quelqu'un d'autre était sa tante, ce qui compliquait les choses.

— Isabel, je ne peux pas croire que tu aies pu faire une chose pareille, que tu aies pu avoir une aventure avec Jamie. Mais, bon sang, c'était mon amant, à moi ! Je savais que tu le voyais de temps en temps, mais je croyais bêtement que c'était simplement de l'amitié, pas ça.

— Je suis désolée, dit Isabel en soupirant. Au début, c'était de l'amitié, je te le jure. Je n'ai pas imaginé une minute que tu sois jalouse. Tu savais très bien qu'il était fou amoureux de toi. C'est toi qui l'as rejeté. Tu n'as pas à être jalouse à cause de lui. Ce n'est pas juste. Ni pour lui, ni pour personne.

Cat regarda Isabel d'un air qui la troubla profondément tant c'était proche de la haine.

— Jalouse ? Jalouse ? cracha Cat. Je ne suis pas jalouse.

— Tu dois l'être pour réagir comme ça, dit Isabel calmement.

— Ce n'est pas de la jalousie, c'est du dégoût.

Isabel garda le silence. Miranda et Eddie, de l'autre côté du magasin, avaient compris qu'il se passait quelque chose et les regardaient avec curiosité. Elle baissa les yeux, soudain envahie d'un sentiment de honte. Du dégoût, voilà ce que Cat éprouvait pour sa propre tante.

— Réfléchis un peu, continua Cat. Il a vingt-huit ans et toi quarante-deux ; tu pourrais être sa mère.

— Tu exagères, j'avais quatorze ans quand il est né.

— Et alors ? coupa Cat. Il est bien plus jeune que toi, ça suffit. De toute façon, tu ne crois pas que c'est un peu dégoûtant d'inviter l'amant de ta nièce dans ton lit ? C'est peut-être lui qui t'a invitée dans le sien. C'est ça ? C'est ça qui s'est passé ?

— Tu n'as aucun droit de me parler comme ça, Cat. Tu ne sais pas ce que tu dis.

Cat s'affaissa au fond de sa chaise. La colère semblait s'être dissipée. Isabel vit qu'elle avait les yeux remplis de larmes.

— Cat, dit-elle en avançant la main. Je t'en prie, ne prends pas les choses comme ça. Je t'en prie.

— Va-t'en, dit Cat. Va-t'en.

Isabel se baissa pour ramasser son cabas qu'elle avait placé sous la table. Cat donna un coup de pied dedans et le contenu s'éparpilla sur le sol.

Eddie avait vu toute la scène. Quand Cat se leva et se dirigea silencieusement vers le bureau, il vint à la table d'Isabel et se mit à ramasser tout ce qui était tombé du sac.

— De temps en temps elle se met en colère comme ça, chuchota-t-il. En général, c'est quand elle a des problèmes avec son petit ami. Et puis ça passe.

Isabel le remercia en essayant de sourire, mais elle eut du mal. Qu'avait-elle fait? En entrant dans le magasin ce matin-là, elle se sentait encore transportée de joie en pensant à Jamie. Tout était changé maintenant. Elle n'avait pas pensé une seconde à l'effet que sa liaison avec Jamie pourrait avoir sur Cat. Par pure négligence, elle qui passait tant de temps à réfléchir aux ramifications éthiques de chaque action n'avait même pas pensé aux conséquences de sa propre conduite, alors que ses rapports avec Cat étaient si importants pour elle. Elle se dit soudain qu'elle n'avait pas à se sentir coupable, qu'elle devait au contraire être heureuse à l'idée d'être aimée par quelqu'un comme Jamie, d'avoir reçu un tel cadeau. Voilà ce qu'elle aurait dû ressentir. Maintenant, sa culpabilité au sujet de Cat l'en empêchait.

20

Elle était dans son bureau quand le téléphone sonna.

— Isabel ?

Devant elle, un manuscrit particulièrement impénétrable et ennuyeux portait ses traces de crayon bleu. *L'Éthique du vote utile* n'était pas vraiment facile à lire. Est-il moral de voter pour un candidat qu'on ne soutient pas, simplement pour empêcher un autre candidat d'être élu ? Pour Isabel, la réponse était positive : dans ce cas précis, on soutient le candidat de son choix plus que son concurrent. On ne peut donc pas accuser l'électeur de faire semblant d'approuver ce qu'en fait il désapprouve. C'est autre chose. Cet article aurait dû être rejeté, mais il émanait d'un membre du comité de rédaction et la courtoisie était de rigueur. Le coup de téléphone était donc une agréable diversion. Elle était sur le point d'aller se préparer une tasse de thé pour la troisième fois de la matinée, saisissant tous les prétextes pour interrompre sa lecture. Elle était aussi préoccupée, bien sûr, par cette scène horrible avec Cat. Elle avait essayé de ne pas y penser, sans pouvoir dissiper une sorte d'angoisse sourde. En outre, Jamie n'avait pas téléphoné.

Elle espérait donc l'entendre. Mais elle reconnut la voix de Tom.

— Cela fait longtemps que je veux vous appeler pour vous remercier, lui dit-elle tout de suite. C'était vraiment un weekend formidable.

Il répondit que tout le plaisir avait été pour lui et Angie, bien sûr. Isabel en doutait, tant elle était sûre que sa présence avait laissé cette dernière indifférente, qu'elle aurait même préféré ne pas la voir du tout. Il y eut un bref silence.

— Nous venons en ville aujourd'hui, annonça enfin Tom. Vous êtes sans doute très occupée.

— Je serais très contente de faire une pause si c'est ce que vous voulez me proposer, dit-elle avec un coup d'œil sur le manuscrit de *L'Éthique du vote utile*.

— Mais oui, justement, dit-il avec satisfaction. Est-ce que je peux passer chez vous ?

Isabel hésita, non qu'elle n'eût pas envie de voir Tom, mais parce qu'elle ne savait pas très bien ce qu'il voulait. Angie était-elle de la partie ? Tom répondit à la question qu'elle n'avait pas formulée :

— Il n'y a que moi, en fait. Angie a rendez-vous chez le coiffeur et je crois qu'elle a des courses à faire. Je serai seul.

Ils se mirent d'accord sur l'heure du rendez-vous. Isabel alla ensuite à la cuisine allumer la bouilloire électrique. Elle était persuadée qu'il ne s'agissait pas simplement d'échanger des banalités et que Tom avait des choses à lui dire. Mais quoi ? Ils avaient beaucoup discuté ensemble pendant ce week-end et ils s'étaient bien entendus. Néanmoins, ils s'étaient dit tout ce qu'ils pouvaient avoir à se dire. Et puis on ne vient pas en ville juste pour approfondir un point de la conversation resté en suspens.

Après avoir préparé le thé, elle retourna à contrecœur dans son bureau. Elle avait trois heures devant elle avant l'arrivée de Tom, assez pour terminer son travail sur *L'Éthique du vote utile*. Une autre option consistait à laisser le manuscrit en l'état. Cela ferait certes plaisir à l'auteur, mais représenterait de sa part à elle un relâchement de ses exigences. Non que l'article soit voué à toucher un large public : qui donc s'en apercevrait? Pourtant, réflexion faite, il y a bien des gens qui se passionnent pour l'analyse du vote utile et l'étude des résultats de scrutins : ce sont les spécialistes des élections. Elle poussa un soupir.

Tom arriva ponctuellement à trois heures, comme convenu. Isabel avait juste fini de corriger l'article; elle était contente de son travail. Cette prose ennuyeuse et inintelligible, sans avoir gagné en intérêt, devenait compréhensible. C'était certes peu de chose, mais cela suffisait pour la journée. Il faisait beau, il n'y avait pas de vent. En prenant le thé dans la gloriette, elle écouterait ce que Tom avait à lui dire. Elle laissa son imagination vagabonder quelques secondes. Et s'il allait lui dire : «Je n'éprouve plus rien pour Angie. Je me sens très coupable, mais j'ai compris tout à coup que vous étiez la femme que je cherchais depuis toujours. Qu'est-ce que vous en pensez?» Elle répondrait alors : «Mon cher Tom, je suis désolée. Dommage pour Angie, mais c'est la vie. De mon côté, j'ai un amant et je ne peux malheureusement pas accepter cette offre si flatteuse. Merci quand même.» Elle sourit de ce scénario ridicule. À condition de ne pas en abuser, c'est amusant de se laisser aller à ce genre de fantasmes absurdes. Certains se mettent parfois à y croire, elle en avait connu. Un ami à elle, Mark, malheureux névrosé, enfant adopté, se disait le fils d'un riche armateur de Glasgow qui viendrait un jour le chercher pour en faire son héritier. Il y croyait sans la moindre trace de preuve.

— Vous avez tout à fait la tenue pour prendre le thé au jardin, dit-elle à Tom quand il arriva.

Il portait une veste de lin blanc, une chemise blanche au col ouvert et un pantalon de sport beige. Elle remarqua le chic coûteux de la veste froissée, les discrètes rayures de la ceinture évoquant le yacht-club.

— J'ai un panama, dit-il en riant, mais je ne pensais pas en avoir besoin en Écosse.

Elle le conduisit dans le jardin, endormi en cet après-midi d'été. De l'autre côté de la pelouse, sur fond de massifs de rhododendrons, protégée des regards par le haut mur de pierre qui séparait le jardin de la propriété voisine, se trouvait la gloriette dont son père avait fait autrefois sa retraite. C'était là, bien sûr, le territoire de Frère Renard. Une année, il avait élevé avec sa renarde une portée de renardeaux dans les fondations mêmes de la gloriette. Elle les entendait gratter quand elle venait s'y installer; dans la chaude obscurité de ce repaire, Sœur Renarde était sans doute en train de lécher avec orgueil ses petits, tous dotés de ces yeux qui, même à cet âge tendre, sont pleins de la sagesse et de la connaissance de leur espèce.

Elle lui servit une tasse de thé. Elle ne s'était pas rendu compte auparavant que sa maladie pouvait le gêner pour boire. Elle s'aperçut qu'il devait tourner la tête de côté. Il vit qu'elle l'observait.

— Je dois faire attention. Au début, je renversais du café partout. Maintenant, j'ai l'habitude.

— Je suis désolée, je ne voulais pas être indiscrète.

Il s'empressa de la rassurer :

— Je vous en prie, c'est sans importance. Je me dis toujours qu'en fin de compte ce n'est pas un handicap si grave que ça. Et puis, en fait de difformité, on a tous vu pire, non? Les grands brûlés, les nains. Pour eux c'est vraiment difficile : les gens n'osent pas les regarder, ne savent pas quoi leur dire.

— Les attitudes ont bien changé pourtant ?

— Peut-être, dit-il en reposant sa tasse. Jusqu'à ce que je sois atteint, je n'avais aucune idée de ce que doivent supporter les gens qui ont un handicap. Les regards, la pitié. La pitié, c'est si difficile à accepter. Ça part d'un bon sentiment, mais ce n'est pas ça dont on a besoin, vous savez. J'ai aussi compris autre chose. Dallas fait partie du Sud des États-Unis d'une certaine façon, et je n'avais jamais réalisé ce que c'est que d'être noir dans un monde blanc. Maintenant, je crois que je commence à comprendre. C'est un peu tard. J'ai acquis de la sagesse grâce à cette maladie, qui n'est pas autre chose qu'un nerf facial détruit par un virus. Qu'est-ce que vous en dites ? La sagesse du nerf facial.

Elle ne répondit rien, sachant exactement ce qu'il entendait par là. La sagesse, c'est être capable d'imaginer les expériences des autres. On ne parle plus beaucoup de sagesse de nos jours, ni de vertu d'ailleurs. La sagesse n'a pas sa place dans un monde de paillettes et de spectacle. On choisit des hommes politiques de plus en plus jeunes parce qu'ils passent mieux à la télévision, qu'ils ont l'air plus dynamiques, alors que l'on devrait rechercher la sagesse et ceux qui la possèdent. Ces derniers, hélas, avec leurs cheveux gris, leurs rides, leur réserve, ne sont en général pas des bêtes de scène.

— Venir en Écosse m'a vraiment aidé, dit Tom en regardant le fond de sa tasse. Cette année, on avait d'abord pensé à la France, puis, finalement, on a opté pour l'Écosse.

— Tarwhinn est un endroit merveilleux. Je suis sûre que vous y êtes très heureux.

— Oh, la maison est très bien, dit-il après avoir bu une gorgée de thé précautionneusement. Mais ce n'est pas la raison. C'est simplement que j'ai pu vraiment réfléchir.

Elle l'écoutait avec beaucoup d'attention. Le rayon de soleil qui traversait maintenant l'entrée de la gloriette tombait sur la jambe de son pantalon et sa main gauche, sur l'accoudoir du fauteuil. Elle remarqua la peau sèche et les taches de rousseur, dégâts encore discrets provoqués par l'exposition au soleil. Le climat de Dallas, bien sûr, et les étés féroces du Texas.

— Isabel, je ne sais pas par où commencer.

Sur le point de verser de l'eau chaude dans la théière, elle s'arrêta. Il sembla prendre sa respiration.

— Tout va de travers, lança-t-il brutalement. Tout.

Elle ne sut quoi dire : manifestement, il s'agissait de ses fiançailles. Il avait pris conscience de son erreur. On découvre beaucoup de choses sur l'autre lorsqu'on part en vacances ensemble. Les écailles tombent des yeux. Il suffit parfois de changer d'environnement pour que les failles apparaissent. À Dallas elle était dans son milieu, mais dans le Peeblesshire, dans les collines, Angie semblait sans doute trop voyante, trop fragile.

— Je n'y peux rien, continua Tom. Quand je vous ai rencontrée, j'ai enfin compris que j'avais besoin d'une femme comme vous.

Il la regarda, guettant ses réactions. Elle arriva à faire un petit sourire qui suffit à l'encourager.

— Je crois que je suis un peu amoureux de vous, même plus qu'un peu. Voilà, je vous ai tout dit. Je suis désolé, c'est grossier de ma part.

Cette déclaration ne lui était pas agréable, mais il avait fait cet aveu d'une façon si formelle, si polie, qu'elle ne se sentait pas sur la défensive.

Elle se pencha pour poser la main sur son avant-bras. Le lin de la manche était rugueux au toucher.

— Tom, vous n'avez pas à vous excuser, je vous…

Il l'interrompit :

— J'ai tourné et retourné ça dans ma tête, et puis, finalement, j'ai décidé de tout vous dire. Je sais que c'est ridicule…

— Pas du tout.

— Si, si, c'est ridicule. Vous avez quelqu'un dans votre vie, Jamie. Moi, je suis fiancé, et puis j'ai cette difformité. Je sais bien que ça ne peut mener à rien. Mais il fallait absolument que je parle à quelqu'un de ce bouleversement. C'est pourquoi je suis venu vous voir. J'ai eu tort.

Comprenant qu'il n'avait pas l'intention d'insister, Isabel se sentit soulagée.

— Mais non, vous avez bien fait.

— Vous êtes sûre ? demanda-t-il en la regardant d'un air anxieux.

— Mais oui, au contraire, je suis très flattée, vraiment. Mais cela n'a guère d'avenir, je suis sûre que c'est aussi votre avis.

Cela sembla le laisser songeur. Isabel, pour sa part, luttait pour ne pas sourire, tellement cette entrevue était jusqu'ici fidèle à son scénario imaginaire. Il n'avait pas encore parlé d'Angie.

— Et Angie ? demanda-t-elle.

Il ne répondit pas tout de suite.

— Elle ne m'aime pas, dit-il en baissant la voix. Je crois qu'elle serait très contente de se débarrasser de moi.

Encore une fois, il guettait sa réaction. S'il s'était attendu à la choquer, il devait être déçu. Non seulement elle n'était pas choquée, mais cela confirmait ce qu'elle avait deviné depuis le début. On n'arrive pas toujours à expliquer ce genre de certitudes aux causes inconnues. Elle avait eu bien du mal à justifier cette intuition devant Mimi. Tom aussi l'avait toujours su.

— Comment le savez-vous ? demanda-t-elle prudemment.

Même si elle n'avait pas l'intention de lui raconter son rêve, trop mélodramatique, elle tenait pourtant à lui faire comprendre qu'elle n'était pas scandalisée.

Il joignit les mains, comme pour exprimer une sorte de détresse.

— Je crois qu'elle a déjà essayé. Quand nous sommes allés aux chutes de Clyde. J'étais tout au bord, en train d'essayer de prendre une photo. Évidemment, je n'aurais pas dû. L'endroit est dangereux, il y a un à-pic à moins de cinquante centimètres. J'ai soudain senti qu'il fallait que je me retourne. Je me suis retourné, et Angie était juste derrière moi.

— Elle a essayé de ?...

— Non, dit-il en secouant la tête. J'ai perdu l'équilibre, et je suis parti en arrière. C'était très étrange. J'ai vacillé, je crois. Elle a dû avoir l'impression que j'allais tomber.

— Et alors ?

Il ferma les yeux un instant, comme pour revivre la scène.

— Elle n'a rien fait. Elle a regardé, c'est tout. Elle n'a pas fait un geste.

La bouffée d'angoisse qui avait saisi Isabel se dissipa. Elle se trouvait là devant ce classique des philosophes de la morale, la distinction entre pécher par action et pécher par omission. Si la conséquence est la même, le second choix est-il plus condamnable que le premier ?

— Vous pensez qu'elle aurait dû faire quelque chose ?

— Bien sûr. Je sais bien que, dans ces circonstances, on panique, on est paralysé. Ça se voit au regard. J'ai vu dans ses yeux quelque chose de bien différent.

— C'est-à-dire ?

— Du plaisir, ou plus exactement de l'excitation.

Isabel réfléchit quelques instants, puis demanda à Tom s'il en avait parlé avec Angie. Il répondit que non, parce qu'il n'avait pas de certitudes. Il n'avait pas eu le courage de porter une accusation aussi terrible.

— Vous ne pouvez pas rester avec elle si vous pensez qu'elle est capable de faire ça ! s'écria Isabel. C'est impossible.

— Nous sommes fiancés, dit-il avec un geste résigné. Tout Dallas est au courant. Je ne peux pas faire marche arrière et tout arrêter sur la base de simples soupçons.

Isabel sentait monter sa colère.

— Comment ça, vous ne pouvez pas ? Bien sûr que si. Rompre des fiançailles, ça arrive tous les jours. C'est même le but, une sorte de période d'essai.

— Je ne peux pas m'y résoudre, dit-il en lui jetant un regard d'impuissance. Et puis, si je me trompais ? Si tout ça n'était que le produit de mon imagination ?

— Non, dit-elle, je ne crois pas. L'essentiel, c'est que vous ne voulez pas l'épouser. Vous venez de me dire que vous l'aviez compris après m'avoir rencontrée. Vous le pensiez vraiment ?

— Absolument, répondit-il en hochant vigoureusement la tête. Ce qui s'est passé aux chutes, c'est en plus, un obstacle supplémentaire. C'est peut-être par faiblesse que je ne peux pas me résigner à rompre. Ce serait un traumatisme pour elle.

Il cherchait son regard, comme pour l'implorer.

— Je ne peux pas me décider, ajouta-t-il. Je sais que c'est nécessaire, mais je n'y arrive pas.

— Pourquoi serait-elle traumatisée si elle veut se débarrasser de vous ?

— Je ne sais pas, soupira Tom.

Isabel prit une décision.

— Vous voulez mon avis ?

— Non, je dois décider moi-même.

— Vous venez de me dire que c'est impossible.

Il avait l'air d'être au supplice.

— Ce serait lâche de faire faire le sale travail par quelqu'un d'autre qui déciderait à ma place.

— Oui, ce serait lâche. Il nous arrive à tous d'être lâches. C'est mon cas, et celui de presque tout le monde, si on veut être honnête avec soi-même.

Elle le regarda d'un air scrutateur.

— Je pense pourtant à une chose. Si elle veut se débarrasser de vous, c'est après le mariage, pas avant. Pour des raisons financières.

Il changea de position, comme si la question le mettait mal à l'aise.

— Elle profiterait de ma mort, même maintenant. J'ai pris des dispositions, sur le conseil de mes avocats, au moment des fiançailles.

— Je vois.

Elle attrapa une petite cuillère d'argent et se mit à la tourner entre ses doigts.

— Vous croyez qu'elle accepterait un arrangement financier ?

— Vous voulez dire acheter ma liberté ?

— Oui. Si elle n'a pas d'affection pour vous, alors pourquoi a-t-elle décidé de vous épouser ?

— Pour l'argent ?

— On dirait, dit Isabel. Non ?

Tom murmura quelque chose qu'Isabel ne comprit pas.

— C'est horrible de présenter les choses comme ça, répéta-t-il.

C'était bien l'avis d'Isabel. Les affaires humaines se réduisent pourtant si souvent à des considérations mercantiles. Autant qu'une histoire d'amour, le mariage a toujours été une histoire d'argent.

Il la regardait, les yeux écarquillés.

— C'est ce que vous suggérez ? Lui offrir de l'argent ?

— Qu'est-ce que vous en pensez ?

— Non, c'est moi qui vous ai demandé votre avis.

— Soit. Je crois effectivement que vous devriez lui proposer quelque chose. Rien ne vous y oblige, bien sûr. Vous semblez pourtant préférer qu'elle vous libère de votre parole. Alors c'est ce qu'il faut faire.

Je ne devrais pas me mêler de ça, se dit-elle. Voilà que je me retrouve en train de m'occuper des affaires des autres, ce que j'avais résolu de ne plus faire. La différence, c'est que Tom lui avait demandé conseil, avec insistance, et elle lui avait donné. Était-ce se mêler des affaires des autres ? Elle n'en était pas sûre.

21

Tom venait juste de partir, et elle était de retour dans son bureau après avoir mis les tasses dans le lave-vaisselle quand Jamie appela enfin. Il voulait savoir si elle pouvait dîner avec lui. Même si sa réponse ne faisait pas de doute, elle essaya, vainement, de ne pas avoir l'air trop pressée d'accepter.

Jamie suggéra le Saint Vincent, un pub non loin de chez lui. C'était un petit établissement dissimulé au bout d'une large avenue bordée d'immeubles de style géorgien qui descendait de George Street, dont le point d'orgue était une église imposante, aux piliers élancés, sur St Vincent Street. Tout à côté se trouvait une autre église épiscopalienne, plus modeste, qui portait également le nom de Saint Vincent, et où l'on célébrait la liturgie ritualiste. C'était aussi le siège de l'ordre de Saint-Lazare, groupe un peu excentrique dont les membres prétendent descendre en droite ligne de ligues chevaleresques comme celle des templiers et paradent en uniformes chamarrés. Ces pratiques bien inoffensives satisfaisaient, selon Isabel, deux désirs masculins très profonds : le goût du secret et l'instinct grégaire.

Il faisait toujours aussi beau. En descendant George Street, Isabel admira au nord le grand ciel tout plein de la lumière du soir. Il était un peu plus de huit heures ; la nuit ne tomberait que bien après dix heures. Même alors, les ténèbres resteraient irradiées par une lumière sourde, le *simmer dim*, comme on l'appelle au nord de l'Écosse. L'air était chaud mais vif, car c'était l'Écosse après tout.

La porte du pub était grande ouverte ; des clients s'étaient installés dehors, sur les marches de pierre, pour profiter de la douceur de l'air. Jamie l'attendait, assis tout près de l'entrée devant une chope de bière. Son visage s'éclaira quand il aperçut Isabel. Il se leva, prit ses mains dans les siennes, puis se pencha pour l'embrasser sur la joue. Isabel tremblait comme une collégienne à son premier rendez-vous. Il n'avait manifestement aucun regret; depuis ce week-end, ses sentiments n'avaient pas changé.

Pendant que Jamie allait lui chercher à boire, elle examina autour d'elle les groupes d'amis, les couples, les quelques solitaires juchés sur des tabourets au bar. Elle ne connaissait personne, ce qui ne l'étonna pas : ce n'était pas son territoire habituel. Cette idée de territoire lui fit penser, contre toute logique, à Frère Renard. Elle l'imagina installé sur un tabouret, ses pattes fines élégamment croisées, en train de siroter... Que pourrait-il donc boire? Du sherry peut-être, ou bien quelque chose de plus sophistiqué, un de ces cocktails aux noms compliqués que l'on trouve dans les bars chics. Pour Frère Renard, ce serait un Saint-François : deux parts de gin, une part de citron vert et une part de poulet. Frère Renard serait entouré d'amis hauts en couleur, des gens comme Charlie MacLean par exemple, ce spécialiste du whisky qui organisait des séances de dégustation. Elle avait eu l'occasion de participer à l'une d'entre elles. Frère Renard et lui se raconteraient de bonnes histoires et s'entendraient comme larrons en foire. L'absurdité de son imagination la fit sourire.

Jamie revint avec son verre. Quand il s'assit, son genou effleura celui d'Isabel, mais il ne s'écarta pas.

— J'ai un cadeau pour toi, annonça-t-il en fouillant dans le cartable à musique qu'il traînait partout avec lui et qui servait au transport des partitions, des briques de lait et des courses.

Il en retira un CD dans un petit sac en plastique et le lui tendit.

— C'est une compilation extraordinaire, dit-il. Pour certains, il faudra qu'on les adapte nous-mêmes. J'essaierai de faire des arrangements si on ne trouve pas la partition de certains morceaux.

— Merci. Tu es vraiment très gentil.

Elle prit sa main, la serra brièvement et examina le disque.

— *Mood Scottish.*

— Je crois que c'est un jeu de mots sur *Mood Indigo*. Mais ne t'inquiète pas, c'est de la très bonne musique. Il y a des choses vraiment formidables. Tiens, regarde, dit-il en indiquant une des pistes. *Sinclair*. C'est une chanson des îles Féroé qui parle d'un soldat écossais parti se battre en Suède. L'armée écossaise a été présente en Suède. Mais elle, on l'a invitée, ce n'est pas comme les soldats britanniques.

— Effectivement. C'est pour ça qu'on trouve tant de noms écossais en Suède, comme Macpherson. Ce sont des noms suédois aujourd'hui.

Jamie tapota le coffret. Les yeux d'Isabel s'attardèrent sur le doigt légèrement hâlé, si gracieux, si beau.

— Une sirène essaie de dissuader ce Sinclair de partir à la guerre. Une sirène, tu te rends compte ?

— Il faut toujours écouter les sirènes. C'est tellement rare qu'elles daignent s'adresser à nous qu'il s'agit alors de quelque chose de très important.

Il resta surpris une seconde avant d'éclater de rire. Seule Isabel était capable de dire des choses pareilles. C'était pour cela, entre autres, qu'il la trouvait irrésistible.

— En tout cas, lui, il ne l'a pas écoutée. Et il a été tué. Pauvre Sinclair. Mais la chanson est très belle, très longue, très étrange.

— Il y a aussi du Peter Maxwell Davies, dit Isabel en montrant un autre titre. *Berceuse pour Lucy*. Je l'ai rencontré une fois à Orkney.

— Max. On a joué son *Mariage à Orkney*, avec cornemuse. C'est très impressionnant.

Il examina avec attention la couverture du disque avant de le rendre à Isabel.

— On pourrait écouter Sinclair après le dîner. Ça te plairait ?

— Beaucoup, répondit Isabel, le cœur battant à tout rompre.

— On pourrait aussi aller chez moi pour dîner. Qu'est-ce que tu en penses ?

Isabel pensait que c'était encore mieux.

— Tu veux que je prépare quelque chose ?

— Non, non, dit Jamie. Je m'occupe de tout.

Ils vidèrent leur verre et se dirigèrent vers l'appartement de Jamie en descendant St Stephen Street.

— Et l'appartement ? Tu as décidé quelque chose ?

— Oui, dit Isabel. Je vais l'acheter. Grace l'a visité l'autre jour et l'a trouvé à son goût. Elle s'est très bien entendue avec notre amie Florence. Elle va probablement chercher à l'attirer dans ses séances de spiritisme.

— Florence est trop rationnelle. Mais tout est bien qui finit bien.

— Je crois. C'est quand même mieux quand tout finit bien, non ?

— Absolument. Même si c'est assez rare.

Sur le chemin, Isabel s'arrêta devant un magasin d'antiquités.

— Je connaissais le type qui tenait ce magasin. Il était toujours assis dans ce fauteuil, dans ce coin, vêtu d'un costume noir, d'un gilet, une rose à la boutonnière. Tous ceux qui entraient avaient droit à un accueil aimable et à une bonne histoire. Sur ces étagères, à droite, il y avait la littérature écossaise. Les auteurs anglais étaient classés dans le rayon « littérature étrangère ». Ce n'était pas par animosité, mais pour prouver quelque chose.

Jamie pressa son nez contre la vitre. Le fauteuil était inoccupé, le magasin poussiéreux.

— Prouver quoi ? demanda-t-il.

— Les présupposés culturels.

Elle était attristée par cette boutique vide. Certains îlots d'originalité, certaines poches de résistance parviennent à tenir bon face au mouvement qui élimine impitoyablement tout ce qui reste d'échelle modeste, d'influence locale. Il en va même ainsi des pays trop petits. Les magasins de quartier sont évidemment en première ligne.

— Je n'aime pas faire les courses dans des grandes surfaces, dit-elle à mi-voix.

— Pardon ? demanda Jamie, perplexe. Elle sourit et ils reprirent leur chemin.

— J'ai du chagrin de voir tous ces petits magasins disparaître, c'est tout. J'aime les choses qui restent à petite échelle.

— C'est par commodité, répondit Jamie. Ce n'est pas forcément mauvais.

— Sans doute, mais…

Elle ne termina pas sa phrase. Il était trop tard : impossible d'enrayer la logique de l'économie d'échelle. Pourtant personne ne voulait de cette standardisation, de cette absence totale de caractère. Le franc, le mark, la lire italienne si démesurément gonflée, tous ont disparu. Les voitures se ressemblent, et les vêtements aussi. On ne voit plus les couleurs ni les différences. Les espèces meurent : tous les jours des insectes s'éteignent pour toujours, des petites vies mystérieuses qui ont résisté pendant des millénaires dans leur coin sont anéanties à cause de la destruction de leur habitat. Il semble que l'on va retourner vers un paysage sidéral, incapable d'abriter la vie. Jamie pensait-il parfois à ces choses ? Ou bien fallait-il avoir quatorze ans de plus pour les comprendre, ou même les ressentir ?

— J'ai faim, dit Jamie.

— Allons-y, fit Isabelle.

Au moment où elle allait passer son bras sous celui de Jamie, elle s'arrêta. Cela risquait de l'embarrasser. Dans les débuts d'une liaison, on se pose naturellement ce genre de questions. La facilité, la familiarité, le naturel viennent plus tard. Au stade où ils en étaient, cela pouvait le gêner. Ils ne formaient pas un couple officiel, tout le monde ne connaissait pas leur intimité nouvelle. Désirait-il d'ailleurs que cela s'ébruitât ? Ils marchèrent donc sans se toucher.

Dans l'appartement, Jamie prit le CD qu'il avait offert à Isabel et le glissa dans le lecteur. La petite cuisine donnait dans la salle de séjour. Isabel le regarda procéder aux apprêts du dîner, tomates-mozzarella, pâtes. Il lui versa du vin et ils levèrent leur verre à la santé l'un de l'autre.

— À toi ! dit-elle.

— À moi ! répondit Jamie, avant de corriger en riant. À toi, je veux dire.

— J'imagine que ce sont les égotistes qui disent « À moi ! ». Tu ne crois pas ?

— Sûrement. Mais pour leurs dîners, ça doit être assez compliqué. Tous les convives doivent vouloir faire un discours.

— Et puis ils doivent trouver qu'ils sont trop nombreux.

Un silence s'installa. Jamie agita le flacon de vinaigrette qu'il avait préparé pour l'entrée. Les teintes sombres du vinaigre balsamique se mêlèrent à l'huile d'olive.

— Jamie, demanda Isabel en tournant entre ses doigts le pied de son verre, tu es content de ce qui s'est passé entre nous ? Tu es sûr que c'est ce que tu veux ?

Il la regarda avec tant d'intensité qu'elle se reprocha d'avoir parlé. Il y a certaines paroles qu'il vaut mieux éviter.

— Mais bien sûr, dit-il.

— Tu me le dirais si c'était le contraire ?

— Absolument.

— Tu le jures ?

— Je le jure, dit-il en traçant rapidement une croix sur sa poitrine.

«Tu as parlé à Mimi du week-end ? lança-t-il par-dessus son épaule en retournant à la cuisine.

— Juste quelques mots.

— Et alors ?

— Ils étaient très contents.

— Tom et Angie aussi ?

Isabel hésita. Elle aurait voulu raconter à Jamie sa conversation avec Tom, mais elle craignait sa réaction. Il l'avait toujours grondée sur sa tendance à se mêler des affaires des autres. Encourager Tom à rompre avec Angie entrait largement dans cette catégorie. Certes, Tom lui avait demandé conseil, avait insisté pour qu'elle prenne parti. Seulement Jamie ne verrait peut-être pas les choses de la même façon.

— Tom est venu me voir aujourd'hui, avant que tu téléphones. Il voulait me parler.

Jamie, qui remuait la marmite où cuisaient les pâtes, se tourna vers elle, l'air narquois.

— À quel sujet ?

Elle décida de tout lui dire, en omettant les sentiments que Tom éprouvait pour elle.

— Au sujet d'Angie.

Jamie avait reposé la cuillère et s'essuyait les mains avec un torchon à la porte de la cuisine.

— Qu'est-ce qu'il a dit ?

— Il pense qu'elle ne l'aime pas beaucoup, dit Isabel après avoir bu une gorgée de vin. Il a décidé de rompre les fiançailles.

— Ça ne m'étonne pas, fit Jamie en baissant les yeux.

— Toi aussi, tu penses qu'ils ne sont pas bien assortis ?

— Ça, je n'en sais rien, dit-il en haussant les épaules. Peut-être. Mais…

— Oui, dis-moi ce que tu penses, insista Isabel, voyant qu'il hésitait.

Il leva les yeux, l'air embarrassé.

— Je ne sais pas vraiment…

— Je t'en prie.

Il vint s'asseoir à côté d'elle.

— Quand je suis allé à Peebles avec Angie samedi matin, il s'est passé quelque chose.

Isabel retint son souffle.

— Quoi ? demanda-t-elle d'une petite voix.

— Je n'ai pas vraiment envie d'en parler, dit Jamie, qui ne tenait pas en place sur sa chaise.

Cette femme avait vraiment des vues sur lui, pensa Isabel, furieuse.

— Elle m'a fait des avances, marmonna Jamie. Enfin, je crois.

Ce n'était pas vraiment étonnant. Isabel avait surpris des regards, sans penser qu'elle passerait à l'acte aussi vite. Mais pourquoi cette incertitude de Jamie ?

— Tu dois savoir si elle t'a fait des avances ou non. Qu'est-ce qu'elle a dit ?

— C'était au retour, expliqua Jamie, de plus en plus gêné. Elle a posé sa main sur ma jambe, comme ça, tout d'un coup. Mais très haut.

Il avait rougi et Isabel baissa les yeux.

— C'est tout ? interrogea Isabel, soulagée.

— C'était peut-être sans arrière-pensée, je ne sais pas.

— Ça m'étonnerait, dit Isabel. Voyons, Jamie, une femme ne fait pas un geste comme ça par hasard. Et comment as-tu réagi ?

— J'ai menti, dit Jamie en se mordant la lèvre.

— Tu as dit que tu étais marié ?

— J'ai dit que j'avais une amante.

Isabel sourit.

— Ça a fait de l'effet ?

— Elle m'a regardé en disant : « Dommage. » Et puis elle a ôté sa main.

Ils restèrent quelque temps sans parler. Isabel réfléchissait à ce qu'elle venait d'entendre ; elle ne s'était pas trompée. Angie n'aimait pas Tom. Elle avait bien agi en lui recommandant de rompre.

— J'ai conseillé à Tom de rompre. Je lui ai dit d'en parler avec elle. C'est ce qu'il va faire.

— C'est sans doute mieux comme ça, lança Jamie en haussant les épaules.

Il retourna à la cuisine. Isabel, soulagée qu'il n'ait pas critiqué le rôle qu'elle avait joué, pensa à autre chose. Jamie semblait également désireux d'oublier le couple. Il remit le CD au début et lui fit écouter un morceau qui l'intéressait. Puis ils passèrent à table.

Il venait juste de commencer quand il posa ses couverts et prit la main d'Isabel dans les siennes.

— Tu sais, pour moi, tout ce que tu fais est bien.

— C'est drôle que tu dises ça. C'est très gentil.

— Je parle sérieusement.

Elle sentait la pression de ses doigts sur sa main, douce, comme tous ses gestes, comme lui-même. L'amour n'est pas en soi une vertu, mais il aide à être plus vertueux, à faire du bien à ceux qu'on aime. L'amour ne fait jamais de mal, où qu'il se pose, quelque direction qu'il prenne. Elle posa sur Jamie un regard attendri. Elle se rappelait pourtant qu'il avait dit avoir menti à Angie en avouant qu'il avait une amante. Elle se demanda ce qu'elle était pour lui si elle n'était pas son amante. Il lâcha la main d'Isabel et retourna à son repas.

— Et si on partait quelque part ensemble ? dit-il. Sur la côte ouest ? Ou dans une des îles ?

— D'accord.

— J'aimerais aller à Harris. Tu as visité les Hébrides extérieures ?

— Oui. Je connais un petit hôtel, un ancien presbytère, qui donne sur un champ plein de fleurs sauvages au printemps et en été, avec la mer juste en bas. Des vagues froides et vertes. C'est la limite extrême de l'Écosse et c'est très beau. On pourrait aller là. Ça te plairait ?

— Beaucoup.

Elle lui sourit et posa la main sur sa joue, comme elle l'avait fait une fois, le jour de la révélation. Je vais avoir le cœur brisé, se disait-elle pourtant, mais pas maintenant, pas tout de suite.

22

Le bonheur. Pendant les quelques jours qui suivirent, Isabel connut la félicité. Elle parlait à Jamie quotidiennement. Une fois, elle vint le retrouver dans le petit café en face de l'Académie pour déjeuner rapidement pendant l'heure de pause entre deux cours. Ils parlaient à voix basse à cause de la présence à une table voisine de deux élèves qui ricanaient. Isabel finit par leur faire un grand sourire : immédiatement ils se mirent à rougir et détournèrent la tête.

Seul le souvenir de Cat troublait sa quiétude. Ce n'était pas la première fois qu'elle et Cat se querellaient ; les choses s'arrangeaient généralement en quelques jours. En temps ordinaire, Isabel aurait présenté des excuses, qu'elle ait eu tort ou non, que Cat aurait acceptées de mauvaise grâce. Isabel préférait attendre un peu avant d'aller trouver sa nièce, pour donner à Cat le temps de se calmer et d'avoir des remords sur sa conduite. Cette fois-ci, ce n'était vraiment pas Isabel la responsable. Cat avait rejeté Jamie, refusé de l'écouter quand il voulait renouer avec elle : elle n'avait aucun droit sur lui. Si Isabel avait fait preuve d'un certain manque de tact par désir de parler de ses sentiments pour Jamie, c'était un péché bien véniel à ses yeux.

Elle se rendit au magasin en fin de matinée, avec une lettre qu'elle avait l'intention de remettre à Cat, où elle reconnaissait son manque de tact et demandait à Cat de lui pardonner.

« J'ai manqué de délicatesse », écrivait-elle. Mais elle se justifiait aussitôt : « C'est sans doute difficile pour toi, je comprends cela, mais tu dois me permettre d'être heureuse. C'est quelque chose que je n'ai pas prémédité. J'ai besoin de ta bénédiction. » Elle avait lu et relu la note, et passé des heures sur la formulation; cette version avait l'avantage d'être la stricte vérité.

Cat n'était pas là. Miranda et Eddie se trouvaient derrière le comptoir. Eddie nettoyait la trancheuse électrique, ce qui fit frissonner Isabel. Miranda servait un client. Ils la saluèrent tous les deux, Miranda d'un sourire, et Eddie d'un léger signe de tête.

— Cat n'est pas là ? demanda-t-elle.

— Elle est sortie, répondit Eddie. Avec Patrick.

Isabel soupira. Patrick était peut-être aussi occupé que le prétendait sa mère, mais il semblait tout de même avoir le temps de déjeuner avec Cat. Elle s'interrogea : sa mère était-elle au courant? Allait-elle essayer à nouveau de s'en mêler? Elle demanda à Eddie une tasse de café, puis elle prit un journal et s'installa à une table. À en croire la première page, le monde était en plein chaos : des inondations avaient détruit la côte quelque part. Des photos montraient un couple réfugié en haut d'un arbre, la femme en larmes, la jupe déchirée et boueuse. Ailleurs on construisait des armes nucléaires. Dans un grand lac, empoisonné, toute vie avait disparu. Voilà comment on fait peur aux gens tous les jours, et à juste titre. Elle replia le journal et le rangea. Elle préférait regarder passer les gens dans la rue. Si Cat n'était pas revenue au bout de vingt minutes, elle laisserait la lettre et partirait. Pour attirer les clients, Eddie avait soigneusement arrangé des bouteilles d'huile d'olive dans la vitrine. C'est lui qui s'en occupait et il attendait avec impatience le début de la semaine pour changer l'étalage.

Il apporta un café à Isabel et prit place en face d'elle, le torchon drapé négligemment sur l'épaule.

— J'ai appris la grande nouvelle, dit-il avec un large sourire. Félicitations.

Isabel, qui ne s'attendait pas à cela, but quelques gorgées du café brûlant. Cat avait dû le mettre au courant.

— C'est Cat qui te l'a dit ?

— Elle n'était pas contente, répondit Eddie en hochant la tête. Du moins au début. Elle m'a dit que je ne devinerais jamais ce que tu avais fait. Elle m'a tout raconté, en pensant que j'allais prendre son parti.

Isabel observait Eddie. Quelques mois auparavant, il n'aurait jamais été aussi expansif. Quand il avait commencé à travailler pour Cat, c'est à peine s'il disait bonjour, en marmonnant. Quel progrès !

— Et tu n'as pas pris son parti ?

— Bien sûr que non, répliqua Eddie en riant. J'ai ri. Elle n'a pas aimé.

— Ça ne m'étonne pas. Elle m'a pratiquement accusée de lui avoir volé Jamie.

— Elle raconte n'importe quoi. Je lui ai dit qu'elle n'avait pas le droit d'être jalouse.

Isabel lui confia que c'était exactement son sentiment. Elle ajouta qu'il s'agissait là de réactions irrationnelles. La jalousie n'est jamais facile à contrôler, parfois même impossible.

— Je sais. De toute façon je lui ai parlé et je l'ai calmée. À la fin, elle a même affirmé qu'elle devrait être fière. Elle a dit…

Il n'acheva pas sa phrase.

— Continue, dit Isabel d'un air moqueur. Elle a dit quoi ?

— Que ce n'était pas à la portée de tout le monde de partir avec un homme plus jeune, que ça dénotait un certain style.

— Vous en êtes restés là ?

— Oui. Après, on a parlé de Miranda. Nous… Isabel l'interrompit. Miranda avait fini de servir le client et venait les rejoindre.

— La voilà.

Miranda se plaça derrière la chaise d'Eddie. Elle fit un grand sourire à Isabel et posa sa main sur l'épaule d'Eddie. Celui-ci se tourna à moitié, sourit et posa sa main sur celle de Miranda, la tapotant doucement devant Isabel interloquée.

— Oui, dit Eddie.

— Eh bien, dit Isabel, eh bien !

— Isabel, vous auriez dû me dire que le plus gentil garçon de toute l'Écosse travaillait ici. Il a fallu que je m'en aperçoive toute seule.

— Il faut qu'on retourne travailler, fit Eddie, radieux.

Il se leva et effleura l'épaule de Miranda.

— Allez, on y va.

Isabel les regarda partir. Pour chacun d'entre nous, il existe un être qui représente une complémentarité parfaite. Que nous le trouvions, qu'il nous trouve ou qu'il nous échappe à jamais, c'est une question de chance. Elle savait bien ce qui pesait sur Eddie, mais en voyant cette existence timide et brisée renaître et prendre confiance, elle se sentit réchauffée par une grande vague de satisfaction et de plaisir. Elle tira de sa poche la lettre qu'elle avait écrite à Cat, dans son enveloppe rectangulaire, le rabat glissé à l'intérieur. Elle la relut. Il lui avait fallu du temps pour peser chaque mot. Pourtant, en un clin d'œil, elle la déchira en petits morceaux qu'elle jeta dans la poubelle réservée aux emballages de sucre et papiers divers. C'était maintenant à Cat de faire le premier pas. Elle attendrait, impatiemment. Elle n'avait pas à s'excuser à cause de Jamie, elle n'avait pas à s'excuser de son bonheur.

Quand elle rentra chez elle, Mimi et Joe n'étaient toujours pas revenus. Grace la prévint qu'ils seraient de retour en fin d'après-midi. Ils avaient changé leurs plans, et décidé de partir le lendemain passer une semaine sur l'île de Skye. Il fallait que Joe mette au net son article sur l'adoption ; à Édimbourg, ils avaient trop de distractions.

— Si je vais dans un endroit vraiment loin de tout, j'en viendrai à bout, avait déclaré Joe.

Mimi était d'accord. Skye était effectivement assez loin, et surtout il y avait peu de librairies pour le tenter. Quant à elle, elle avait des lectures à terminer, ce qu'on peut faire aussi bien sur une petite île que sur une grande.

Isabel les verrait brièvement à leur retour, mais ils allaient lui manquer. Ils l'avaient persuadée de venir les voir à Dallas et elle avait promis de s'y rendre le plus tôt possible.

— Ma sainte femme de mère aurait aimé que je…

Elle n'avait pas terminé sa phrase. Il n'y avait pourtant aucune raison de cesser de la traiter de sainte. Une sainte peut bien tomber amoureuse. D'ailleurs, quand on aime son prochain comme soi-même, on doit être d'autant plus enclin à aimer une personne en particulier, songea-t-elle. J'aime Jamie et il ne fait aucun doute que j'en aime davantage le monde.

Ce soir-là, Mimi resta dans la cuisine pendant qu'Isabel préparait le dîner. Elles parlèrent de Skye. Une fois là-bas, Joe et Mimi pourraient descendre dans l'hôtel de Claire Macdonald, se promener, contempler le flux et le reflux de la mer, humer l'odeur de tourbe qui flottait dans l'air.

— Viens avec nous, il y a assez de place, suggéra Mimi.

— J'aimerais bien, mais j'ai du travail.

— Pour une fois, tu pourrais te montrer irresponsable.

Isabel sourit. En ce moment, elle était déjà largement irresponsable, et c'était bon.

— Hélas, je ne peux pas, à cause de la *Revue*.

— Tant pis, concéda Mimi. Mais si tu changes d'avis, saute dans la voiture et viens nous rejoindre.

Isabel, qui découpait un oignon en tranches, sentit les larmes lui venir aux yeux et les essuya du dos de la main.

— Ce ne sont pas de vraies larmes, dit-elle, ni même des larmes de crocodile. Juste des larmes d'oignon.

— C'est une jolie expression en l'occurrence, répliqua Mimi.

— Oui. À creuser.

Elle vit par la fenêtre qu'à l'ouest le ciel se chargeait de nuages lourds et sombres.

— La pluie. J'espère que vous ne serez pas complètement trempés à Skye. Il pleut pas mal là-bas, tu sais.

Elle se rappelait deux vers de Michael Longley sur cette région : « Je songe à Tra-na-Rossan / À Harris trempée de pluie horizontale. » C'était une bonne description de la pluie implacable qui vient de l'Atlantique, balayant l'île horizontalement.

— La pluie ne me gêne pas, dit Mimi. Je trouve que c'est beau, pas toi ? Et puis à quoi bon être déprimé par la pluie ? On n'y peut rien.

— C'est facile à dire quand on habite le Texas. La pluie ne dure jamais très longtemps là-bas.

— Quand même…, répondit Mimi en tripotant un bouton sur sa manche. En déjeunant en ville aujourd'hui, on a fait une rencontre intéressante.

— Qui ?

— Angie, figure-toi. Elle est venue à Édimbourg et elle repart aux États-Unis demain. Toute seule. Les fiançailles sont rompues, apparemment. J'avais hâte de te mettre au courant. Joe est gêné, il considère que c'est malséant de trop se réjouir, même dans un cas comme celui-ci. Mais je ne trouve pas ça réjouissant.

Isabel poussa les tranches d'oignon sur un côté de la planche à découper pour en faire une jolie petite pile blanche. Ainsi donc Tom était passé à l'acte.

— Je suis désolée, dit-elle.

Dans une certaine mesure, c'était vrai. Un début malheureux placé sous le signe du mensonge, une triste conclusion, l'histoire tenait de la tragédie.

— Oui, c'est triste, dit Mimi. À la fin, elle me faisait pitié.

— Angie ? Elle te fait pitié ? s'étonna Isabel.

— Mais oui. Elle a avoué qu'elle avait été forcée de rompre. Elle ne voulait pas faire de peine à Tom, mais entre eux cela n'allait pas.

— Elle t'a dit que c'était elle qui avait rompu ? demanda Isabel en ouvrant de grands yeux.

— Oui. Je dois dire que j'étais assez surprise. Je pensais qu'elle était plus ou moins intéressée. Si c'était le cas, elle n'aurait pas rompu, elle serait restée. Mais non.

Bien sûr, se disait Isabel. Après avoir reçu son argent, il n'y avait plus aucune raison de s'éterniser en Écosse.

— Et après elle m'a dit un truc très curieux, continua Mimi. Elle m'a dit que Tom lui avait offert de l'argent pour rompre les fiançailles. Elle était très choquée et avait refusé.

— Elle a refusé ?

— Oui.

C'est peu probable, se dit Isabel.

— Tu l'as crue ?

— Oui, elle avait l'air tout à fait sincère.

Elles se turent. Par indécision pour Isabel. Si Angie disait la vérité, alors Isabel s'était totalement méprise sur son compte.

— J'ai reçu une leçon, dit Mimi, qui semblait n'avoir aucun doute. Ou plutôt j'ai dû réapprendre ce que j'ai toujours su, qu'on ne connaît jamais complètement les gens, ni ce qui les fait agir. On croit savoir, mais c'est impossible.

Elle avait peut-être raison. Elle se souvint qu'elle avait encouragé Tom à rompre sur la base de ce qu'elle croyait savoir d'Angie, peut-être à tort. Cela faisait-il vraiment une différence quant au résultat final ? Si Angie avait rompu sur sa propre initiative, il importait peu qu'elle-même ait poussé Tom à le faire. Pourtant, si Angie mentait et que c'était Tom qui avait rompu, alors elle portait une part de responsabilité. Elle se sentit envahie par un sentiment d'impuissance, ne sachant pas si elle devait tout dire à sa cousine. Mimi avait deviné qu'Isabel était troublée.

— Toi aussi, tu as des remords ? Ne te culpabilise pas, va. Il est probable qu'Angie s'est aussi trompée sur ton compte.

— Peut-être, mais elle ne serait pas allée aussi loin que moi. Elle ne m'aurait pas crue capable de meurtre.

— C'est ce que tu pensais ? demanda Mimi, stupéfaite. Tu la croyais capable d'assassiner Tom ?

Isabel passa aux aveux et raconta à Mimi son entretien avec Tom, la façon dont Angie s'était comportée quand il avait failli tomber aux chutes de Clyde. Mimi restait songeuse. Enfin elle leva la tête vers le plafond, comme pour y trouver la solution d'une énigme.

— C'est étrange. Tu ne vas pas me croire, mais Angie m'a raconté quelque chose de très semblable. Elle ne se sentait pas en sécurité avec Tom. Elle sentait qu'il y avait en lui, rarement visible, enfouie au plus profond de sa personnalité, une tendance à la violence. Elle avait peur d'en être la victime.

Elles se regardèrent.

— Qui croire? dit Isabel.

— Les deux, peut-être.

C'est vrai que les gens, en généreux biographes, ont tendance à réécrire l'histoire de leur vie pour apparaître meilleurs qu'ils ne sont. Si ce n'était pas le cas ici, l'un comme l'autre pouvaient se sentir menacés et craindre un passage à l'acte. C'était tout à fait plausible. D'ailleurs Angie avait très bien pu prendre l'initiative de rompre. Tom, mû par un sentiment de culpabilité, lui aurait alors proposé de l'argent. Elle aurait refusé par amour-propre. En fin de compte, tout le monde était gagnant. Un mariage sans amour avait été évité; Angie pouvait garder la tête haute. En y réfléchissant, Tom jugerait qu'il n'y avait pas lieu de se sentir coupable.

Elle posa la question à Mimi.

— C'est possible, dit celle-ci.

Réponse évasive. Parfois ce sont les seules qui soient honnêtes. Cela lui donnait pourtant à réfléchir. Avait-elle nui à Angie? Lui devait-elle réparation? Elle l'avait jugée durement, ce qu'Angie n'avait peut-être jamais soupçonné. Pire, elle l'avait calomniée. De tous les points de vue, c'était là faire du tort à autrui. Elle n'avait cependant pas le courage de poursuivre la réflexion, et d'ailleurs que faire? Lui écrire une lettre d'excuses? Ce serait pousser le zèle un peu loin. Isabel décida de ne rien entreprendre. Elle avait compris qu'il vaut mieux ne pas nourrir de préjugés et tirer de conclusions hâtives. C'était peut-être suffisant. Encore une fois, on restait dans l'incertitude.

Joe et Mimi partirent donc pour Skye, où ils trouvèrent de la pluie. À leur retour, il pleuvait aussi à Édimbourg, des ondées plus éparses. Quelques jours plus tard ils partirent pour Oxford, où ils avaient l'intention de passer le reste de l'été.

— Joe se sent bien à Oxford. Quand il était étudiant, il a obtenu une bourse Rhodes. La ville est pleine de souvenirs. On pense toujours que ces années-là sont les meilleures. Moi, je n'en sais rien.

Je suis plus heureuse maintenant, se disait Isabel. Elle aurait bien voulu se confier à Mimi, mais craignait de sombrer dans le sentimentalisme. Et puis il n'est pas convenable d'exhiber son bonheur devant ceux dont la vie sentimentale est peut-être moins épanouie. Face à quelqu'un qui souffre d'une maladie de peau, on ne se vante pas de la perfection de son teint. Équilibrée, sereine, Mimi ne semblait pas malheureuse. Isabel aurait pu s'épargner ces scrupules. Mimi avait deviné le changement qui s'était opéré en elle et lui en parla la première. Elle connaissait assez la vie pour déceler la présence de l'amour, et comprendre sa puissance de métamorphose. Elle savait aussi combien on brûle de montrer l'objet de son amour, de dire : « C'est lui ! Regarde ! »

— J'ai compris ce qui se passe, dit-elle en prenant la main d'Isabel. Profite de ta chance.

À sa grande surprise, Isabel ne se sentait pas embarrassée.

— Je n'y crois pas, il faut que je me persuade que ce n'est pas un rêve.

— C'est pourtant bien réel, dit Mimi.

— Je sais que ça ne peut pas durer. Auden l'a dit…

— « Je pensais que l'amour durait toute la vie ; je me trompais », cita Mimi en souriant. On croit tous ça. Ne sois pas trop sceptique. L'amour, ça peut durer très longtemps. Et même quand l'autre part, on l'aime toujours. C'est fréquent. Il est vraiment susceptible de partir ?

Elles se trouvaient dans le bureau d'Isabel, qui leva les yeux vers les bibliothèques avant de répondre. Que de biens terrestres ! Une maison, tous ces volumes, un jardin, jusqu'à un renard. Jamie n'était encombré de rien de tout cela. S'il trouvait un emploi intéressant dans un orchestre, il pouvait partir sur-le-champ, n'importe où. Il avait failli récemment accepter une place à Londres. Il parlait aussi très naturellement de vivre à Berlin. Elle n'avait jamais pensé à cette éventualité, et ne saurait comment s'y prendre. C'était là la différence entre eux, outre les quatorze ans.

— C'est possible. Nous ne sommes pas au même stade de notre vie. Il pourrait très bien avoir envie de travailler ailleurs. Tout est possible.

Mimi prit un magazine sur le sofa, qu'elle feuilleta distraitement avant de revenir à Isabel.

— Il y a une expression que tout le monde utilise aujourd'hui, tu as remarqué ? « Il faut voir. » C'est en fait très utile. Ça a l'air un peu désinvolte, mais je dois dire que parfois…

— C'est ce que tu voudrais dire en ce moment ?

— Oui. Il faut voir, voilà, il faut voir. Ça résume la situation. Les choses s'arrangeront sans qu'on intervienne.

— Il faut voir, répéta Isabel.

— C'est ça, dit Mimi en reposant le magazine. Il faut voir. Si je peux te donner un conseil, Isabel, tu sais que je n'aime pas jouer les aînées qui ont de l'expérience, mais pour une fois, si tu voulais ?

Isabel hocha la tâte, sachant que rien de la part de Mimi ne pourrait la contrarier.

— Je t'en prie.

— Laisse les choses suivre leur cours naturel. Arrête d'y penser. Essaie de te rappeler que tu es d'abord une femme, et ensuite philosophe. Tu crois que tu en es capable ?

Ce serait difficile de ne pas être philosophe, car on n'oublie pas facilement qui on est. Mais elle pouvait toujours essayer. Mimi parut se satisfaire de cette promesse. Elle ne désirait que le bonheur de sa cousine, c'est tout. Isabel aussi lui exprima des vœux de bonheur. Mimi lui manquerait quand elle retournerait à Dallas. Elles s'écriraient et se parleraient au téléphone, même si elles étaient séparées par presque six mille kilomètres d'océan et la moitié d'un continent.

Sur une impulsion soudaine, elle se leva et vint planter un baiser sur le front de Mimi, qui sourit, les larmes aux yeux. Impossible de jamais retrouver à l'identique cette amitié entre cousines, même si on a la recette, car elle est fondée sur un long passé partagé, et toutes ces choses dites et non dites.

Pendant les deux semaines qui suivirent, Édimbourg connut une température inhabituelle. Isabel pouvait travailler dans le jardin, à l'ombre. Il lui fallut arroser le gazon qui commençait à sécher. Une odeur de poussière et d'eau, bien méditerranéenne, mêlée de thym montait du carré d'herbes à ses narines. Ce fut une période de longs après-midi bercés par le bourdonnement des abeilles qu'attiraient les pieds de lavande de la bordure basse qui délimitait la pelouse. Elle déjeuna et dîna plusieurs fois avec Jamie dans le jardin, assis dans l'herbe paresseusement, ou bien sur les vieilles chaises longues poussiéreuses qu'Isabel avait tirées de la remise. Les élèves de Jamie étaient partis en vacances, il avait moins à faire et s'était mis à une composition, qui n'avançait pas vite.

— Sur le thème des îles, confia-t-il sans vouloir en dire plus. Il arrivait à Isabel de le surprendre en train de la regarder; alors il lui souriait. Elle lui demanda un jour à quoi il pensait quand il la regardait ainsi.

— Je pense à toi.

Il avait répondu sans malice, avec une telle innocence qu'elle sentit un désir ardent de le prendre dans ses bras.

Il restait des jours entiers, ne retournant à son appartement de Saxe-Coburg Street que pour chercher son courrier, une anche de basson, une page manquante de sa composition, un livre qu'il était en train de lire. Le plus souvent, ils étaient seuls. Un soir, ils invitèrent des amis à dîner et restèrent dehors jusqu'à minuit, sous un ciel à peine assombri où brillaient de pâles étoiles. Ils bavardèrent, unis par un sentiment de paix et de contentement, puis restèrent silencieux un long moment, chacun contemplant le ciel, perdu dans ses pensées.

Isabel rencontra Cat par hasard au bureau de poste de Bruntsfield. Aucune des deux n'était très à l'aise. Cat était polie, mais semblait embarrassée. Les efforts d'Isabel pour s'exprimer normalement étaient trop forcés pour qu'elle ne paraisse pas distante. Elles se quittèrent après quelques minutes, sans avoir parlé de rien. Isabel décida qu'il n'y avait pas lieu pour elle de s'excuser à nouveau. Cela semblait devoir prendre du temps, mais Cat finirait bien par se laisser fléchir. Elle faillit en parler à Jamie et n'en fit rien, de crainte qu'il n'interprète la jalousie de Cat comme un désir de rétablir des relations. Ce n'était pas le cas.

Alors arriva la lettre de Mimi. Ils étaient de retour à Dallas et elle se plaignait de la température. Joe s'était rendu à une conférence sur l'histoire du droit à Denver, où il faisait moins chaud. Elle aurait sans doute dû l'accompagner. Et puis ces mots : « Il y a eu un accident il y a deux jours. La maison de Tom Bruce, près de Tyler, a été détruite par un incendie. Il y va en week-end de temps en temps. Tout s'est passé très vite. Il était là. »

Isabel avait du mal à déchiffrer l'écriture de Mimi. Un mot avait été presque effacé, mais le reste de la phrase était assez clair : « Malgré… il a réussi à s'échapper en passant par une fenêtre. La porte d'entrée avait été verrouillée par quelqu'un qui avait la clé. Il a dit qu'il ne fermait jamais à clé la nuit. Les pompiers pensent qu'il a dû quand même fermer à clé et l'oublier. Cela m'est arrivé, à toi aussi sans doute, d'oublier d'avoir fermé une porte. Mais c'est terrible d'imaginer que quelqu'un d'autre avait la clé et a pu faire ça. Tom va bien, à part qu'il s'est intoxiqué avec la fumée. Il a passé la nuit à l'hôpital. Il a eu un choc, mais rien de grave. Le moins drôle, c'est que le chef de la brigade affirme qu'il s'agit d'un incendie volontaire.

Il en est certain. Ils ont constaté que le feu avait été mis avec du gaz. Mais alors qui ?»

Mimi avait ensuite écrit, et souligné : «Nous, nous savons, bien sûr.» Partageant la passion d'Isabel pour les mots croisés, elle avait ajouté cette définition : «Enlever le saint de l'angoisse en allemand[1].» L'énigme n'était pas difficile et fit sourire Isabel. Elle appela Mimi pour avoir plus de détails.

— Je viens de recevoir ta lettre, tu sais, à propos de l'incendie. Je sais, tu sais. Et Tom, est-ce qu'il sait ?

— Je suppose, il n'est pas idiot, répondit Mimi.

— Tu es sûre ?

— Non.

— Souvent, quand ce sont des choses qui nous concernent de trop près, nous ne voyons pas l'évidence.

— C'est vrai.

Il y eut un silence, chacune attendant que l'autre reprenne la parole.

— Va lui demander s'il a pris des dispositions pour son testament, dit enfin Isabel. Il m'a dit qu'il avait fait des changements au moment des fiançailles.

— Il a dû s'en occuper, dit Mimi. Il a des conseillers pour vérifier tout ça. Il a sûrement fait le nécessaire.

— Et si ce n'était pas le cas ? protesta Isabel. On entend toujours parler de ces gens qui ne mettent pas leurs papiers à jour. Et puis ils meurent, la première femme hérite de tout et la seconde n'a rien.

— Mais est-ce que ça nous regarde ? demanda Mimi d'un ton dubitatif.

1. *Angst (NdT).*

— Oui, ça nous regarde. Je peux l'appeler si tu veux. Donne-moi son numéro.

— Non, je vais lui parler.

— Et dis-lui de mettre Angie au courant.

— Au courant de quoi ?

— Qu'il lui dise qu'il a annulé les dispositions antérieures. C'est très important. Ce n'est peut-être pas ça la raison. Elle a peut-être voulu se venger parce qu'elle s'était sentie rejetée. Mettre le feu à sa maison, c'était guérir son amour-propre.

— Ils ne pourront jamais rien prouver, dit Mimi. Et même s'il a des soupçons, est-ce qu'il voudra vraiment aller plus loin ? Je ne crois pas. Enfin, tu as peut-être raison. Tu penses à autre chose ?

— Simplement une observation : nous nous trompons peut-être.

— La chose à faire, c'est suivre son intuition, dit Mimi.

— Il peut y avoir d'autres raisons derrière un incendie volontaire, ajouta Isabel. Surtout à la campagne. Des problèmes locaux, des jalousies. De vieilles rancunes au sujet des limites de propriété, des arbres, des animaux. C'est sans fin, impossible de savoir. Jusqu'à ce que l'on trouve des preuves, tout est vague et ambigu comme la vie, moins simple qu'on ne l'imagine.

— Parfois les gens mettent eux-mêmes le feu chez eux, dit Mimi. C'est très fréquent, et pas seulement pour des questions d'assurance.

Isabel ne répondit rien. Il lui revenait en mémoire une conversation avec Tom, lorsqu'ils grimpaient au sommet de la colline. Ils avaient parlé d'une maison mal placée. Elle ne se souvenait plus des détails. Après avoir cherché un moment, elle renonça.

Elle raccrocha. Une comptine lui trottait dans la tête, une de ces chansons que l'on apprend enfant et qu'on n'oublie jamais : pouf, pouf, il ment, elle ment, il ment, elle ment... Et le doigt s'arrête sur l'enfant malchanceux. C'est toi le menteur !

23

La conversation avec Mimi avait eu lieu un lundi. Les deux jours suivants débordèrent d'activités et de révélations. Dès mercredi, elle sut qu'il lui fallait parler à Jamie. Il était parti pour Glasgow, participer à un atelier de musique organisé par l'orchestre de chambre avec lequel il jouait parfois. L'atelier prenait fin vendredi après-midi. Jamie, qui voulait rencontrer là-bas des amis, reviendrait le samedi après-midi.

— Est-ce que tu pourrais rentrer vendredi soir ? On pourrait dîner ensemble.

— Et samedi soir ? Tu n'es pas libre samedi soir ?

Elle l'était, mais il était urgent qu'elle lui parle. Cela pouvait attendre, comme la plupart des choses, mais elle voulait quand même le voir au plus vite.

— Il y a quelque chose dont nous devons parler, dit-elle, craignant d'apparaître trop insistante malgré ses efforts.

Il hésita brièvement, assez pour trahir un peu d'angoisse.

— D'accord, je passerai vendredi soir. On en parlera. De quoi veux-tu me parler d'ailleurs ?

— Je préfère attendre vendredi. Ça t'ennuie ?

— Non, non, répondit-il, légèrement irrité. Mais…

— Ce sera mieux.

La conversation prit fin là-dessus. Elle était persuadée qu'il pensait qu'elle voulait rompre, mais le faire de vive voix. S'il avait su !

Elle décida de préparer quelque chose de spécial pour le dîner de vendredi et se rendit à Bruntsfield pour faire ses courses. Quand elle entra dans le magasin, Miranda se trouvait derrière le comptoir avec Eddie ; ils étaient en train de rire.

— Qu'est-ce qu'il y a de drôle ? demanda Isabel.

Eddie jeta un coup d'œil à Miranda et se mit à pouffer de de plus belle.

— C'est Eddie. Il a dit…, commença Miranda avant d'éclater de rire, elle aussi.

Isabel sourit, non de la plaisanterie mystérieuse, mais de constater leur joie de vivre. Elle avait rarement vu Eddie sourire, et encore moins souvent rire. Cela lui faisait plaisir.

— Ne me dites rien, fit-elle. Il y a certaines plaisanteries qu'on ne peut pas rendre.

— Elle a dit…, répéta Eddie.

Encore une fois, il partit d'un grand rire. Isabel secoua la tête, feignant d'être contrariée. À travers la porte ouverte, elle vit que Cat était à son bureau. Elle s'approcha, frappa et passa la tête par l'ouverture. Cat leva les yeux. En apercevant Isabel, elle changea d'expression et fronça brièvement les sourcils. Puis elle lui fit signe de s'asseoir devant le bureau.

— Je ne peux pas rester, dit Isabel. Mais je voulais juste…

Elle n'avait rien préparé, mais elle comprit ce qu'il fallait dire à Cat. Le temps de la réconciliation était venu.

— Je voulais te demander pardon.

— C'est à moi de te demander pardon, dit Cat d'une voix sourde, en gardant les yeux baissés. Je me suis laissé emporter.

— Ça arrive à tout le monde. C'est humain de se mettre en colère.

La tension entre elles disparut.

— Est-ce que je peux venir dimanche pour le thé ?

— Bien sûr !

Isabel était tellement soulagée qu'elle décida d'étendre l'invitation à Patrick.

— Patrick aussi, amène-le avec toi.

À nouveau, Cat fronça les sourcils.

— Patrick et moi…

Isabel regarda Cat. Donc la mère de Patrick avait gagné.

— Je suis désolée, dit-elle. Je ne savais pas.

— Maintenant tu sais. On ne se voit plus.

— C'est à cause de son travail, c'est ça ?

— Comment as-tu deviné ? demanda Cat, surprise. Il m'a dit qu'il n'était pas disponible pour une relation.

La mère, se dit Isabel. Cette femme insupportable avait obtenu ce qu'elle voulait. Patrick avait rejoint les rangs des anciens soupirants de Cat.

— Quel dommage ! Ça ira mieux bientôt.

— Oui, oui, ça va.

— Très bien.

— Et toi ? demanda Cat, qui ne voulait pas être indiscrète.

— Ça va bien aussi. Tu sais ce que c'est…

C'était un lieu commun bien vague. Elle faillit ajouter : « Il faut voir. »

Elle sortit du bureau et fit ses emplettes. Miranda et Eddie riaient toujours, la présence d'Isabel semblant les encourager d'autant.

— On dirait que vous avez fumé quelque chose, dit Isabel gentiment.

Il y eut brusquement un silence gêné. C'est donc ça ! se dit Isabel. À coup sûr, c'était là l'œuvre de Miranda. Il faudrait qu'elle en parle à Cat discrètement. L'idée qu'Eddie soit ainsi poussé par une femme plus âgée sur la mauvaise pente ne lui plaisait pas. C'est si facile d'influencer les jeunes gens.

Avec un sourire coupable, Eddie montra une grande boîte remplie d'emballages froissés en papier argent.

— Ce sont des chocolats à la liqueur, dit-il. Cat avait une boîte dont la date limite de vente était dépassée et l'a donnée à Miranda. Rhum, cointreau, même de la crème de menthe. On les a tous mangés. Trente-deux.

Il se tourna vers Miranda, tel un conspirateur et son complice. Elle posa la main sur sa bouche comme pour mimer la gourmandise dévoilée, mais se mit à rire de plus belle. Isabel secoua la tête en souriant et quitta le magasin. Encore une fois, songea-t-elle, j'ai tiré des conclusions hâtives. Souvent je n'ai pas tout à fait raison, ou bien j'ai raison et tort en même temps.

Elle rentra chez elle lentement, le long de Merchiston Crescent, profitant de la chaleur de l'après-midi, absorbée par sa rêverie. Elle ne pouvait pas revenir en arrière. Elle irait jusqu'au bout. Une fois dans la maison, elle rangea ses provisions. Grace lui montra avant de partir le nouvel agencement du placard à épices.

— La noix de muscade était moisie, dit-elle sur un ton accusateur. J'ai dû la jeter.

Isabel ignora la remarque, refusant toute culpabilité au sujet de la muscade.

— Et vous aviez trois boîtes de poivre ouvertes. C'est mauvais pour le poivre, ça le rend tout sec et poudreux. J'ai tout mis dans un flacon et je l'ai refermé.

— Je vais essayer de finir celui qui est ouvert avant d'en entamer un autre, répondit Isabel, reconnaissant la pertinence du reproche.

L'inspection du placard terminée, Grace rassembla ses affaires. Isabel voulait savoir quels étaient ses plans pour le week-end. Il y avait une séance de spiritisme ce soir-là.

— Un médium vraiment très bien, dit Grace. Elle est très directe, elle n'hésite pas à nous mettre en garde.

Elle regardait Isabel d'un air de défi, comme si elle s'attendait à être contredite.

— C'est très utile, se contenta de répondre Isabel.

Quand parlerait-elle à Grace ? La semaine suivante peut-être.

— Je ne vous ai pas vraiment remerciée, dit alors Grace. Pour l'appartement. Je vous suis très reconnaissante, vous savez.

Isabel détourna les yeux. Les remerciements la mettaient mal à l'aise. Elle avait tort, mais ne pouvait s'en empêcher. Elle savait montrer de la gratitude ; c'était plus difficile d'en recevoir. Il faudrait qu'elle apprenne.

— Je suis contente qu'il vous plaise. Moi, il m'a plu tout de suite.

— Vous voulez que je vous paie le loyer tous les mois ?

— Il n'y a pas de loyer, dit Isabel en fronçant le sourcil.

— Ah si, j'y tiens. Vous ne pouvez pas faire ça.

— Mais si.

— Je ne veux pas accepter.

Grace était têtue, Isabel le savait.

— Alors disons que ce sera un loyer de grains de poivre, fit-elle en indiquant le placard aux épices. Une boîte de grains de poivre.

Les choses en restèrent là pour cette fois. Grace partit peu avant cinq heures. Jamie devait arriver à sept. Elle avait les préparatifs du dîner à faire. Pourtant elle n'arrivait pas à s'y mettre. Elle s'assit à la table de la cuisine, avec une subite envie de pleurer. La tête dans les mains, elle fixait la longue table en pin naturel, que son père avait achetée quand l'hôpital psychiatrique dont il était administrateur avait voulu s'en débarrasser. Cette table avait connu le chagrin, le trouble, le malheur. Elle se souvint alors d'un documentaire sur la vie d'un homme tranquille et doux qu'on avait arraché à sa petite ferme sur une des îles Hébrides et qui avait passé dix-sept ans à l'hôpital. C'était un tisserand; il fabriquait des formes avec les roseaux et les joncs. Elle s'était rendu compte en voyant ce film que son père avait dû connaître cet homme, car il lui avait rapporté une petite poupée en épis de blé qu'elle avait mise sur le bord de la fenêtre avec ses autres poupées. Quand il avait pu retourner à sa ferme, après toutes ces années, une sœur qui s'était occupée de lui autrefois l'attendait fidèlement pour reprendre sa tâche. C'était tout le sujet du film : l'exil et le retour, les petits besoins des humbles. Elle avait pleuré en voyant ce film, comme elle pleurait maintenant, mais pour d'autres raisons.

Elle alla à la rencontre de Jamie dans l'entrée et le conduisit à la cuisine, où elle était en train de préparer leur repas.

— Je suis épuisé, dit-il en bâillant et s'étirant. On a organisé une petite fête hier soir avec les gens de l'atelier. Je me suis couché à deux heures du matin.

— On peut dîner de bonne heure si tu veux.

— Je ne voulais pas être grossier.

— Je sais.

Son cœur battait très fort dans sa poitrine. Son estomac était sens dessus dessous. Elle alla chercher dans le réfrigérateur la bouteille de vin blanc de Nouvelle-Zélande qu'elle avait ouverte et versa un verre à Jamie. Elle se servit du ginger ale.

Il prit le verre de vin.

— Tu bois du ginger ale ?

— Oui, dit-elle en essayant d'empêcher sa main de trembler.

Il leva un sourcil. Il savait qu'Isabel aimait boire un verre de vin le soir, surtout à la fin de la semaine.

— Pourquoi ?

Elle ferma les yeux. Le verre était froid et humide sous ses doigts. Après tout, le moment n'était pas plus mal choisi qu'un autre.

— Parce que je suis enceinte.

Jamie laissa tomber son verre, qui se brisa sur les dalles de pierre victoriennes, à l'exception du pied. On aurait dit une petite tour de verre reflétant la lumière de la fenêtre. Le bouquet âcre du vin les prit aux narines.

— Oh, Jamie ! dit-elle.

Il se mit à genoux et ramassa les morceaux. Il se coupa un doigt, très légèrement, mais il y avait du sang. Elle se pencha à côté de lui, lui prit le doigt et le pressa contre son chemisier. C'était son sang. Leurs visages étaient tout proches. Elle l'embrassa et il lui rendit son baiser, posant sa main sur l'épaule d'Isabel pour rester en équilibre.

— Je suis maladroit, dit-il. Pardonne-moi.

— Tu aurais bien du mal à être maladroit.

Il la regarda, amusé, et se mit à rire. Ils se relevèrent. Il gardait sa main dans la sienne. Elle avait sur la paume une petite tache de sang, son sang. Il serra sa main.

— Comment on va l'appeler? lança-t-il.

Ils dînèrent dans le jardin d'hiver, car il faisait trop chaud dehors. Les portes-fenêtres étaient ouvertes, une odeur de lavande flottait dans l'air. Il n'y eut bien sûr qu'un seul sujet de conversation. Elle se permit un demi-verre de vin et ils burent à leur santé. Incertaine de sa réaction, elle ne s'était pas attendue à tant d'enthousiasme.

— Je suis content pour toi, et pour moi. J'adore les enfants, je les adore, c'est vrai. Tu me laisseras t'aider?

— Bien sûr. D'ailleurs c'est toi le père.

Il répétait le mot, inlassablement.

— Je me sens très responsable tout à coup, dit-il.

Elle ne répondit rien. Peut-être changerait-il plus tard, elle devait s'y préparer. Pour l'instant, son bonheur était profond, et c'était suffisant.

Ils restèrent longtemps assis à table. Plus tard, sans sonner ni signaler sa présence, Cat laissa à la porte d'entrée une offrande en guise de traité de paix : un petit paquet contenant des fromages et une saucisse italienne pimentée. Sur le paquet elle avait collé un mot : «Nous ne devons plus jamais nous disputer, jamais ! » Par réalisme ou par humour, ou un mélange des deux, elle avait ajouté : « Jusqu'à la prochaine fois… »

Juste après que Cat eut laissé son cadeau, Frère Renard, rôdant devant la maison, affamé, avait détecté sa présence et s'était approché prudemment. L'emballage ne l'avait pas arrêté longtemps, c'était chose aisée pour un renard. En quelques minutes, il avait englouti la saucisse, recrachant l'enveloppe élastique. Passant ensuite aux fromages, il les avait également avalés, en laissant quelques croûtes, seules preuves de l'offrande qu'il avait si heureusement interceptée. Rassasié, satisfait, il avait regagné l'ombre accueillante de son repaire.

LE MASQUE
s'engage pour l'environnement
en réduisant l'empreinte carbone
de ses livres.
Celle de cet exemplaire est de :
216 g éq. CO_2
Rendez-vous sur
www.lemasque-durable.fr

PAPIER À BASE DE
FIBRES CERTIFIÉES

Composition réalisée par Lumina Datamatics ,Inc

Achevé d'imprimer en mai 2019, en France sur Presse Offset par
Maury Imprimeur - 45330 Malesherbes
N° d'imprimeur : 236624
Dépôt légal : juin 2019 – Édition 01